Ingelore Ebberfeld

Von der Unmöglichkeit der Liebe

Ingelore Ebberfeld

Von der Unmöglichkeit der Liebe

Bibliografische Information der Deutschen Nationalbibliothek
Die Deutsche Nationalbibliothek verzeichnet diese Publikation in der Deutschen Nationalbibliografie.
Detaillierte bibliografische Daten sind im Internet über **http://d-nb.de** abrufbar.

Für Fragen und Anregungen:
ingeloreebberfeld@mvg-verlag.de

1.Auflage 2009

© 2009 by mvg Verlag, ein Imprint der FinanzBuch Verlag GmbH
Nymphenburger Straße 86
D-80636 München
Tel.: 089 651285-0
Fax: 089 652096

Umschlaggestaltung: ZERO Werbeagentur, München
Umschlagabbildung: © FinePic, München
Satz: Manfred Zech, Landsberg
Druck: GGP Media GmbH, Pößneck
Printed in Germany

ISBN 978-3-86882-017-1

┌─ *Weitere Infos zum Thema* ─────
www.mvg-verlag.de
Gerne übersenden wir Ihnen unser aktuelles Verlagsprogramm

Für Oliver,
der eher an die Liebe als an Gott glaubt.

INHALT

EINLEITUNG
NUR DIE LIEBE ZÄHLT

Was beseelt mehr,
an die Liebe zu glauben
oder sie in den Wind zu schreiben?

Es gibt keine schmeichelhaftere Umschreibung für Sex als Liebe. Wer sich verliebt, will Sex. Um Sex zu bekommen, sagen Verliebte:»Ich liebe dich!« Sagt man es nicht und bekommt trotzdem Sex, was es durchaus gibt, ist es eine alte Liebe oder keine Liebe. Letzteres ist vielleicht käufliche Liebe. Verliebtheit gibt es selbstverständlich auch ohne Sex. Kinder können sich verlieben,[1] auch alte Männer, die den sexuellen Akt nicht mehr ausführen können. Erstere bereiten sich auf richtigen Sex vor, zweitere haben ihre sexuelle Vergangenheit und ihre Gefühle im Kopf abgespeichert. Sie schöpfen aus dem, was war, und kennen ihre Grenzen. Aber wäre ihnen ein Wunsch vergönnt, wie würde der aussehen?

Ehepaare, die 50 Jahre und mehr verheiratet sind, sind rar, doch es gibt sie. Womit hat dieses halbe Jahrhundert Zweisamkeit begonnen? Mit Sex und Liebesbeteuerungen. Womit endete es – mit Liebe? Nein, mit Gewöhnung, mit lieb gewordenen Alltagsritualen. Wo einst die sexuelle Glut Oberhand hatte, waltet jetzt Vertrautheit. Aber was nach dem Sex kommt, wird ebenfalls Liebe genannt. Wer heiratet, der liebt. Wo lange Bindungen bestehen, herrscht Liebe. Lebenslange Trauer um einen Partner oder Geliebten zeugt von einem liebenden Herzen. Ebenso, wenn die Unerreichbare ein Leben lang begehrt wird. Wer sich aus Liebe tötet, ja, der liebt wahrhaftig.

Diese Liebesvorstellungen lassen sich nicht ausrotten, jeden Tag wird von ihnen berichtet. Ein 97-Jähriger heiratet seine Jugendliebe nach fast 80 Jahren. In jungen Jahren wurde Mohammed Eid die Heirat untersagt und seine Liebste musste den Sohn ihres Onkels heiraten. In Saudi Arabien nichts Ungewöhnliches. Doch jetzt ist niemand mehr da, der die Ehe hätte verhindern können. Er war nach zwei Ehen erneut Witwer geworden und sie (90) war nach sechs Ehen ebenfalls solo. Gott sei Dank gab es ihrerseits keine männlichen Angehörigen mehr. Die nämlich hätten ein unbedingtes Mitspracherecht gehabt.[2]

Die Jugendliebe der zwei endete in einem Happy End. Eine schöne Liebesgeschichte, fürwahr. Was aber wäre aus der Jugendliebe geworden, hätten sie schon damals geheiratet? Von der Geliebten ließen sich viele ihrer Ehemänner scheiden, wahrscheinlich weil sie kinderlos blieb. Was hätte Mohammed Eid getan, der jetzt 42 Kinder und Enkelkinder zur Hochzeitsfeier einladen konnte? Die traurige Wahrheit lautet: Wäre ihr Glück schon damals, im Jugendalter, mit Eheringen besiegelt worden, die große Liebe der beiden hätte höchstwahrscheinlich im Alltag ihr jähes Ende gefunden.

Ein anderes Land, ein anderes Paar, eine andere Liebe. Es feierte im Jahre 2005 seinen 80. Hochzeitstag. Keine Frage, das muss Liebe sein. Der bis dahin völlig unbekannte Engländer Percy Arrowsmith offenbart das Geheimnis seines lebenslangen Glücks der Öffentlichkeit. Ein Journalist notiert fleißig den Liebescode für den Depeschendienst. Er besteht aus nur zwei Worten und erstickt jeden Konflikt mit Ehefrau Florence schon im Keim. Er lautet:»Yes, Darling!«[3]

Was Percy Arrowsmith so selbstironisch auf den Punkt bringt und seinen Gleichmut offenbart, trug in der Tat zum langen Eheleben bei. Es sind eben nicht die schmachtenden Liebesblicke und es ist eben nicht die flammende Liebe, die Menschen für lange Zeit aneinander binden. Auf silbernen, goldenen oder gar diamantenen Hochzeitsfeiern wird gerne von Liebe gesprochen, weil pragmatisches, wie:»Yes, Darling!«, keinen Zauber in sich birgt.

Wahrhaft große Lieben

Die Liebesgeschichten von Mohammed Eid und Percy Arrowsmith sind Ausnahmen und doch alltäglich. Es sind banale Lieben, ganz gleich, ob sie unser Herz erwärmen. Sie haben nicht den Saft und die Kraft, die Zeit zu überdauern. Anders jene, die zum Mythos wurden und durch die Geschichtsbücher geistern. Über Jahrhunderte hinweg wurden sie bewahrt. Monumentale Bauten legen Zeugnis für sie ab. Touristen lauschen andächtig, wenn von den großen, einmaligen, wirklichen Lieben erzählt wird. Da sind etwa Ramses II. (Regierungszeit von 1279 bis 1212/13 vor unserer Zeitrechnung) und seine geliebte Nefertari. Oder der Großmogul Shah Jahan (Regierungszeit von 1627 bis 1658), der seiner über alles angebeteten Gattin eines der schönsten Grabmäler der Welt errichten ließ, den Taj Mahal.

Lassen wir die Fakten sprechen. Wir befinden uns in Abu Simbel, Ägypten, 200 Kilometer von Assuan entfernt. Dort hat Ramses II. (geboren um 1303 vor unserer Zeitrechnung) seine große Zuneigung zu Nefertari für alle Zeiten in Stein gehauen.

Die einheimischen Touristenführer erklären den wissbegierigen Zuhörern die Besonderheiten von Abu Simbel. Sie betonen die Einmaligkeit der großen Liebe, die der ägyptische König Ramses II. für Nefertari hegte und mit dem Zeigefinger deuten sie auf die monumentalen Gestalten hinter sich. Der Hinweis auf die kleineren steinernen Figuren neben den vier sitzenden Ramses-Skulpturen geht im Staunen und der Glut der afrikanischen Sonne unter. Unter anderem sind es seine Kinder, auch jene, die er nicht mit Nefertari zeugte.

Wie sah es nun mit den beiden aus? Nefertari musste ihren Gatten stets mit mehren großen königlichen Gemahlinnen, Nebengemahlinnen und Nebenfrauen teilen. Sie hatte nie eine Wahl. Im Krabbelalter von 2 Jahren wird sie mit dem 15-jährigen Ramses verheiratet. Von Anfang an mit im Ehebund war Isisnofret, später kamen noch weitere Ehefrauen hinzu, unter anderem sogar seine Tochter Bintanat. Als er sie zur Frau nimmt, ist Nefertari 31 Jahre und hatte ihm bereits mehrere Kinder geschenkt.

Mit 35 Jahren stirbt Nefertari. Ramses hat es auf 90 Jahre gebracht. Er überlebt sie damit um mehrere Jahrzehnte. Es sind Jahrzehnte, in denen er weitere Frauen heiratet und weitere Kinder zeugt.

Ramses hat Nefertari vergöttert. Gewiss. Er hat sie geliebt. Vielleicht auch das. Sie war seine große Liebe. Auch das mag stimmen. Wo Männer mehrere Ehefrauen oder einen Harem hatten, gab es auch immer Hauptfrauen, Lieblingsfrauen und Favoritinnen. Ebenso richtig ist: Diese Liebe hatte eine andere Qualität und eine andere Dimension als die Liebe, von denen wir im 21. Jahrhundert träumen.

Es geht hier also um die Verklärung einer Liebe, die mit dem, was wir heute unter Liebe verstehen, ganz und gar nichts zu tun hat. Welche westliche Frau würde sich heutzutage mit dem Status Hauptfrau oder Lieblingsfrau zufriedengeben? Wie klingt ein zärtlich hingehauchtes: »Ich liebe dich!«, wenn der Gatte morgen oder übermorgen in das zweite oder dritte Ehebett steigt? Das ist nicht besonders romantisch, was meinen Sie? Auf der Strecke bleiben natürlich auch die für uns so selbstverständlichen Vorstellungen, die zur Liebe einfach dazugehören: absolute Treue und einmalige Gefühle.

Wie sieht es mit der großen Liebe des Großmogul Shah Jahan (geboren 1592) aus? Immerhin ereignete sie sich circa 3000 Jahre später und kommt vielleicht unseren Liebesvorstellungen näher. Um es kurz zu machen: nicht viel besser. Er hatte ebenfalls mehrere Frauen, um genau zu sein, einen ganzen Harem. Mit 15 Jahren wird er mit der 14-jährigen Mumtaz Mahal verlobt, ein paar Jahre später verheiratet. Sie stirbt im 38. Lebensjahr. Sogleich gibt der Großmogul den Taj Mahal in Auftrag und ordnet zwei Jahre Staatstrauer an. Nie soll er ihren Verlust verwunden haben.

Mumtaz Mahal war nicht nur seine Hauptfrau, sondern Beraterin und Vertraute. Auf vielen seiner Reisen begleitete sie ihn. Die vielen Schwangerschaften waren dabei offenbar kein Hinderungsgrund. Immerhin war sie in ihrer 19-jährigen Ehe die meiste Zeit schwanger, mindestens zehneinhalb Jahre. Das 14. Kind, das sie ihr Leben kostete, gebar sie auf einem Kriegszug. Wieder einmal war sie an der Seite ihres Mannes.

Zu Lebzeiten rühmten Dichter ihre Schönheit, auch ihre Grazie. Bei derart vielen Schwangerschaften kaum zu glauben. Nun gut. Sie sei so schön gewesen, da habe selbst der Mond sich schamvoll versteckt, heißt es. Der Großmogul war zweifellos von ihrem Liebreiz hingerissen, wie es auch Ramses II. von seiner anmutigen Nefertari war.

Der Dreh- und Angelpunkt der Vergötterung und Liebe zu den beiden Frauen war offenbar ihre Schönheit. Einmal abgesehen von anderen wertvollen Eigenschaften, die diese Favoritinnen zweifellos besessen haben, sei die Frage erlaubt: Hätten sie eine Chance gehabt, auf dem Liebesolymp verewigt worden zu sein, wenn sie nicht so bildschön gewesen wären? Wohl kaum.

Weibliche Schönheit ist der Stoff, aus dem das Zaubergespinst der überlieferten Liebe besteht. In Mythen, Sagen, Gedichten, Romanen, Liedern und Filmen, überall da, wo der Liebe zwischen Mann und Frau gehuldigt wird, ist von schönen Frauen die Rede. Von Helena über Madame Bovary bis hin zu Pretty Woman, sie alle waren bildhübsch. Das sollte uns zu denken geben.

Machen wir einen Sprung, hüpfen wir ins 20. Jahrhundert und nehmen einen ganz anderen Mythos aufs Korn. Er nahm in den 1930ern seinen Anfang in Gestalt eines Blauen Engels: Marlene Dietrich (1901–1992). Quasi vor Hollywoods Türen verliebt sich die Deutsche unsterblich in Jean Gabin. Ein Techtelmechtel beginnt, daraus folgt eine heiße Liebesaffäre, Versprechungen, Hoffnungen. Schließlich zieht sich Gabin zurück und beendet das Liebesverhältnis durch Heirat mit einer anderen. Was für den Franzosen ein Neuanfang ist, wird der Diva zum Verhängnis. Sie kann ihn nicht vergessen, doch er bleibt bei seiner Frau. Unzählige Männer liegen der Leinwandschönen zu Füßen. Das interessiert sie nicht, sie will nur ihn.

Vor ihm hatte sie Männer, auch nach ihm. Er aber ist und bleibt die Liebe ihres Lebens. Warum? Weil Marlene Dietrich ausgerechnet ihn nicht haben konnte, nicht zu ihren Konditionen. So einfach ist das. Hätte sie ihn bekommen, was dann? Sehr wahrscheinlich hätte Jean Gabin sie eines Tages durch sein Schnarchen am Einschlafen gehindert, und nicht nur das. Der Alltag macht aus jeder Liebe etwas Alltägliches. Und was noch hinzukommt und Oskar Wilde so treffend auf den Punkt gebracht hat: »Wenn man liebt, täuscht man zunächst sich selbst, schließlich täuscht man andere.« Ohne Täuschung ist Liebe und Verliebtheit nicht möglich.

Forschungsobjekt: Liebe

Jede Liebe kann man kleinreden. Das ist richtig. Aber ich möchte noch viel mehr, nämlich: Die Liebe vom Himmel auf die Erde holen. Sie wissenschaftlich hinterfragen. Denn die Liebe, von der wir alle träumen, ist ein Phantombild. Was sie angeblich auszeichnet, existiert *so* nicht. Wir haben vielmehr ein Bild von der Liebe im Kopf, wie sie zu sein hat. Es wurde uns von klein auf eingetrichtert und hat mit sexuellen Moralvorstellungen und Werten zu tun, auf die unsere Gesellschaft aufgebaut ist. Sieht man der Liebe hingegen in ihr wahres Gesicht, ist es vielleicht leichter, sich mit weniger zu begnügen, nämlich mit dem, was machbar ist. Eines bleibt so oder so zurück: ihr Zauber. Harte Fakten können nicht alles erklären.

Liebe als Forschungsgegenstand, das löst Unbehagen aus. Weil Gefühle im Spiel sind, ohne sie geht es nicht. Doch was im Leben läuft ohne Gefühle ab? Nichts. Trotzdem, mit der Liebe verhält es sich wie mit der heiligen Kuh. Schlachten darf man sie nicht.

Auf dem wissenschaftlichen Terrain zum Thema Liebe sieht es jedenfalls recht dürftig aus. Ich spreche nicht von Liebesratgebern, davon gibt es unzahlige, sondern von der wissenschaftlichen Beschäftigung mit der Liebe. Mit dem Hass oder der Aggression verhält es sich dagegen umgekehrt. Wer zu diesem Thema Fachbibliotheken aufsucht, wird sogleich fündig. Es gibt eine Fülle von verschiedensten Theorien über Ursprung und Wesen der Aggression oder des Hasses.

Nun gut, fangen wir an. Die Liebe zwischen Mann und Frau hat irgendwo ihren Ursprung. Den müssen wir aufsuchen. Wir müssen dieselben Fragen stellen wie in der Aggressivitätsforschung. Ist Liebe ein universelles Phänomen, gibt es kulturelle Unterschiede, ist sie angeboren und so weiter? Die meisten von uns sind von der Liebe fest überzeugt. Sie fühlen sie ganz einfach. Damit erübrigt sich jede weitere Diskussion. Basta. Universell soll sie sein. In den Zeugenstand wird kurzerhand die omnipräsente Liebeslyrik gerufen. In der Tat, sie existiert auf allen Kontinenten, wie auch Liebeslieder in den äußersten Winkeln dieser Welt zu finden sind.

Dennoch. 1989 stellte der amerikanische Anthropologe Donald Brown eine Liste über menschliche Universalien auf.[4] Sie umfasst 329 Merkmale, 50 weitere wurden seit 1991 hinzugefügt. In dieser Aufstellung finden sich etwa Merkmale wie: *Familie, Eheschließung, Gegenseitigkeit, Inzest zwischen Mutter und Sohn undenkbar oder tabuisiert, Ödipuskomplex, sexuelle Anziehung*, aber auch Merkmale wie: *Neid, Vorsicht vor Schlangen, Glaube an Übernatürliches/Religion, Grußsitten, Anschauungen über Glück und Unglück.*

Die Merkmale Liebe, romantische Liebe oder Verliebtheit suchen wir in Donald Browns Liste vergeblich. Lediglich das Merkmal *Magie zur Gewinnung von Liebe (Liebeszauber)* deutet auf so etwas wie Liebe. Was heißt das? Gar nichts und doch viel. Es ist genau wie mit dem Gemüse, dem Obst und dem Salat. Für uns ist das Grünzeug lebensnotwendig, für bestimmte Völker, wie beispielsweise die Copper-Eskimos und viele andere nordischen Volksstämme, war es das keineswegs. Sie hatten ihre Ersatzstoffe, etwa frische Robbenleber.

Es deutet sich also an: Ohne Liebe lässt sich's ebenso gut und bekömmlich leben wie ohne spezifische Lebensmittel. Andererseits ist für eine ganze Reihe von Völkern die Liebe ein maßgeblicher Bestandteil des Fühlens und Denkens. Die Frage ist: Woher speist sie sich? Auf welchen Teil unserer archaischen Veranlagungen geht sie zurück und wozu war dieser Teil einst lebensnotwendig? Denn das muss er gewesen sein, sonst hätte er nicht überlebt und sich weiter entfaltet.

Der Anfang und die Liebe

Jede Zelle, jedes Reptil, Fische, Schnecken, Vögel, alle Säugetiere bis hin zu den Primaten sehen sich ab dem Moment ihrer Geburt einem Problem gegenüber. Es heißt Überleben. Wie wird das Überleben gesichert? Durch Ernährung, Schutz und Fortpflanzung.

Wir alle hatten Vorfahren, die sich dieser Überlebensdreifaltigkeit erfolgreich gestellt haben. Noch eines hatten sie von Anfang an: Eine emotionale Ausstattung, die ihr entsprechendes Verhalten unterstützte.

Ein konkretes Beispiel aus dem Tierreich. Wenn sich indische Mungos auf Futtersuche befinden und in eine brenzlige Lage geraten, setzen bestimmte Körpersignale und die damit verbundenen Reaktionen ein. Ehrlich gesagt, haben indische Mungos wenig Feinde, sie sind schnell, wehrhaft und selbst eine Kobra ist für sie eine Kleinigkeit. Aber wenn ein Feind sie bedroht, heißt die Devise: auf der Hut sein, Flucht abwägen, Angriff vorbereiten. Allemal wird die Drohhaltung eingenommen, also das Fell gesträubt, der Hinterkörper hochgestellt und der Kopf gesenkt. Dieses Verhalten ist ihnen angeboren, also genetisch.

Geht es um Fortpflanzung, springt das Lustzentrum an. Dazu sind bestimmte Signale oder Botschaften notwendig, die der Körper empfängt oder aussendet. Also Eisprung, Körperdüfte, Balzstimmung und so weiter und so fort. Entsteht aus der Kopulation Nachwuchs, wird nach bestimmten Vorgaben die Brut aufgezogen. Bei den indischen Mungos trägt das Muttertier die gesamte Last der Aufzucht. Sie benötigt etwas, was allen Säugetieren gemein ist, einen Brutpflegeinstinkt. Er beinhaltet eine Bindungsfähigkeit gegenüber ihrem Nachwuchs. Hier angelangt, befinden wir uns schon auf dem Vorplatz der Liebe. Denn zur Liebe gehört Bindungsfähigkeit.

Und natürlich hatte die Balz bei den Mungos auch schon etwas mit der Liebe zu tun. Die Balz ist der Flirt. Eine indische Mungodame nimmt nicht jeden x-Beliebigen. Sie wählt den besten unter den Anwärtern. Das tragen ihre Gene von Anbeginn ihrer Art in sich. Unsere kleine Mungodame ist auf dieser Welt, weil sich auch ihre Mutter und deren Mutter so und nicht anders verhielten.

Es wird zwar immer wieder angezweifelt, aber Tiere haben in der Tat viel mit uns Menschen gemein. Wir haben sehr differenzierte Vorstellung von einem attraktiven Partner, wir »fliegen« nicht auf jeden, und wenn wir uns verlieben, ist es eine ganz besondere Person. Gewiss, all das ist richtig, aber da gibt es etwa die Beagle-Beobachtungen von Frank Beach. Der amerikanische Psychologe, der sich unter anderem mit dem sexuellen Verhalten von Tieren befasste, gab Rüden die Wahl unter mehreren Weibchen. Schnurstracks wählte der Beagle-Mann eine bestimmte Hundedame aus. Die Auswahlkriterien konnten nicht entschlüsselt werden. Nur eines, als das Experiment nach sieben Jahren wiederholt wurde, wählte der Beagle exakt jene, die ihm auch beim ersten Mal schon gefallen hatte.[5] Die gleichen Beobachtungen wurden unter experimentellen Bedingungen bei Primaten gemacht. Auch sie präferieren bestimmte Partner. In freier Wildbahn konnte bei Schimpansen sogar etwas beobachtet werden, was an Flitterwochen erinnert.[6]

Menschen sind eben doch ein wenig wie Tiere. Was mich übrigens keineswegs schreckt. Mich schreckt vielmehr, wenn ständig davon gesprochen wird, wie grundlegend anders wir doch wären. Wie ist das möglich, wenn wir doch alle irgendwann einmal denselben Ursprung hatten?

Menschliche Gefühle

Es geht um die Liebe, um etwas sehr menschliches. Gleichwohl werde ich den *Homo sapiens* immer wieder mit Tieren vergleichen und Parallelen herstellen. Tiere seien wie Menschen mit wenig Verstand und viel Gefühl, meinte einmal ein Freund. Der Primatenforscher Frans de Waal spricht gar vom Tier-Mensch. Falsch ist das nicht. Eine seiner Lieblingstierarten, die Schimpansen, führen Krieg, erbeuten Tiere und essen deren Fleisch. Sie benutzen Werkzeug, um sich Nahrung zu verschaffen, die sie manchmal auch mit Wasser reinigen. Schimpansen verteidigen oder drohen mit Waffen, mit Stöcken und Steinen etwa. Sie betreiben ausgiebige Körperpflege, sie lausen sich nicht nur, sondern wischen sich mit Blättern den Schmutz ab und sie stochern mit Stöckchen in den Zähnen herum. Sie helfen sich gegenseitig, manch einer zog dem anderen auch schon einen verfaulten Zahn. Sie lassen sterbende Hordenmitglieder nicht allein. Sie machen Geschenke, versöhnen sich nach einem Streit, küssen sich auf den Mund, auf die Hand und schütteln sich die Hände. Sie streicheln sich zur Beruhigung. Ja, sie schmollen, flirten,»lächeln«, sind verlegen, verdrießlich und auch schon mal schlecht drauf. Unter ihnen gibt es welche, die sind: tapfer, schüchtern, beherzt, draufgängerisch, sanft, egoistisch, geduldig, eifersüchtig, hinterhältig. Gar mancher ist ein ausgebuffter Taktiker und Stratege, andere sind echte Vermittler und Friedensstifter. Schimpansen sind bestechlich und können Ungerechtigkeit nicht ausstehen. Sie treiben Späße, spielen Streiche, verteidigen ihr Eigentum, teilen oder verschenken.[7] Kurzum, sie haben viel mit uns gemein.

Wir gehören zu den Primaten, genauer zu den Menschenaffen und sind vor allem Vettern der Schimpansen. 2005 wurde der Schimpanse genetisch komplett entschlüsselt. 98,7 Prozent seiner Erbsubstanz gleicht der unsrigen. Allerdings sind Affen nicht unsere Vorfahren, wir haben aber sehr wohl einen gemeinsamen Vorfahren. Ihn zeichneten eine bestimmte körperliche Konstitution und soziale Gewohnheiten aus. Beides haben wir im Laufe der Evolution verändert, der Mensch ebenso wie jede andere Affenart.[8] Wir sollten uns daher weder über Gemeinsamkeiten noch über Differenzen mit unseren tierischen Verwandten wundern.

Was das Verwandtschaftsverhältnis zu den übrigen Tieren anbelangt, so schätzt man beim Menschen 21 000 aktive Gene. Ein Wurm hat 20 000. Nur 1000 Gene mehr, das ist merkwürdig, sollte man meinen. Nicht, wenn wir Genetikern zuhören. Sie sagen, wir unterscheiden uns nicht durch die zusätzlichen 1000 Gene, sondern wir nutzen sie anders.

Alle Lebewesen stammen zwar von ein und demselben Ursuppen-Genpool ab, doch durch die unterschiedliche Nutzung der Gene sind wir das, was wir sind. Dass manche Tiere, die so gar nichts mit Primaten gemein haben, Menschliches an sich haben (oder eben umgekehrt), liegt dann offenbar an einer ähnlichen Nutzung bestimmter Gene. Nur deshalb können einige uns nichtverwandte Tiere Eigenschaften ausbilden, die uns an uns Menschen erinnern. So gibt es etwa bei den Graudrosslingen schweigsame und geschwätzige Gesellen. Andere wiederum brummeln den ganzen Tag.[9] Es handelt sich übrigens um eine Vogelart, die in der Wüste oder Halbwüste beheimatet ist. Ich werde auf sie häufiger zu sprechen kommen.

Menschen haben ein unglaubliches Gehirn, sie können sprechen und fliegen mithilfe von Raketen zum Mond. Das unterscheidet sie erheblich von allen anderen Wesen. Auf allen Kontinenten ist der *Homo sapiens* beheimatet. Das ist keinem anderen Wesen auf dieser Welt gelungen. Van Beethoven, Leonardo da Vinci, Madame Curie – sie alle gehören zur Spezies Mensch. Und sie alle haben sich in bestimmte Menschen verliebt und diese Menschen geliebt. Dass sie es überhaupt konnten, haben sie nicht zuletzt ihren Genen zu verdanken. Auch besaßen sie jene Anlagen, die angeblich die Liebe ausmacht: Treue, Leidenschaft, Liebeskummer, Eifersucht, den Hang zur Monogamie.

Ich nehme diese »Indizien der Liebe« einmal aufs Korn, um zu zeigen, dass es allenfalls eine begrenzte Liebe gibt, um genau zu sein eine Verliebtheit. Sie ist wiederum auf ein paar Monate oder Jahre beschränkt. Das ist eine traurige Wahrheit. Aber unangenehme Wahrheiten werden durch Ignoranz nicht angenehmer. Stellen wir uns deshalb der Liebe, die uns angeblich überfällt und unbegrenzt anhält. Einer Liebe, die Voraussetzung für den Trauschein ist. Wobei Ehestand und Familie staatlich gefördert werden. Sie tragen zur Stabilisierung, Ordnung und zum Fortbestand unserer Gesellschaft bei. Romantische Vorstellungen von der Liebe täuschen also über vieles hinweg, was mit zweckmäßiger Zweisamkeit zu tun hat.

KAPITEL 1

EVOLUTION UND CO.:
VORSTUFE DER LIEBE

Wer sich auf die Suche nach dem Ursprung der Liebe begibt, muss weit zurückblicken. Sehr weit. Denn das, was wir als Liebe bezeichnen, nahm seinen Anfang, als wir auf diesem Planeten auftauchten und sogar noch davor. Der Blick weit zurück allein genügt aber nicht, es braucht auch eine gehörige Portion Fantasie, ohne die geht es nicht.

Fangen wir an. Am Anfang war eine Ursuppe. Das ist beispielsweise eine Fantasievorstellung, aber dennoch ein brauchbares Denkmodell, da sie sich wissenschaftlich und logisch herleiten lässt. Aus der Ursuppe hat sich alles entwickelt. Es brodelte ziemlich lange, bis sich vor gut 1,6 Milliarden Jahren die ersten komplexen Zellen formierten. Wie und wodurch dieser Schöpfungsprozess in Gang kam? Keine Ahnung, aber die Umstände müssen günstig gewesen sein und irgendwie müssen diese Zellen Lust an Veränderung gehabt und sich irgendwann zu noch komplexeren Zellen zusammengetan haben. Aus Liebe? Kann sein, denn sie fanden sich wohl irgendwie gut und irgendetwas zog sie gegenseitig an.

Der nächste große evolutionäre Sprung erfolgte vor etwa 540 Millionen Jahren. Es traten die ersten komplexen Tierkörper auf. Sie bestanden aus etwa einer Milliarde Zellen. Das größte Tier auf dem Planeten war der Trilobit, ein hartschaliger

Arthropode oder Gliederfüßer. Zunächst nur einige Millimeter, wurde er rasch, also in Tausenden von Jahren, größer und erreichte mit der Zeit die Größe einer Maus. 290 Millionen Jahre lang bevölkerten die Trilobiten die Erde und bestimmten maßgeblich das Leben in den Ozeanen. Dann starb diese Klasse der Lebewesen aus, warum, weiß kein Mensch. 15 000 verschiedene Exemplare dieser Art wurden bislang als Fossilien entdeckt, einer von ihnen misst ganze 70 Zentimeter.[10]

Wie haben sich die Trilobiten vermehrt, folgten sie einem bestimmten Liebesrhythmus, gab es ein Liebesspiel zwischen den Geschlechtern? Selbst Trilobitenexperten können nur Vermutungen anstellen. Da sie eine krebsähnliche Art sind, wäre eine Abgabe von Eiern und Sperma ins freie Wasser ebenso möglich wie Begattungsorgane und damit Körperkontakt zwischen Männchen und Weibchen. Selbst aktive Brutpflege könnte möglich gewesen sein. Wie dem auch sei, es bleiben große Fragezeichen. Nur eines ist gewiss: Herr und Frau Trilobit hatten ein Stelldichein, gleichgültig ob mit oder ohne Berührung. Etwas zog sie zueinander hin, sie hatten den Drang sich zu vermehren. Außerdem trafen sie geschickte Vorkehrungen, damit die Nachkommen überlebten.

Um es klar zu sagen: Das ist der Stoff, aus dem wir sind, dort liegen unsere genetischen Wurzeln. Erst die Ursuppe, dann Zellformationen, der Trilobit, und dann ging es weiter und weiter und weiter … Und eines ist sicher: Je weiter wir zurückgehen, desto sicherer landen wir auf der Stufe der allerkleinsten, millimetergroßen Trilobiten und irgendwelcher Nachbargeschöpfe. Diese Wesen haben sich in irgendeiner Form gepaart, also auf ganz primitiver Weise »Liebe gemacht«. Dadurch wurden ihre Gene weitergegeben und weitergegeben und weitergegeben … Und am Ende waren auch wir da, die wir auf ein System der »Liebesanziehung« zurückgreifen, das in der Ursuppe seinen Anfang nahm.

Woher wir kommen

Die allermeisten Forscher sehen das natürlich anders und setzen die Menschwerdung und alles, was damit zusammenhängt, erst an, wo die Hominiden ins Spiel kommen, die Vorfahren der Menschenaffen und Menschen. Beleg für ihre Existenz sind Hunderte fossiler Funde, Zähne und Knochen. Man fand sie in Ostafrika und Eurasien. Ihr Alter wird zwischen 23 und 14 Millionen Jahre geschätzt. Wie die Knochen aussehen, ihre Art, ihre Merkmale, all das lässt auf menschenaffen- und menschenähnliche Geschöpfe schließen.[11] Von ihnen stammen wir mehr oder weniger ab. Aus einem Zweig, den die Wissenschaft als Menschenaffen bezeichnet. Dazu gehören Gibbon, Orang-Utan, Gorilla, Schimpanse und Mensch. Unser engster Verwandter, der Schimpanse, hat mit seinem Kumpel, dem Gorilla, weit weniger gemein als mit uns. Das ist kaum vorstellbar, aber Genetiker schwören, es stimme.

Was man ebenso beschwören kann: Menschenaffen nehmen Körperkontakt auf, um die nächste Generation hervorzubringen. Ein ausgeklügeltes Paarungsverhalten zwingt sie, auf das andere Geschlecht zuzugehen und sich mit ihm geschlechtlich einzulassen. Es ist durch ihre Gene vorgegeben. Bestimmte Gerüche, ein bestimmtes Aussehen und Verhalten signalisieren: »Ich bin für die Liebe wie geschaffen, komm auf mich zu, sprich mich an!«

Die Wiege des Menschen ist, da sind sich nicht nur alle Evolutionswissenschaftler einig: Afrika. Hier sollen 20 oder mehr Hominidenarten in den vergangenen 5 Millionen Jahren entstanden sein. Und mehrere Menschenarten sollen dort gleichzeitig gelebt haben. Erst seit ungefähr 25 000 bis 20 000 Jahren ist alles ein wenig anders. Seither gibt es nur noch eine Menschenart: den *Homo sapiens*. Uns.

Zu den ältesten und uns am ähnlichsten Lebewesen gehört Lucy (*Australopithecus afarensis*). Man fand sie natürlich in Afrika, dort, wo sich heute das äthiopische Afar-Tiefland befindet. Lucy erscheint uns schon wegen ihres Namens ein wenig menschlich. Er geht auf den Beatles-Song »Lucy in the sky with diamonds« zurück. Forscher fanden etwa 40 Prozent ihres Skeletts. Ihre Knochen verraten einiges: Lucy lebte vor mehr als 3,8 bis 3,5 Millionen Jahren, sie war circa 90 Zentimeter groß, hatte eine affenartige Haltung und ging auf zwei Beinen, hat sich dabei aber möglicherweise auf ihren Knöcheln abgestützt, sicher sind sich die Wissenschaftler da nicht. Auch nicht, ob ihre langen Fingerknochen eindeutig auf ein Hangeln in den Bäumen hindeuten. Ihr Gehirn, nun ja, es war nur etwa 400 bis 500 Kubikzentimeter groß. Zum Vergleich: Ein Schimpansenhirn oder das eines Gorillas hat die gleiche Größe, das unsrige hat durchschnittlich rund 1350 Kubikzentimeter.[12]

Lucy war also nicht besonders schlau, denn Schlauheit hat auch etwas mit der Größe des Gehirns zu tun, behaupten Hirnforscher. Aber wie man weiß, können manche Tiere mit kleinen Hirnen ziemlich schlau sein, schlauer, als man bislang angenommen hat. Betty etwa, eine Krähe, die in einem Universitätslabor in Oxford lebt. Sie kann »um die Ecke denken«. Um an ihre geliebte Butter zu kommen, löst sie logische Aufgaben oder benutzt auch schon einmal einen dünnen Metallstab. Den »Draht« hatte Betty zum Erstaunen der Labormänner zufällig auf dem Fußboden erspäht, aufgepickt und exakt zurechtgebogen.

Ein ebensolcher Schlaumeier war Alex, ein Graupapagei. Er plapperte seinem Frauchen an der Harvard University ungefähr hundert Worte nach, erfasste deren Sinn, konnte bis 6 zählen, Farben unterscheiden und richtig auf die Frage antworten: Wie viele blaue Schlüssel sind das? Wobei nicht nur drei blaue Schlüssel vor seinem Schnabel hin und her gewedelt wurden, sondern außerdem zwei rote. Die beiden superschlauen Vögel haben sehr viel kleinere Gehirne als der Mensch, das steht fest. Ebenso fest steht: Ihre Hirnleistungen sind ganz erstaunlich.

Erste Anzeichen der Liebe

Was war mit Lucys Schimpansengehirn? Nun ja, vielleicht waren sie und ihre Truppe auf dem Niveau von Betty oder Alex, ausgeschlossen ist das keinesfalls. Hingegen wissen wir: Sie hat von sich niemals Skulpturen hergestellt oder gekocht. Ihren Säugling aber hat Lucy wie eine Schimpansenmutter behütet. Und um sicher überleben zu können, war sie ein Hordenwesen.

Die letzten »Fakten« sind sehr wahrscheinliche Annahmen, ganz genau weiß man es natürlich nicht. Nur eines: Lucy ging sorgsam mit ihren Nachkommen um, hat sie mit Milch genährt, bis zu einem gewissen Zeitpunkt großgezogen und ihnen einige lebensnotwendige Dinge vermittelt. Das war ein guter Start für Lucys Kinder, um zu überleben. Anders kann es nicht gewesen sein. So sind alle Säugetiere veranlagt, und Lucy war ein Säugetier. Beim Menschen, ebenfalls ein Säugetier, ist es genauso, nur ist hier von Mutterliebe die Rede. Hier deutet sich schon an: Ein und dasselbe ist nicht unbedingt dasselbe. Was bei uns mit Liebe, nämlich mit Mutterliebe umschrieben wird, heißt in der Tierwelt Instinktverhalten oder Brutpflege.

Nach Lucy tauchte Twiggy auf. Zwischen den beiden befindet sich natürlich eine riesige evolutionäre Spanne, in der ordentlich etwas los war. Das alles lassen wir beiseite. Twiggy zählt zu einer Art, die als »geschickter Mensch« (*Homo habilis*) bezeichnet wird. Ihre Überreste wurden zusammen mit denen von Georg und Cindy am Ostufer eines Sees in der Olduvai-Schlucht gefunden, also Ostafrika, da wo sich heutzutage der Serengeti-Nationalpark befindet. Twiggy und ihre Verwandten sollen vor rund 1,9 Millionen Jahren gestorben sein. Sie waren schon erheblich größer und ihre Gehirne hatten ebenfalls an Volumen zugenommen. Das entscheidende: Sie beherrschten bereits den aufrechten Gang. Twiggy sammelte Früchte und andere essbare Dinge. Sie trug nach Ansicht von Forschern ihr Kind am Leib umher und bildete mit dem Vater des Kindes eine Einheit, also eine Familie. Der Vater beschützte Frau und Kind und sorgte für Fleisch.[13] Diese Dreierkonstellation, um es unmissverständlich zu sagen, ist eine Vermutung. Es gäbe mögliche andere Erklärungen, Gruppenehe, Gruppenerziehung, wer weiß.

Was uns interessiert: Haben sich die beiden ineinander verliebt, bevor sie kopulierten? Als sie dann zusammenblieben, haben sie sich da zugebrummt:»Ich liebe dich!«? Niemand kann das wissen. Aber sie und ihre Vorfahren hatten bereits den Keim von dem in sich, was allemal die Basis einer Verbindung zwischen Mann und Frau darstellt: Partnersuche, dann Sex und Kinder, also das, was wir bei den Tieren Fortpflanzung nennen. Mehr noch. Wenn Twiggy und Co. eine Verbindung eingegangen sind, dann haben sie eine emotionale und materielle Taktik entwickelt, die ihnen ermöglichte, sich und ihre Kinder durchzubringen. Nur dadurch hatten ihre Gene eine Zukunft. Eine relative Zukunft, wie wir heute wissen.

Unsere direkten Ahnen

Etwa zu Twiggys Zeit, vor 2,5 bis 1,8 Millionen Jahren, lebten nicht weit von ihr entfernt noch andere Geschöpfe. Wegen der Fundstelle ihrer Knochen am Turkanasee (Rudolfsee) taufte man sie *Homo rudolfensis*. Mit ihren 155 Zentimetern Körpergröße waren sie schon ziemlich eindrucksvoll und gewieft dazu, was ihre 600 bis 700 Kubikzentimetergehirne andeuten. Viele Wissenschaftler glauben, sie hätten sich als erste Menschenart vor 1,8 Millionen Jahren aufgemacht, auch auf anderen Kontinenten ihr Glück zu versuchen.[14] Gebracht hat es ihnen offenbar nicht viel, ihre Wege versickern im Nichts. Auf alle Fälle gehören sie zu frühen Vertretern der Gattung Mensch (Homo). Aus einem ihrer Zweige haben wir uns entwickelt. Die Entwicklungsschritte waren: Erst der *Homo erectus* und der *Homo ergaster* beziehungsweise *Homo heidelbergensis*, aus ihm – wahrscheinlich – der Neandertaler (*Homo neanderthalensis*) sowie der *Homo sapiens*. Letzterer, das sind ja wir.

Um eine Vorstellung von unserer »direkten Linie« zu bekommen: Der *Homo sapiens* wurde in Afrika geboren, vor ungefähr 150 000 Jahren. Er hat sich von dort aus über die Welt verbreitet. Nach Südeuropa kam der *Homo sapiens* erst spät, etwa vor 40 000 Jahren, und traf dort auf den Neandertaler. Hier wie anderswo lebten beide Arten quasi nebeneinander. Jede Gruppe hatte ein Kommunikationssystem und hat sich verbal verständigt. Vielleicht pflegten sie auch schon bestimmte Liebesfloskeln, auszuschließen ist so etwas jedenfalls nicht. Ob *Homo sapiens* und Neandertaler miteinander »sprachen«, ist fraglich. Eine genetische Vermischung konnte bislang jedenfalls nicht nachgewiesen werden. Ebenso wenig ist bekannt, ob unsereins, der moderne Mensch, dem Neandertaler den Garaus machte.[15]

Sicher ist hingegen: Ab 40 000 bis 30 000 Jahre vor unserer Zeit ging es in der Menschheitsgeschichte Schlag auf Schlag. Immer ausgeklügeltere Werkzeuge und Waffen machten die modernen Menschen zu geschickten Jägern und Fischern. Die Sprache entwickelte sich rasant. Liebesgeflüster wird immer wahrscheinlicher. Allerspätestens aber zwischen 17 000 und 15 000 vor unserer Zeitrechnung. Denn da brachten Menschen wunderschöne, kunstvolle Abbildungen an Höhlenwänden an, von Auerochsen, Pferden, Wildrindern, Wildschweinen und Hirschen etwa. Ob in der Altamira-Höhle (Spanien) oder in der Höhle von Lascaux (Frankreich), wer derartiges zustande brachte, der muss auch entsprechend gesprochen und Lust auf betörende Worte gehabt haben.

Vor circa 10 000 Jahren dann ein weiterer riesiger Menschheitsschritt. In Vorderasien kommt es zur ersten Landwirtschaft, erste größere Siedlungen formieren sich. Bald darauf entstehen die ersten Hochburgen der Kultur etwa in China, in Mesopotamien, am Nil. Schriftsprache, Astrologie, Mathematik, Kunst und Kultur gehen damit einher. Handwerkliche und intellektuelle Spezialisierungen führen zu immer mehr Berufszweigen, ausgeklügelte Verwaltungssysteme und differenzierte Bevölkerungshierarchien entstehen. Plötzlich sind wir vor der Tür unserer Zeitrechnung angekommen.

Liebesbeteuerungen und Liebesbeweise können für diese Epoche anhand von Monumenten und Steintafeln belegt werden. Es ist absolut sicher: Das ehemalige Beschnüffeln und Angegrunze der ersten menschlichen Wesen liegt schon lange im Vergessenen und ist in eine wohlgefeilte Flirttechnik übergegangen. Gefühle werden mit dem Kopf gesteuert. Mehr noch, die sexuelle Beziehung der Geschlechter ist gesetzlich und religiös geordnet *und* geregelt. Auf dieser Regelung basiert unsere Gesellschaft. Das bedeutet: Der Sexualität wurde ein Ort zugewiesen, die Ehe. Und es war die Kirche, die dem sexuellen Akt ausschließlich diesen Ort zuwies. Nur da und nirgendwo sonst war die Begattung rechtens. Vorehelicher Geschlechtsverkehr war Sünde, die aus diesem Akt hervorgegangenen Kinder Bastarde. Wer dem heiligen Sakrament der Ehe zuwiderhandelte, dem drohte das Fegefeuer. Mit der Zeit gelangten diese moralischen Vorstellungen von den Köpfen in die Herzen.

Gefühle im Gehirn

»Haben unsere Vorfahren im Laufe der ›Menschwerdung‹ während der vergangenen 3 bis 4 Millionen Jahre nicht einen großen Sprung gemacht, der uns bei aller anatomischen und genetischen Verwandtschaft nicht doch fundamental von den anderen Menschenaffen trennt? Tragen wird das ›Äffische‹ immer noch mit uns herum, oder haben wir dieses biologische Erbe abgeworfen?« Gerhard Roth[16] stellt diese Frage und bezieht eindeutig Stellung. Der Bremer Forscher hat uns tief ins Gehirn geschaut und neuronale Vorgänge untersucht. Seine Antwort lautet – ich fasse sie einmal salopp zusammen: Wir sind Tiere und tierisch ist unser Hirn. Es unterscheidet sich nur unwesentlich von dem unserer Vettern, den Schimpansen.

Was soll das heißen? Dass wir genauso beschränkt denken und handeln wie Affen? Nein, aber unser Gehirn arbeitet noch sehr archaisch. Wir haben keineswegs alles im Griff. Es gibt Abläufe, die wir ganz und gar nicht steuern können. Wir glauben nur, wir hätten dieses und jenes »frei« entschieden, in Wirklichkeit hat etwas in uns entschieden. Dieses Etwas hat sich vor einer sehr langen Zeit gebildet, als es nur um eines ging: ums blanke Überleben.

Wir verlieben uns keineswegs in einen Menschen, weil unser Gehirn fein säuberlich Fakten abgewogen hat und zum Ergebnis kommt: Sieht gut aus, hat einen ausreichenden Bildungsgrad, einen passenden Stammbaum und zeigt hochgradige soziale Kompetenz. Wir fragen auch nicht nach einem polizeilichen Führungszeugnis, nach der Krankenakte oder den letzten Kontoauszügen. Eine Person haut uns einfach nur um und irgendwann reden wir von Liebe. Eines ist jedem klar: Verliebte sind keine Bedenkenträger.

»Wir müssen davon ausgehen, dass das menschliche Gehirn und seine Leistungen sich zumindest in den letzten 30 000 Jahren nicht wesentlich verändert haben.« Stellt Roth nüchtern fest. Über ein stammesgeschichtlich sehr altes Hirnteil schreibt er etwas ebenso Erstaunliches. Es ist eine Gehirnregion, die für unsere Gefühle und Triebe zuständig ist, also für die Liebe: »Das limbische System bewertet alles, was wir tun, nach gut oder lustvoll und damit erstrebenswert oder nach schlecht, schmerzhaft oder nachteilig und damit zu vermeiden und speichert die Ergebnisse dieser Bewertung im emotionalen Erfahrungsgedächtnis ab. Bewusstsein und Einsicht können nur mit ›Zustimmung‹ des limbischen Systems in Handeln umgesetzt werden.«[17]

Das muss man sich auf der Zunge zergehen lassen, wenn von Liebe die Rede ist. Das müssen wir im Kopf behalten, wenn wir beharrlich fragen: Woher kommt die Liebe?

Der Hirnforscher Roth bestreitet einen »qualitativen evolutiven Sprung« zwischen dem Verhalten des Menschen und dem seiner nächsten Verwandten, den Schimpansen. Im weiteren Sinne zieht er die anderen Primaten und Säugetiere hier mit heran. Unser Individual- und Gruppenverhalten, mithin Partnerwahl, Sexualität, Dominanz- und Konfliktverhalten, würden in weiten Bereichen dem anderer Großaffen stark ähneln. Wir würden aber auch stark von ihnen abweichen, wie diese Anlagen eben auch bei den Affen untereinander abweichen.[18]

Zoologen und Biologen bleiben bei solchen Behauptungen gelassen. Sie betonen, dass wir nicht in jeder Hinsicht wie Tiere sind. Wir sind anders, einzigartig. Doch jede Art ist anders, einzigartig und jede unterscheidet sich von der anderen. Unser absolutes Plus: Wir sind mehr als andere Tiere in der Lage, die genetischen Vorgaben des Verhaltens durch Erziehung, Konditionierung, Nachahmung oder Einsicht zu verändern. Wie weit das in der Liebe, in der Verliebtheit möglich gewesen ist, werden wir sehen.

KAPITEL 2

MÄNNER UND FRAUEN:
ANDERE ANLAGEN,
ANDERE LIEBESVORAUSSETZUNGEN

Frau Trilobit, Lucy und Twiggy hatten eines gemeinsam: Sie produzierten Eier. Ihre männlichen Pendants dagegen Sperma. Dieser kleine Unterschied zwang zu geschlechtsspezifischem Verhalten. Falls unser Trilobit-Weibchen Bruttaschen besaß, musste sie die Eier nach der Befruchtung einige Zeit beherbergen und schließlich einen günstigen Platz für das Weiterleben der Brut suchen. Das Vatertier konnte währenddessen schon längst wieder seinem Alltagsgeschäft nachgehen. Lucy und Twiggy mussten noch mehr leisten. Ihre Eier wurden im Leibe befruchtet, dort teilten sich die Zellen und wurden zu Embryos, aus denen Föten. Ihre Bäuche schwollen an, ihr gesamter Organismus hatte sich auf Mutterschaft umgestellt, bis schließlich Wehen die Säuglinge austrieben. Es folgte die Aufzucht der Kleinen.

Bei allen 4000 Spezies der Säugetiere und natürlich bei allen 257 Spezies der Primaten findet die Befruchtung im weiblichen Körper statt. In vielen Fällen sind die Tragzeiten kürzer als bei uns. Manchmal nur einige Wochen. Es gibt aber auch längere Schwangerschaften, Elefanten brechen den Rekord für Landsäugetiere, 20 bis 22 Monate.

Nach dieser Zeit steht für alle Säugetiere die Aufzucht an. Vielfach müssen die Weibchen das allein bewerkstelligen oder es findet in Frauengruppen statt. Bärinnen stehen für weibliche Singleaufzucht, Elefantenkühe für weibliche Clanaufzucht.

Bei Primaten ist die Kinderaufzucht in aller Regel Frauensache. Die meisten Affenmütter kraxeln allerdings mit männlichem Beistand durch den Wald oder auf Felswänden herum. Egal ob es sich dabei um ausgeprägt monogam lebende Gibbons handelt, um polygam veranlagte Schimpansen oder haremsorientierte Gorillas. Überall in der Natur gibt es aber Ausnahmen, so auch unter den Primaten. Orang-Utan-Mütter managen die Kinderaufzucht allein, wie sich Orang-Utans generell eher einzeln durch die Wälder Borneos oder Sumatras hangeln.[19]

Eier und Sperma

Wer Kinder im eigenen Leib austrägt, weiß: Das sind meine. Und daraus folgt: Mein Nachwuchs = Meine Gene haben eine Zukunft. Wer nur Sperma abgibt, kann sich der Vaterschaft nicht sicher sein. Damit Letzteres wahrscheinlicher wird, wachen viele Männchen über ihr Weibchen oder über ihren Harem. Das Bewachen bringt ihnen einen enormen Vorteil: Bessere Absicherung auf ihre genetische Zukunft. Wer zudem so viele Weibchen wie möglich bespringt und entsprechend Eier befruchtet, vervielfacht diese Chance.

Sieht man dem Weibchen die fruchtbaren Tage nicht an, wird ein Bewachen umso dringlicher. Das ist beim Menschen der Fall. Nichts deutet auf einen Eisprung hin, kein äußerliches Zeichen. Schimpansendamen gehen da direkter vor. Ihre Vulva schwillt auf die Größe einer mittleren»Puddingschüssel«(Jane Goodall) an. Ein Männchen kommt bei einem derartigen Anblick umgehend in die Gänge.

Orang-Utan-Weibchen sind so diskret wie wir, die allermeisten Vogeldamen ebenso. Der verborgene Eisprung (kryptische Ovulation) ist folglich keineswegs eine Besonderheit des *Homo sapiens*, wie immer behauptet wird. Wohl aber hat er bei einigen Tierarten und bei uns zu einer spezifischen Paarbindung geführt. So tun sich einige Arten der gefiederten Gesellen nur während der Brutzeit zusammen, andere ihr ganzes Vogelleben. Wir tun alles Mögliche, es gibt zum Beispiel Vielehe und Harem und es gibt die Zweisamkeit für immer.

Der texanische Evolutionspsychologe David Buss behauptet – und nicht nur er – Mann und Frau würden ein Paar bilden, da es keine Anzeichen für die fruchtbaren Tage gäbe. Die Anziehungskraft der Frauen auf die Männer würde sich dadurch auf den gesamten Ovulationszyklus erstrecken. Das wäre im Endeffekt der Grund, weshalb sich die Ehe entwickelt habe.[20] Manch ein Forscher stellte zudem die These auf, Frauen hätten mit dem verborgenen Eisprung einen Weg gefunden, den Mann zu binden. Der Trick: Er muss regelmäßig mit ihr koitieren, damit eine Schwangerschaft wahrscheinlich wird. Während dieser Zeit ist außerdem Bewachung nötig, um Nebenbuhler fernzuhalten. Diese Vermutungen mögen zutreffen, müssen es aber nicht. Es gibt auch andere Lösungen. Zum Beispiel haben Orang-Utan-Weibchen einen vergleichbaren Sexualzyklus wie Menschenfrauen. Und wie gesagt, keine sichtbaren Anzeichen des Östrus (Eisprung). Für die orangefarbenen Urwaldmänner ist das keineswegs ein Grund, sich ein für alle Mal nur einem Weibchen anzuschließen. Umgekehrt besteht offenbar ebenfalls kein Wunsch zur Paarbildung. Entsprechend haben Männchen sowie Weibchen ihre eigenen Reviere. Was die Menschen betrifft, gibt es auch da Ausnahmen. Die Mosou etwa binden sich nicht unbedingt an einen Partner. Das Völkchen, das auf dem Dach der Welt lebt, hat seine eigenen Regeln. Kinder werden im Frauenclan großgezogen. Ein Vater kann, muss aber nicht zur Aufzucht seiner eigenen Kinder beitragen. Wohl aber investiert er hauptsächlich in die Kinder seiner Schwester, die mit seiner Mutter zusammenleben.

Unterschiede

Wir haben gehört, Twiggy soll mit Kind *und* Kindesvater gelebt haben. Die Vermutung: Er war Jäger, hat für Fleisch gesorgt und Frau sowie Kind beschützt. Sie wiederum war durch das Kind gebunden und hauptsächlich Sammlerin von Wurzeln, Früchten und anderen vegetarischen Dingen. Die ersten Jahre musste das Kind am Körper getragen werden, was eine jagende Mutter eher unwahrscheinlich macht. Doch auch das gibt es, dazu später. Diese Arbeitsteilung führte jedenfalls über Jahrhunderte, ja viele Jahrtausende zur Herausbildung spezifischer männlicher und weiblicher Fähigkeiten. Das wiederum bedeutet: Männer ticken anders als Frauen. Noch heute. Frauen lieben Liebesfilme, Männer Western. Frauen sehnen sich nach einem weißen Hochzeitskleid, Männer nach einem Ferrari. Frauen träumen von der Liebe, Männer vom Glück. Das sind Klischees, Vorurteile? Wir werden sehen. Machen wir uns auf die Spurensuche. Auf in die Schatzkammer der Gefühle, ins Gehirn.

Zwischen den Hirnen von Männern und Frauen wurden morphologische Unterschiede festgestellt. Es sind Unterschiede hinsichtlich ihrer Struktur, Form sowie der Verbindungsleitungen zwischen den beiden Hälften (Hemisphären) des Gehirns. Was man pauschal sagen kann:

Ein Männerhirn kann gezielter und effizienter visuelle und räumliche Informationen verarbeiten. Mathematisches Denken fällt Männern leichter als Frauen. Frauenhirne sind dafür besser in Fertigkeiten, die mit Detailwahrnehmung zu tun haben. Aufeinanderfolgende Aufgaben können Frauen besser bewältigen als Männer. Ihre sprachlichen Fähigkeiten und sozialen Kompetenzen sind ausgeprägter. [21]

Jäger mussten räumliche Informationen verarbeiten. Das ist ganz klar, ohne sie kein Jagderfolg. Frauen mussten die kleinsten Details in der Umgebung wahrnehmen, wenn nicht, hätten sie ihr Sammelglück in den Wind schreiben können. Und sie mussten sich intensiv um ihre Kinder kümmern, damit emotional und kommunikativ sein. Kein Zweifel, Nahrungsbeschaffung, Kinderaufzucht und Zusammenleben haben sich ins Gehirn geprägt. Das ist mehr als wahrscheinlich. Anders wäre ein Überleben nicht möglich gewesen. Das trifft auf alle Lebewesen zu. Diese Annahme gilt übrigens selbst dann, wenn die »Arbeitsaufteilung in der Steinzeit«: Mann Jäger und Frau Sammlerin, so »knallhart« nicht existierte. Denn was immer bleibt, ist die spezifisch biologische Rolle. Sie fordert, ob wir das wahrhaben wollen oder nicht, ihren Tribut. Auch und gerade, wie wir die Welt begreifen und wie wir in ihr agieren.

Natürlich gibt es auch begabte Mathematikerinnen, Frauen, die abstrakt und räumlich Denken können. Ich selbst gehöre dazu. Ich habe Maschinenbau studiert und in der Konstruktion gearbeitet. Generell haben's Frauen aber weniger mit Zahlen. Umgekehrt gibt es Männer, die eigentlich eher weibliche Kompetenzen haben.

Trotzdem, heutzutage werden 99 Prozent aller Patente von Männern eingereicht. Und wie sieht es mit Nobelpreisträgerinnen in der Mathematik aus? Leider sehr mau. Daran wird sich etwas ändern, gewiss, weil Mädchen seit geraumer Zeit stärker und anders gefördert werden und weil Frauen in Wissenschaft und Technik vordringen. Aber eine Umkehrung der Verhältnisse wird es in den nächsten hundert Jahren mit Sicherheit nicht geben, da hilft auch keine Genderdiskussion.

Was ich damit sagen will: Wer über die Liebe nachdenkt, muss die geschlechtsspezifischen Anlagen von Mann und Frau im Hinterkopf behalten, sie führen zu einem anderen Fühlen, Denken und schließlich Handeln. Unser Gehirn macht nämlich zu einem großen Teil mit uns, was es will. Konkret dazu: Am Schluss ihrer umfangreichen Untersuchung, die Dutzende von Studien zum Geschlechterverhalten beinhaltet, schreiben die beiden amerikanischen Psychologinnen Eleanor Maccoby und Carol Jacklin:»Wir vermuten, dass Gesellschaften eher die Möglichkeit haben die Unterschiede zwischen Männern und Frauen zu reduzieren als sie zu vergrößern. Eine Gesellschaft könnte beispielsweise eher die männliche Aggression mäßigen, als Frauen männliches aggressives Verhalten zu vermitteln ...«[22] Es wird mehr als deutlich: Wir werden als weiblich oder männlich agierende Geschöpfe geboren.

Programmiertes Hirn

Bei der Geburt ist unser Gehirn keineswegs leer. Ein im Mutterleib heranreifender Fötus hat zunächst ein weibliches Gehirn. Erst durch Testosteron wird es zu einem männlichen »umgeformt«. Ist das geschlechtsgebende Chromosomenpaar XX vorhanden, bleibt es bei einem weiblichen Gehirn. Bei einem XY-Chromosomenpaar, wandelt es sich zu einem männlichen. So einfach ist das. Um die sechste Schwangerschaftswoche herum entwickelt sich die sexuelle Ausrichtung, also der Geschlechtsapparat und alles, was dazugehört. Gleichzeitig entwickeln sich die Grundmuster des Gehirns. Diese Grundmuster sind prägend und bedingen etwa die geschlechtsspezifischen Anlagen von Mann und Frau.[23]

Entscheidend sind, welche Hormone in welcher Dosis dem heranwachsenden Menschenwesen zugeführt werden. Wenn ein XY-Wesen heranreift und nur wenig Testosteron, aber viel Östrogen bekommt, dann bekommt der Mann weibliche Merk-

male. Daran lässt sich späterhin nichts ändern, denn Hormon-
prägungen im Mutterleib sind unauslöschlich.[24] Das bedeutet:
Mädchen können früher flüssig sprechen als Jungen. Frauen
reagieren empfindlicher als Männer auf Geräusche, Gerüche,
Geschmack und Berührung. Sie haben ein feineres Ohr für die
Nuancen von Stimmen und Musik. Sie sind sensibler im sozialen und persönlichen Kontakt, geschickter im Herausspüren
von nonverbalen Informationen aus Mimik und Gestik ihres
Gegenübers. Sensorische und verbale Informationen werden
von ihnen schneller verarbeitet und sie sind weniger regelori-
entiert und -gebunden als Männer.

»Männer sind besser in den Bereichen, in denen es auf räumliches Vermögen ankommt. Sie sind aggressiver, wettbewerbsori-
entierter und geltungsbedürftiger. Sie brauchen die Hierarchie
und die Regeln, denn ohne sie wären sie nicht in der Lage, zu
bestimmen, ob sie »oben« sind oder nicht – und das ist für die
meisten Männer von vitaler Bedeutung.«[25]

Liebe und Aggressivität

Männer sind aggressiver als Frauen. Männer führen Kriege.
Was Hirnprägung und Krieg mit Liebe zu tun haben? Nun ja,
nehmen wir die Yanomamö (auch Yanomamo/Yanomami), ein
südamerikanischer Indianerstamm, der am Orinoko (Venezuela) lebt. Es gibt zwei Hauptmotive, weswegen Yanomamö-
Männer einem anderen Stamm den Krieg erklären. Entweder
rauben sie anderen Männern die Frauen oder wollen ihre geraubten Frauen zurückzuholen.[26] Als der amerikanische Anthropologe Napoleon Chagnon dies aus erster Hand erfuhr,
erklärte er, sein Land würde wegen bestimmter Ideale in den
Krieg ziehen, Freiheit und Demokratie nämlich. Seine Zuhörer
waren höchst verwundert. Es kam ihnen schlicht dumm vor, ihr
Leben für etwas anderes als Frauen aufs Spiel zu setzen.

Chagnon hat Buss davon erzählt. Dieser kommentiert zu Recht:»Das während der gesamten historischen Epoche verzeichnete vermehrte Auftreten von Vergewaltigungen im Zuge von Kriegshandlungen läßt darauf schließen, daß die sexuellen Motive der Yanomamö-Männer vielleicht weder seltsam noch untypisch sind.«[27] Eben, das sind sie auf keinen Fall. Mehr noch, Frauenraub ist kein Yanomamö-Phänomen. Mongolen, nordamerikanische Indianer, afrikanische Stämme, sie alle raubten Frauen, und nicht nur sie. Wie kamen Germaninnen nach Rom, Sklavinnen ins antike Griechenland? Freiwillig? Selbst Mythen greifen die Tatsache auf. Die schöne Helena, Tochter des Zeus und der Leda, ist hin und weg vom entzückten Paris. Sie verlässt Hals über Kopf Haus, Hof und Familie, folgt dem Geliebten freiwillig nach Troja. Der betrogene Gatte Menelaos alarmiert seine griechischen Freunde. Schnurstracks machen sie sich auf, um die Allerschönste zurückzuerobern. Es kommt zum jahrelangen Kriegsgemetzel. Die kämpfenden waren sich einig:»Tadelt nicht die Troer und die hellumschienten Achaier,/ die um ein solches Weib so lang ausharren im Elend!«

Ein Mann ist nicht allein ein Mann, weil er mehr Testosteron im Blut hat als Frauen. Hormonell gesehen genügt das nicht. Um beispielsweise Aggressivität zu erzeugen, müssen Hormone auf eine bestimmte Hirnstruktur treffen. Ein Mäusebeispiel. Männliche Labormäuse mögen keine Fremden in ihrem Käfig. Setzt man ein fremdes Männchen einfach in ihr Zuhause, wird der Eindringling angegriffen. Kastrierte Käfigmäusemänner sind weitaus friedfertiger, ändern jedoch ihr Verhalten auf»normal«, sobald ihnen männliche Hormone gespritzt werden.

Anders verläuft das Experiment, sofern die Kastration vorgenommen wurde, bevor das Gehirn auf männlich ausgerichtet war. Keine noch so große Hormondosis führt zur Aggressivität. Umgekehrt werden Weibchen ziemlich giftig, sofern ihnen männliche Hormone injiziert werden, während sich ihr Hirn gerade das weibliche Rüstzeug anlegt. Diese Manipulationen sind möglich, weil die Hirnprogrammierung bei den kleinen Nagern erst nach der Geburt geschieht. Bei uns und anderen Primaten[28] läuft das ja im Mutterleib ab.

Geschlechterrollen

Noch eine interessante Tatsache, die uns auf direktem Wege zur Liebe führt. Wassertreter haben die Geschlechterrollen getauscht. Vom Laien für Enten gehalten, werden sie von Ornithologen aber den Schnepfenvögeln zugeordnet, und, jetzt kommt's: Die Weibchen haben nicht nur ein leuchtenderes Gefieder als die Männchen, auch ihr Testosteronspiegel ist höher. Bei den clanbestimmenden weiblichen Hyänen ist das mit dem höheren Testosteron ebenfalls der Fall.

Dann gibt es da noch die Sache mit dem umgekehrten Balzverhalten und dessen Folgen. Bei den Seepferdchen sind es die Weibchen, die die Männchen betören. Sie beginnen mit dem Balztanz. Hat eines beim Flirten Erfolg, stimmt der Seepferdchenmann in den Tanz ein. Sie tanzen ein wenig hin und her, rauf und runter, bis das Weibchen am Ende seine Eier in die Bauchtasche des Männchens bugsiert, wo sie befruchtet werden. Sie macht das mit einer Art Penis. Es liegt nun an ihm, die Brut auszutragen und später an einem sicheren Platz im Seegras zu gebären.

Bei etwa 30 Vogelarten ist ebenfalls ein Vater-Mutter-Rollentausch bekannt. Man muss kein Hellseher sein, um zu wissen, was das bedeutet. Das zahme Männchen wird von einem aggressiven Weibchen umworben. Wer die Eier ausbrütet und die Küken großzieht, ist gleichfalls klar, oder? Die Männchen![29]

Jemand, der Eier beherbergt, ist für diese Aufgabe speziell ausgestattet, physisch und psychisch. Kommt es zur Befruchtung im Leib, muss die Frucht ausgetragen werden. Circa neun Monate sind es beim Menschen. Es folgt eine lange Stillzeit und eine mühevolle, schutzbedürftige Aufzucht. Die diesbezügliche Hauptlast ist stets beim weiblichen Geschlecht.[30] Es investiert von Anfang an mehr in ein Kind als der Vater. Dieses evolutionäre Erbe hat Folgen für die Liebesbeziehung zwischen Mann und Frau, auch für das geschlechtsspezifische Sexualverhalten.

Dazu kommt etwas sehr Simples, aber überaus Maßgebliches. Eine Frau kann in ihrem Leben nur eine begrenzte Kinderzahl gebären, ein Mann hingegen eine stattliche Anzahl von Kindern zeugen. Das ist für Evolutionsbiologen von zentraler Bedeutung und ist die Grundlage dafür, wie sie die Verschiedenheit der Geschlechter erklären. Ein Ei ist groß, sagen sie, nährstoffreich und kostspielig in seiner Herstellung. Von daher stehen nur begrenzte Mengen zur Verfügung. Anders mit den Spermien, sie sind überaus »billig« in der Produktion, von daher wird reichlich Samen hergestellt. Um einmal eindrucksvolle Belege heranzuziehen: Ein menschliches Ei, das sich auf den Eisprung vorbereitet, ist anfänglich so groß wie ein kräftiger Schreibmaschinenpunkt, eine Samenzelle lässt sich mit dem bloßen Auge niemals erkennen. In den Eierstöcken befinden sich zwischen 300 000 bis 400 000 Eier. Sie sind von Geburt an vorhanden und ein Großteil verkümmert während der Lebensperiode, außerdem kommen nur circa 400 »zum Einsatz«. Anders sieht es mit den Samenzellen aus. Nach der Pubertät beständig neu produziert, werden bei jeder Ejakulation zwischen 200 bis 500 Millionen individuelle Samenzellen auf den Weg geschickt.

Da nun die Eier sehr kostbar sind, müssen sie behütet, mit ihnen pfleglich und nicht verschwenderisch umgegangen werden. Anders sieht es mit dem Samen aus. Er kann großzügig »verschleudert« werden. Das ist die Basis, auf der Männer sexuell anders empfinden und handeln als Frauen. Wer Kostbares bereitstellt, wer zudem die größte Last bei der Kinderaufzucht trägt, geht in jeder Beziehung ein anderes Investitionsrisiko ein als jemand, der Unmengen von Samen abgeben kann. Die Energien und Ressourcen eines Samenträgers sind weder gefährdet noch begrenzt. Er kann jeden Tag und überall Kinder zeugen. Für eine Eiträgerin sieht die Sache gänzlich anders aus. Ihr sind Grenzen gesetzt. Sie kann maximal ein Kind pro Jahr gebären[31] und ihre Fürsorgekapazitäten sind begrenzt. Aus diesem Unterschied resultiert nicht nur ein »ganzer Kosmos sexueller Unterschiede« (Susan Blackmore), sondern von dieser Warte aus betrachtet ist nicht nur das Ei sehr kostbar, sondern auch die Eiträgerin. Sie muss sich in der Liebe deshalb anders präsentieren und »verkaufen« als ein Samenträger.

Man kann dem entgegenhalten, was beispielsweise mit den Homosexuellen ist, oder denjenigen, die keine Kinder wollen. Richtig. Aber ebenso richtig ist: Unsere biologischen und genetischen Ziele sind vorgegeben, ob wir sie nun erfüllen oder nicht.

KAPITEL 3

GENE ODER ANERZOGEN?
BEFÄHIGUNG ZUM LIEBESGLAUBEN

Ungeborene mit Mozart zu beschallen, kann Vorteile bringen, so heißt es. *Die Kleine Nachtmusik* oder *Die Zauberflöte* sollen sich beruhigend auf den Fötus auswirken und zu einer emotionalen Stärkung führen. Außerhalb des Mutterleibes soll dann der neue Erdenbürger oder die neue Erdenbürgerin die raue Wirklichkeit besser bewältigen können. Vom Standpunkt einer guten Vorprägung aus betrachtet reicht eine gesunde Ernährung und Lebensweise der werdenden Mutter längst nicht mehr aus, auch keine anschließende mütterliche Rundumversorgung des Neugeborenen.

Wer es sich zum Beispiel in Japan leisten kann, läutet nach der Geburt sogleich die nächste Frühprägephase ein. Er lässt seinen Säugling von einer Englisch sprechenden Nanny versorgen. Kaum aus dem Krabbelalter heraus, wird es ernst. Eine amerikanische Sprachlehrerin kommt ins Haus, Vokabeln sollen nicht mehr bloß zum Spaß nachgeplappert werden. Das sprachliche Doping-Programm soll dem Sprössling einen besseren Start in der Schule und mehr Erfolg im Beruf ermöglichen. Davon sind die Eltern fest überzeugt.

Optimismus und Hoffnung sind nicht nur die treuesten Verbündeten der Liebe, sondern auch der Erziehung. Pädagogen und Eltern sind überzeugt: Kinder lassen sich charakterlich formen. Ihr Dogma: Je früher der (positive) Einfluss ausgeübt wird, desto prägender für die Kinderseele, mithin, was später aus ihr wird. Ich bin da eher skeptisch, was die Totalität der Erziehungsauswirkungen im frühkindlichen Stadium anbelangt, auch was die Formel betrifft: Gutes bewirkt zwangsläufig Gutes. Doch lassen wir die wissenschaftlichen Fakten und Forschungsergebnisse sprechen.

Ungefähr 30 bis 40 Prozent der Persönlichkeit eines Erwachsenen sollen auf Prägungs- und Erlebnisprozesse zurückgehen, die im Alter zwischen 0 bis 5 Jahren stattfinden. Hinzu kommen etwa 20 Prozent, die später erworben werden, durch Erlebnisse sowie Erziehung im Elternhaus und in der Schule. Wir sprechen von einer Spanne, die eineinhalb Jahrzehnte umfasst, denn im 16. Lebensjahr soll die Persönlichkeit eines Menschen »mehr oder weniger fertig«[32] sein. 20 plus 30 bis 40, macht 50 bis 60 Prozent. Wann und wodurch wird der restliche Anteil der Persönlichkeit erworben? Durch nichts, er fällt uns in den Schoß. Satte 40 bis 50 Prozent wurden schon im Mutterleib genetisch besiegelt. Es scheint allgemein so zu sein, erläutert der Hirnforscher Roth, »dass eine Person in ihrer Persönlichkeit eher ›ausreift‹, als dass sie sich aufgrund von Umwelterfahrungen in *ihrem Kern* ändert, und dass sie sich eher die Umwelt sucht (beziehungsweise einrichtet), die zu ihr emotional passt, als dass sie sich an eine Umwelt anpasst.«[33]

Was bedeutet das im Hinblick auf die Liebe? Dass das, was wir diesbezüglich fühlen, denken, wie wir entscheiden und handeln, bereits in unserem 16. Lebensjahr feststand? So ungefähr.

Wir haben viel »mit der Muttermilch« eingesogen. In Italien sind es etwa das La-Mamma-Prinzip und ein ausgeprägter Marienkult. In der BRD hat die Vergötterung der Mutter ihre Grenzen, ebenso das Herumtragen von Marienstatuen während bestimmter Festlichkeiten. Doch in dem einen wie in dem anderen Fall folgen daraus Konsequenzen für die Liebe. Ein italienischer Mann, nun ja, er wird von seiner Geliebten oder zukünftigen Ehefrau etwas anderes erwarten als ein deutscher. Eine Deutsche wird einen anderen Typ Mann bevorzugen als eine Italienerin. Das stimmt *so* nicht? Korrekt. Aber irgendwas ist eben doch dran.

Ob das La-Mamma-Prinzip jemanden prägt oder nicht, hängt von vielen Faktoren ab. Es kann auch das direkte Gegenteil herauskommen. Die fürsorgende Mutter geht dem Sohn »derart auf den Keks«, dass er alles will, nur keine bemutternde Frau. Zwischen beiden Extremen, wir ahnen es, gibt es unzählige Möglichkeiten, aber auch eine Tendenz, und die besagt: In einem La-Mamma-Land ist die Wahrscheinlichkeit auf La-Mamma-Männer zu treffen, sehr viel höher als in einem Anti-La-Mamma-Land. Wäre dem nicht so, gäbe es keine spezifische Kultur, eine italienische oder deutsche etwa. Das muss nicht so bleiben, gewiss, denn die Völker verschmelzen und mithin werden wohl auch spezifische gesellschaftliche Eigenheiten verblassen. Das aber dauert.[34]

Kulturen gibt es viele und sie alle haben ihre spezifischen Gepflogenheiten, Traditionen, Sitten und Gebräuche. Ob der Heiligabend in Deutschland, das Frühlingsfest in China, das Rinderspringen der Massai, das Bad der Inder im Heiligen Ganges oder die Beschneidungen im Sudan – Sitten und Gebräuche prägen die Seele eines Menschen, inklusive der dazugehörigen Gefühle. Auch alles Übrige gehört dazu, eben alles, was zu den kulturellen Eigenschaften und Brauchtümern einer Gesellschaft gehört. Absolut alles, was auf eine Menschenseele einwirkt, wirkt sich auch auf sie aus, daran kann kein Zweifel bestehen. Nur wie und wie groß der Einfluss ist, ist die Frage.

Festgelegte Persönlichkeit

Andererseits gibt es einen Kern in jedem Menschen, der eben nicht wandelbar ist. Über seine Existenz kann niemand hinwegsehen. Über seine Größe lässt sich freilich streiten. Er kann sogar weitergegeben werden und sich von einer Generation zur nächsten verändern. Und auch das kann dauern. Eigenschaften des Vaters, der Mutter, der Urgroßmutter, des Urgroßvaters tauchen bei den Kindern und Kindeskindern wieder auf. Eineiige Zwillinge bezeugen diese Tatsache. Werden sie nach der Geburt getrennt, wachsen sie etwa auf verschiedenen Kontinenten auf, bei Elternpaaren, die sich vom Erziehungsstil und von den Erziehungszielen völlig unterscheiden, so bahnt sich dennoch eine bestimmte Persönlichkeit ihren Weg, bestimmte Talente, Veranlagungen, Gemütsverfassung, Leichtgläubigkeit, ja selbst der Hang zur Religiosität. Kurz gesagt, die eineiigen Zwillinge gleichen sich in vielen Bereichen.

Was jedem einleuchtet, ist:

1. Eineiige Zwillinge, die getrennt aufwachsen, gleichen sich sehr.

2. Eineiige Zwillinge, die gemeinsam aufwachsen, sind sich ähnlicher als zweieiige Zwillinge, die gemeinsam aufwachsen.

3. Biologische Geschwister sind sich sehr viel ähnlicher als Adoptivgeschwister.[35]

Der erzieherische Einfluss der Eltern ist überraschend gering, stellt Steven Pinker gleichmütig fest: »Kinder, die in derselben Familie aufwachsen, sind sich am Ende in ihrer Persönlichkeit nicht ähnlicher als Kinder, die bei der Geburt getrennt wurden; adoptierte Geschwister gleichen sich in ihrem Verhalten als Erwachsene nicht mehr als Fremde.«[36]

Was der Psychologe von der Harvard Universität vorbringt, erschüttert jede Mutter und jeden Lehrer, der an eine starke erzieherische Prägung seiner Zöglinge glaubt. Pinker ist überzeugt: 50 Prozent (eventuell 40 bis 50) unserer Persönlichkeit gehen auf Gene zurück, 0 (eventuell 10 Prozent) auf eine *gemeinsame* Umwelt und 50 Prozent auf die *singuläre* Umwelt. Das Letzte meint, was jeder Einzelne für sich genommen aus der Umwelt aufnimmt und wie auch immer abspeichert. So niederschmetternd diese Behauptung ist, sie fußt auf einer Erfahrung, die jede Mutter und jeder Lehrer machen kann: Am Ende kommt etwas anderes heraus und gegen manches »ist kein Kraut gewachsen«.

Am Beispiel der eineiigen Zwillinge werden die 50 Prozent singuläre Umwelterfahrung kontra 0 Prozent Erziehung/gemeinsame Umwelt noch einmal deutlich. Eineiige Zwillinge sind sich zwar sehr ähnlich, aber auch sehr unterschiedlich, obwohl sie Gebärmutter (manchmal sogar das *Chorion*, die Hülle, die den Fötus umgibt), Kinderbettchen, Vater und Mutter, Kindergarten und Schulbank teilten. Jeder von ihnen entwickelt andere Berufsziele, hat einen anderen Freundeskreis, andere Hobbys. Das ist eben nur möglich, weil die eineiigen Zwillinge ihre gemeinsame Umwelt singular wahrgenommen haben und deshalb gleichen sie sich nicht in 100, sondern nur in 50 Prozent. Nicht mehr, aber auch nicht weniger. Es ist derselbe Prozentsatz, den sie sich auch geglichen hätten, wären sie getrennt aufgewachsen.[37]

Ein fiktiver Fall. Nehmen wir an, die deutschen eineiigen Zwillinge Hans und Klaus hätte man sogleich nach der Geburt getrennt. Einer wäre in Italien, der andere in Deutschland aufgewachsen. Wäre der eine ein überzeugter Katholik geworden, weil seine italienische Mutter ihn streng katholisch erzog und mit ihm schon früh zur heiligen Messe ging? Nicht, wenn nicht auch sein Bruder einen Hang zur Religiosität hat. Das ist so sicher wie das Amen in der Kirche.

Hätten Hans und Klaus einen ausgesprochenen Hang zur Religion, dann wäre es ganz gleich, wo sie aufwüchsen, ob in Indien, in Israel oder im Irak. Sie würden die vorgelebte Religion übernehmen. In diesem Sinne ist Kultur prägend.

Kulturelle Einflüsse

Kultur hat unzweifelhaft auch dann Einfluss auf einen Menschen, wenn wir von singulärer Umwelt sprechen, genauso wie die Art des Waldes Einfluss auf seine tierischen Bewohner hat. Wandelt sich die Kultur, der Wald, wandeln sich auch die dazugehörigen Geschöpfe. Keine Frage, sonst hätte ein Volk keine Geschichte. Doch jeder Einzelne nimmt Kultur in einer spezifischen Weise auf, das macht ihn zu einem Individuum. Von daher kann es auch nicht gleichgültig sein, wie und unter welchen Umständen jemand aufwächst.

Kultur wiederum ist nicht starr, sondern verändert sich beständig. Die Einflüsse reichen vom Klima über das Geschlechterverhältnis bis zu bestimmten technischen Erneuerungen. So hat etwa das Fernsehen in rasendem Tempo die meisten Kulturen dieser Welt verändert. Es wird ferngesehen, statt miteinander gesprochen. Fernsehbeiträge schüren Wünsche, Hoffnungen und führen nicht zuletzt zu neuen Körperbildern, wie Beispielsweise die TV-Serie *Baywatch* belegt. Das Zugpferd der Serie war Pamela Anderson, ein Kind der USA, dem Land der »big tits« (Hans Peter Duerr). Die kurvenreiche und gefärbte Blondine hat Maßstäbe gesetzt, weil sie ihren Busen mit der Hilfe eines Chirurgen vergrößern ließ. Von den Brustimplantaten versprach sich das US-Girl mehr Erfolg im Filmgeschäft und bei Männern. Ihre Kalkulation ging auf. Sie bekam die Rolle in der Fernsehserie *Baywatch*, sie gilt als sexy, Fanpost erreicht sie täglich. Schließlich machten sie die Silikonpäckchen bekannt wie einen bunten Hund. Leider muss man zugeben: Von ihrem weltweiten Bekanntheitsgrad können wirklich wichtige Leute auf dieser Welt nur träumen.

Seit der TV-Serie *Baywatch* mit Pamela Anderson hat der Busenwahn pandemieähnliche Formen angenommen. Immer mehr Frauen legen sich unters Messer und ließen sich ihren Busen vergrößern. Manche Mädchen schlucken schon in jungen Jahren die Anti-Baby-Pille, »damit er schneller wächst«. Nicht nur in Amerika, sondern überall auf der Welt, in Südafrika, Japan, Korea, Russland, Brasilien, Deutschland, Polen, Australien gilt: Ganz gleich, ob die Männer nur eine Handvoll wollen, ein größerer Busen muss her.

Schonungslos haben die *Baywatch*-Schönheitsviren auch das »Paradies« infiziert, wie beispielsweise die Fidschi-Inseln. Dort erfolgte die Ansteckung ebenfalls via Satellit. Seit 1996 griffen bis dahin völlig unbekannte Krankheiten um sich, Bulimie (Brechsucht) und Anorexie (Magersucht). Die jungen Fidschi-Mädchen wollen dünn sein, jedenfalls untenherum. Wie auch die jungen Frauen in Südafrika, in Ländern also, in denen einheimische Frauen in aller Regel ein wenig mehr Po haben.

Die absolute Mehrheit der Frauen auf dieser Welt trägt weder Silikon im Busen noch strebt sie mit Gewalt einen Barbiepopo an. Genügend Frauen werden auch in der Zukunft weder das eine noch das andere oder gar beides ins Auge fassen. Komme, was da wolle. Das ist beruhigend, ebenso, dass diese extremen Körpertrends irgendwann out sein werden. Alles hat ein Ende, nur eines nicht, weil es zum Kern gehört:

Frauen wollen mit ihrem Körper Eindruck machen, Männer hingegen mit Macht und Status. Der geschlechtsspezifische Unterschied zeigt Wirkung. Während sich nämlich das männliche Geschlecht von Busen, Beinen und Popos bezirzen lässt, findet das weibliche Kraft, Macht und Status ungemein attraktiv. Dass

die einen wie die anderen dafür so manches Mal alles, aber auch
wirklich alles tun, ist weniger beruhigend

Kern und Prägung

Die jungen Frauen, die sich um ihren Busen sorgen, wollen für
die Männerwelt schön und für die Liebe richtig gewappnet sein.
Weshalb sie sich überhaupt mit dem *Baywatch*-Virus anstecken
konnten. In Deutschland reden sich Mütter die Münder fusse-
lig, nichts hilft, ihre Töchter wollen Kleinstunterhöschen und
Push-up-BHs tragen. Es sind jene Mütter, die einst in selbst ge-
strickten Pullovern im XL-Format ihre Büstenhalter verbrann-
ten und die »Geschlechtslosigkeit der Brust« proklamierten.
Diese Frauengeneration wollte eben nicht ihres Körpers wegen
begehrt, sondern gleichberechtigt geliebt werden. In genau
dem Geiste wurden ihre Töchter erzogen. Und was ist dabei
herausgekommen? Das genaue Gegenteil.[38]

In der Pubertät ist man besonders empfänglich für Impulse von
Gleichaltrigen. Es zählen Werte und Vorstellungen der Clique,
der Freunde, der Klassenkameraden. Der elterliche Einfluss
sinkt gegen null. Das ist in der westlichen Welt zu beobachten,
ist aber auch traditionellen Gesellschaften nicht fremd. Auch
dort begehren Teenager gegen Eltern und Familie auf, wenn es
darum geht, die eigenen Vorstellungen durchzusetzen. Bei den
Surma (auch Suri/Shuri) sperren sich neuerdings die jungen
Frauen gegen das Einbringen der traditionellen Lippenplatten.
Sie haben andere Schönheitsstandards entdeckt. Hier im Süd-
osten von Äthiopien, hin zur Grenze zum Sudan, galt bislang:
Die zukünftige Ehefrau muss sich die Unterlippe auftrennen
und eine mindestens untertassengroße Tonplatte einlegen. Das
macht sie schön, begehrenswert und heiratsfähig. Reißt die Lippe bei dem monatelangen Dehnvorgang: Pech. Mit einem attraktiven Mann darf nicht mehr gerechnet werden.[39]

Aufmüpfige Jugendliche sind das eine, das andere ist der elterliche oder mütterliche Einfluss im Kleinkindalter, auch Prägephase genannt. Jeder Säugling macht sie durch, sei es bei Mäusen, Elefanten, Affen oder Menschen. Im Stadium der Hilflosigkeit finden offenbar lebensnotwendige Übermittlungen statt. Unter den Säugetieren ist deshalb das oberste Gebot, sich vom Muttertier leiten und prägen zu lassen. Das Überleben wird dadurch garantiert. Wieso sollte es beim Menschen anders sein? Das Gehirn muss nach der Geburt noch ausreifen, die Sinne geschult und der Körper zur Selbstständigkeit gebracht werden. Auf alle Fälle werden Weichen für später gestellt, welche das sind und ob für alle Zeiten und unwiderruflich, das ist die Frage.

Gesichert ist: Vernachlässigte Säuglinge oder sogenannte »wilde Kinder«, von denen Kasper Hauser eines war, weisen emotionale und geistige Defizite auf. Ebenso sicher ist: Im Stadium der Hilflosigkeit ist Gehirnwäsche möglich. Das zeigt sich etwa in einer brutalen Umerziehungsmethode, die von der chinesischen Regierung befürwortet wurde und wohl noch wird. Es geht darum, Abtrünnige auf den richtigen Weg zu bringen. Im Normalfall werden die Delinquenten zum Erlernen der Linientreue aufs Land geschickt, hartnäckige Fälle landen im Umerziehungslager oder Gefängnis. Zeigte der »Übeltäter« auch dort kein Einsehen, wurde die sogenannte *Regression* angewandt.

Das bedeutete: Der Gefangene wurde so gefesselt, dass weder selbstständige Nahrungsaufnahme noch Körperreinigung möglich waren, eingeschlossen der Säuberung nach dem Toilettengang. Fütterung und Reinigung übernahmen »Mitgenossen«, die auf dem Weg zur Umerziehung bereits fortgeschritten waren. Zwischen dem künstlich gehaltenen Hilflosen und dem »Pfleger« entstand ein enges Band. Schließlich führte es zur Bereitschaft, wie der Pfleger zu werden, also die geforderte Lehre anzunehmen.[40]

Was das hinsichtlich der elterlichen oder familiären Früherziehung bedeutet, liegt auf der Hand. Das Verhältnis zur Pflegeperson ist stark emotional besetzt. Wertevorstellungen, Ideen und Lebensziele können kleinen Kindern eingeimpft werden. Das kann gut, aber auch das ganze Gegenteil sein. Ob eine Indoktrinierung – welcher Art auch immer – stets gelingt, ist fraglich, selbst hier mag es Ausnahmen geben. Nichtsdestoweniger scheint eine Frühprägung wahrscheinlich.

Liebesprägungen

Ramses II. hat sich als Sonnengott gesehen, er hatte mehrere Hauptfrauen und zig Nebenfrauen. Er glaubte an ein Leben im Jenseits, an die Wiederauferstehung seines Leibes, obgleich er 90 Jahre lang dem Verfall seines Körpers zugesehen hatte. Moralische Zweifel, mit seinen Töchtern Kindern zu zeugen, lagen ihm fern. Der Kern dieser Vorstellungen und Werte steckte in seinem Inneren. Er war ein Königskind und wurde in diesem Sinne erzogen. Alles um ihn herum reagierte aber ebenso auf diesen Kern und machte Ramses zu dem, der er wurde. Anders als seine Vorgänger und Nachfolger gab er seiner Lieblingsfrau Nefertari einen ebenbürtigen Platz neben sich. Er glich seinen Vorgängern, war aber doch anders. Wie er seine Favoritin liebte, was er unter Liebe verstand, wurde ihm unter anderem durch seine Prägung mitgegeben. Das Gleiche gilt für Nefertari.

Szenenwechsel. Wir befinden uns in Ling-Feng-Tempel, in der chinesischen Provinz Fujian. Hier leben sieben Nonnen und sieben Mädchen. Die Kleinen zwischen 6 und 8 Jahren wurden von ihren Müttern als Säuglinge auf den Stufen des Klosters abgelegt. Das war es. Nun ist dieser Ort ihr Zuhause. Die buddhistischen Nonnen tun ihr Bestes, erziehen sie mit Zuneigung und klaren Regeln. Körperliche Gewalt wird bei den Zöglingen im Keim erstickt und strikt reglementiert. Im Vordergrund der Erziehung steht der Respekt vor allen Lebewesen, weshalb unter anderem die Ernährung streng vegetarisch ist.

Geprägt vom Klosterleben müssen die kleinen Mädchen jetzt auf die Schule vorbereitet werden, eine vollkommen andere Welt. Eine staatliche Lehrerin hilft bei der Vorbereitung, seit einigen Monaten erteilt sie den Mädchen Unterricht in Mathematik und Chinesisch. Wie es scheint, mag die kleine Schar die »Vorschule«, in der es im militärischen Drillstil zugeht.

Ein Gedicht wird aus einem Buch abgelesen. Die meisten von ihnen können es auswendig. Im Chor, die Lehrerin im Blick, rezitieren sie:»Wŏ hài ... Ich liebe mein Vaterland, ich liebe die große Mauer, ich liebe den kleinen Fluss, ich liebe die Fahne mit den fünf Sternen, ich liebe weiße Tauben, ich liebe das rote Halstuch, ich liebe die Blumen, ich liebe Vater und Mutter, ich liebe Lehrer und Mitschüler. Wenn Du mich fragst, was ich am meisten liebe: Am meisten liebe ich mein Vaterland.«

Die Lehrerin:»Gebt Euch Mühe, wenn Ihr ›Vater und Mutter‹ lest! Diesen Satz lest Ihr nicht gut. Ihr müsst ›Vater und Mutter‹ mit mehr Gefühl aussprechen, auch wenn Ihr keine Eltern habt. Ihr solltet Euer Vaterland als Eltern betrachten. Ihr solltet Euer Vaterland lieben wie Vater und Mutter ...«[41]

Was denken, was fühlen diese kleinen Dinger, wenn sie das nachplappern müssen? Wie fühlen und denken sie später, wenn sie in der Pubertät über die Liebe nachdenken, wenn sie sich verlieben?

In Deutschland wird ebenfalls vermittelt, was Liebe ist, was sie nicht ist und was sie sein sollte, und zwar vom Säuglingsalter an. »Du sollst Vater und Mutter lieben und ehren«[42] ist das eine, das andere: »Wer jemand richtig, aufrichtig liebt, tut alles für diese Liebe.« Mit diesem Tenor ausgestattet, findet überall und ständig eine Liebesberieselung statt. Medien sind daran in erheblichem Maße beteiligt, Tendenz steigend. Königliche Märchenhochzeiten werden live von Europa aus in die ganze Welt übertragen, rührselige Hollywoodstreifen à la *Pretty Woman* flimmern von Mattscheiben und Kinoleinwänden, Werbung und Werbespots werden zum Liebesversprechen. Wer ein bestimmtes Auto kauft, liebt sein Kind wirklich, wer seinem Freund eine spezielle Pizza kredenzt, hegt aufrechte Liebesgefühle oder will doch zumindest in diese Richtung.

Selbst die *Harry-Potter*-Bände kommen nicht ohne Liebe aus. Wobei schon die »naivsten« Kinderbücher zeigen, wo es langgeht, zum Beispiel Rosalie und Trüffel, ein illustriertes Büchlein für die Kleinsten, was aber auch recht gerne unter Erwachsenen verschenkt wird. Es handelt von zwei entzückenden kleinen Schweinchen, die sich unter einem Apfelbaum verlieben. Nach der ersten Begegnung tun beide alles Erdenkliche, um dem anderen zu gefallen, aber eben auch das Falsche. Am Ende bekommen sie sich natürlich doch. Was beide unterscheidet: Rosalie, das Hausschweinchen, »sucht die Liebe«, während Trüffel, das Wildschweinchen, »nach dem Glück sucht«.

Allüberall ist Liebe

Bei uns gibt es regelrechte Liebesanlässe. Weihnachten, das Fest der Liebe, Valentinstag, ein Tag der Liebenden oder Verliebten, Muttertag, ein Tag, an dem der Mutter Blumen gebracht oder per Kurier geschickt werden. Wer etwas Besonders möchte, für den gibt es noch den Tag des Kusses am 6. Juli. Und das jedes Jahr aufs Neue. 365 Tage im Jahr ist Liebe angesagt, irgendwo lauert sie immer, in Zeitschriften, auf Plakatwänden und natürlich in Herzchenform. Herzen, die Symbole der Liebe, finden sich auf T-Shirts oder Postkarten, als Dekomaterial in Blumen-,

Bekleidungs- Haushaltswarengeschäften, als Knöpfe, Luftballons, Kuchen, Bonbons, Pralinés und Würste.

Wer derart und vom Säuglingsalter an mit Liebesgefühlen indoktriniert wird, fühlt auf eine spezifische Weise, denkt auf eine spezifische Weise und handelt auf eine spezifische Weise. Am Ende ist kaum mehr auszumachen, was angeboren, vermittelt oder eingebildet ist. Nichtsdestoweniger fragen wir einmal, wie es am Anfang der Menschheit war. Nehmen wir einmal an, der Anfang war, als Twiggy auftauchte. Als sie mit Kind und Mann allein oder in einer Horde lebte, hatte sie da jene Liebesgefühle, wie wir sie heute voraussetzen? Nein, sie hatte ihre spezifischen Gefühle, weitab von allen Valentinstagen. Das ist sicher.

Was Twiggy wirklich fühlte, werden wir nie erfahren. Auffällig ist nur: Alles, was bislang über sie geschrieben oder gesagt wurde, hatte nie etwas mit Liebe zu tun. Das ist kein Zufall. Wie es auch kein Zufall ist, dass Forscher in den vergangenen Jahrhunderten von uns als den Zivilisierten sprachen, von den Indianern Nord- und Südamerikas, den Aborigines oder den Buschmännern als den Wilden. Twiggy und den Wilden hat man Liebe ganz einfach nicht zugetraut.

Wäre ich vom traditionellen Liebesbegriff überzeugt, ich nähme an, Twiggy hat geliebt. Da ich nicht von der proklamierten Liebe des 20. und 21. Jahrhunderts überzeugt bin, nehme ich etwas anderes an. Nämlich erstens: Twiggy hatte schon etwas in sich, was späterhin als Grundpfeiler der Liebe galt, eine Tendenz zur Treue, zur Eifersucht und eventuell zur Monogamie. Zweitens: Twiggy verfügte über eine geistige und seelische Ausstattung, die es ihren »zivilisierten« Nachkommen möglich machte, an irgendetwas zu glauben, unter anderem an die Liebe.

Auf Treue, Eifersucht und Monogamie komme ich späterhin ausführlich zu sprechen. Jetzt geht es in erster Linie um die

Fähigkeit, zu glauben. Darüber verfügen alle Menschen, wobei Glaube nicht religiös sein muss. Vielleicht ist es dann eher Hoffnung, das müssen spitzfindige Philosophen entscheiden. Glauben beflügelt jedenfalls die Seele oder macht das Leben erträglicher. Wie wir wissen, kann man an alles Mögliche glauben, an Marias unbefleckte Empfängnis, also eine Befruchtung ohne Mann, an die Auferstehung aus einem Pyramidengrab, einer auserwählten Gruppe anzugehören, wiedergeboren zu sein, nach dem Tod im Fegefeuer oder Paradies zu landen, an Ufos, Reiki, Schlossgeister, Nessie und, und, und ... Ursprünglich war der Glaube vielleicht nur eine Möglichkeit, uns die Welt zu erklären, oder eine direkte Überlebensstrategie, wer weiß.

Ich habe keine Ahnung, was ein Orang-Utan denkt, bevor er in seinem Baumnest einschläft, oder was der Krähe Betty durch den Kopf geht, wenn Nachtruhe in ihrem Oxforder Labor einkehrt, aber vielleicht etwas Ähnliches wie Twiggy, wenn sie sich zum Schlafen legte: »Morgen ist wieder ein Tag, ich werde Essbares sammeln, ich werde ...« Kann es sein, dass ihr genau das hin und wieder vor dem Wegnicken in den Sinn kam? Gut möglich, nicht wahr? Und das eben halte ich für den Grundstein von Vorstellung, Glaube, Hoffnung, Zuversicht. Manche glauben, ohne diese geistigen Anlagen sei unser – menschliches – Leben nicht möglich. Vielleicht stimmt das. Für Abermillionen von Schaben, Käfern oder Vögel gilt das jedenfalls nicht, sagen Biologen, aber die lieben ja auch nicht. Oder sollte in ihnen schon etwas stecken, was für die Liebe unserer Tage unentbehrlich ist: Sex?

Nachtrag einer Gewissheit: Steht am Erziehungsende fest, der Erzogene kann sich zwar verlieben, von der Liebe aber hält er nichts, kommt das einer emotionalen Bankrotterklärung gleich.

KAPITEL 4

BALZ: KEINE WERTE, KEINE VERBUNDENHEIT

James Bond hat nicht nur Sexappeal, weil er gut aussieht, sondern weil er weltgewandt auftritt. Er ist der absolute Beschützer, kann sich benehmen und vor allem ist er ein Held. Er weiß, wann der Smoking, wann das Sakko angesagt ist. Er bestellt nicht nur irgendeinen Rotwein, sondern die richtige Marke und den richtigen Jahrgang, fünf Minuten später rettet er die Welt vor irgendeiner Katastrophe – genau diese Mischung macht ihn so unwiderstehlich. Nicht nur für Miss Moneypenny.

Bei den äthiopischen Surma sieht es etwas anders aus. Der Unterschied zwischen geschütteltem und gerührtem Martini interessiert keinen echten Surma-Mann. Seine ganze Leidenschaft gilt dem Stockkampf. Für ihn ist er Sport, Unterhaltung und vor allem Männlichkeitsbeweis. Die Kämpfe, Mann gegen Mann, können zu ernsthaften Verletzungen, gar zum Tode führen. Will ein Surma das Herz eines Mädchens gewinnen, muss er ein guter Stockkämpfer sein. Das heißt, er muss auf seinen Konkurrenten mit einer Art dickem, langem Besenstiel einschlagen, bis dieser aufgibt. Der Sieger ist ein Held und *very sexy*.

Stockkämpfe nach Surma-Art pflegen auch die südamerikanischen Yanomamö-Indianer. Doch zählt hier nicht, den Körper des Gegners an irgendeiner Stelle zu treffen, nach dem Motto: »Hauptsache, der Schlag sitzt und es schmerzt ordentlich«, vielmehr werden die Schläge gezielt auf dem Kopf platziert. Das geht so lange, bis einer der Wettkämpfer aufgibt, das Bewusstsein verliert oder tot umfällt. Der Sieger eines Kampfes ist sich nicht nur des Respekts seiner Geschlechtsgenossen sicher, eine bestimmte Frau zu erobern, ist nun ein Kinderspiel. Denn Yanomamö-Frauen bevorzugen Gewinner als Liebhaber. Möglicherweise, weil sie »stärkere Arme, einen gezielteren Schlag, einen dickeren Schädel oder mehr Vitalität«[43] haben, vermutet der Evolutionspsychologe Geoffrey Miller von der University of New Mexico.

Ganz gleich, was es genau ist, ein Yanomamö-Mann macht dann etwas her, wenn er seinen Kontrahenten besiegt oder großen Mut bewiesen hat. Für einen Sieg setzt er einiges aufs Spiel, seine Gesundheit, sogar sein Leben. Wer so viel wagt, für den muss sich die Siegesprämie lohnen.

An was erinnert uns das? Richtig, wer gerne Tiersendungen schaut, sieht im Geiste die Kämpfe der Elefantenbullen, die Brunftkämpfe der Hirsche und so weiter. Manchem kommt zudem allzu Menschliches in den Sinn, Ritterturniere oder Faustkämpfe. Männchen gegen Männchen, Mann gegen Mann. In den Sinn kommt uns auch das angeberische Verhalten von Jungs in öffentlichen Schwimmbädern, wenn sie sich gegenseitig beim 5- oder 7-Meter-Turmspringen überbieten wollen. Hier wie dort wird ein riesiges Trara gemacht. Protziges Gehabe, einschüchternde Gesten und Sprüche gegenüber den Mitstreitern, überflüssiger Körpereinsatz. Man schlägt schon mal mit dem Stock auf den Boden, hopst unnütz auf dem Sprungbrett herum. Jeder will der Mutigste sein, mutiger als die anderen. Wichtiger noch, die Akteure wollen dabei gesehen werden. Natürlich von den Mädchen. Und: Lassen sich die Mädchen beeindrucken? In hiesigen Schwimmbäder nicht unbedingt, aber sie gucken hin und der erste Kontakt zwischen den Geschlechtern ist hergestellt.

Ähnlich angeberisch verhalten sich übrigens Grauganter auf
Brautschau. Zunächst stolziert ein Ganter leicht aufgeplustert
vor der Erwählten auf und ab. Sodann wird Kraft demonstriert,
mit Start, kurzem Flug und einer eleganten Landung. Wäre
kein Weibchen in der Nähe, unterließe ein Ganter den unnöti-
gen Energieaufwand. Als Nächstes heißt es Mut beweisen. Ein
gefürchtetes Wesen – ein Mensch beispielsweise – wird angegriffen, zumindest so getan. Unter lautem Triumphgeschrei geht es
zur Auserkorenen zurück. Mehrere Tage geht es so fort, aufge-
plustertes Herumgelaufe, Flugvorführungen, Scheinangriffe,
heldenhafte Heimkehr. Immer wieder beweist er seine Kraft,
seinen Mut, seine Fähigkeit als Beschützer, bis die Angebetete
schließlich in sein Triumphgeschrei einstimmt. Ab nun sind sie
ein Paar und drohen gemeinsam. Eine wichtige Vorübung und
Voraussetzung, um die gemeinsame Brut sicher aufzuziehen.[44]

Ein spezieller Mann

2001 stellen Susan Kelly und Robin Dunbar von der University
of Liverpool ihre Studie vor, der Titel: *Wer wagt, gewinnt*[45] Das
Resümee der Wissenschaftler von der University of Liverpool:
Heldentum steht bei Frauen hoch im Kurs, und Männer sind
sich dieses Schlüsselreizes bewusst. Das ist aber nicht alles, so
die Forscher. Auch »brave Gesellen« haben eine Chance. Legen
Männer Selbstlosigkeit (Altruismus) an den Tag, können sie
ebenfalls bei Frauen punkten. Die entscheidende Frage: Wollen Frauen eine Affäre, einen Mann fürs Leben oder nur einen
Freund?

Der Unterschied: Bei Affären und kleinen Abenteuern verlangt
es Frauen nicht unbedingt nach selbstlosen Männern, die bereit
sind, auf eigene Kosten Opfer zu bringen. Bei langfristigen Beziehungen sieht die Sache hingegen anders aus. Wird ein Ehemann oder Partner gesucht, spielen altruistische Züge durch-

aus eine Rolle. Möchte eine Frau nur einen guten Kumpel zum Freund, dann bedarf es keines Heldenmutes, keiner Tapferkeit. Es reichen selbstlose Charakterzüge.

Dessen ungeachtet lautet die Formel keineswegs: Held fürs Abenteuer, Altruist fürs Zuhause. Vielmehr ist das Nonplusultra: risikofreudiger Mann inklusive altruistischer Züge. Mit dieser Kombination werden Männer auf allen Beziehungsebenen zum Herzbuben.[46]

Aus evolutionärer Sicht macht das Zurschaustellen von Heldenmut Sinn, ebenso nach Tapferkeit und Altruismus gleichzeitig Ausschau zu halten. Wer in archaischen Zeiten Mut und Tapferkeit besaß, war auch ein guter Jäger und Beschützer, also ein Garant fürs Überleben. Hasenfüße waren unsere Vorväter nicht. Wir stammen von Mutigen ab. Frauen haben durch ihre Wahl für deren Fortbestand gesorgt, Gene die Eigenschaften weitergegeben.

Was nutzt ein guter Jäger, wenn er seine Beute nicht teilt, sich bei Gefahr nicht vor Frau und Kind stellt? Nichts. Von daher ist das Wahlkriterium Heldenmut mit einer entsprechenden Portion Selbstlosigkeit sehr viel effektiver. Viel effektiver als reiner Heldenmut. Wie lebenswichtig der Schutz einer Frau mit Kind durch einen Mann sein kann, zeigt sich am Beispiel der Ache (Paraguay). Ihre Lebensform ist noch sehr ursprünglich. Stirbt ein Ache-Ehemann oder verlässt er die Gemeinschaft, ist die Mutter auf sich allein gestellt. Die Gefahr einer Kindstötung durch andere Männer nimmt dann dramatisch zu.[47]

Im Übrigen gehen junge Männer gerne aufs Ganze. In der Regel sind sie es, die sich körperlichen Gefahren weit mehr aussetzen als ältere. James-Bond-Darsteller sind keine 40, 50 oder gar 60 Jahre alte Mannsbilder. Surma oder Yanomamö-Indianer schlagen sich nur in der Blüte ihrer Jahre die Köpfe ein.

Zum Heldentum mit Körpereinsatz gehört offenbar auch eine ordentliche Portion Testosteron.

Haben sich Männer erst einmal die Hörner abgestoßen, sind sie älter geworden, werden sie weit hilfsbereiter, verlässlicher, aufopferungsvoller. Es sind Tugenden, die sie im höheren Alter als begehrenswerter Partner erscheinen lassen. Hilfsbereitschaft kann attraktiv machen. Kavalier der alten Schule zu sein, ist nicht das Schlechteste. Es sind Werte, die bei der Kinderaufzucht zählen. In Notsituationen sind solche Männer verlässlich. Nicht von ungefähr wählen Frauen auch ältere Männer mit grauen Schläfen.

Steht Jugend für Tollkühnheit, Mut und Körperkraft, stehen graue Schläfen für Besonnenheit, Sicherheit, aber auch für Status, eventuell Macht. Ein älterer Mann bürgt nicht nur für Verlässlichkeit, sondern er hat auch schon etwas im Leben erreicht, nicht selten bietet er materielle Sicherheit. Viel seltener riskieren solcherart Männer waghalsige Mann-gegen-Mann-Auseinandersetzungen, eher gehen sie ihnen aus dem Wege. Das ist selbst bei den leidenschaftlichen Stockkämpfern so. Kopf und Kragen riskieren Männer ab einem bestimmten Alter für andere Dinge.

Großzügigkeit beim Hofieren

Die Schlüsselreize Mut und Selbstlosigkeit beim Anbändeln sind nicht allein dem Menschen vorbehalten. Der Vogelexperte Bernd Heinrich hat sie ebenso bei seinen tierischen Lieblingen beobachtet, den Raben. [48] Jahrelang lag er auf der Lauer, bis er bemerkte: Jungraben setzen bei der Brautwerbung nicht bloß auf Mut, sie zeigen sich auch ausnehmend generös. Die Burschen gehen dabei reichlich pfiffig vor, sozusagen mit Hintergedanken. Erst auf den zweiten Blick wird deutlich, was der eigentliche Zweck ihres Tuns ist. Der Vorgang ist folgender: Sobald ein junger Rabe etwas Lohnendes zum Fressen gefunden hat, stößt er einen schrillen Futterschrei aus und hampelt einladend hin und her. Das macht er so lange, bis genügend Artgenossen eingetrudelt sind. Gemeinsam futtern sie sodann die Mahlzeit auf. Man könnte denken, er verhalte sich wie ein Altvogel und die Speisenteilung sei allein einem spezifischen – selbstlosen – Überlebensprinzip geschuldet. Falsch gedacht.

Der amerikanische Bio- und Ethologe* Heinrich vermutet vielmehr einen strategischen Schachzug. Die Einladung zum Essen verbessert den Status des Jünglings, besonders bei den Weibchen. Durch sein Verhalten beweist er nicht nur Mut und Erfahrung, sondern auch Großmut und Generosität. Denn schließlich bietet er der Damenwelt *und* seinen Nebenbuhlern ein exklusives Dinner. Er hat was zu bieten, scheut keine Mühe. Kurzum, er ist ein geeigneter Ehemann. Allein mit derartigen Darbietungen kann er das Herz einer Rabendame erobern, denn sie ist nur an einem Mann interessiert, der langfristig etwas auf die Beine stellen kann. Er muss also Lebenstüchtigkeit beweisen. Für einen kurzen Flirt gibt sie sich nicht her, immerhin bleiben Rabenpaare 30 bis 40 Jahre zusammen.

Viele Tiere werben, indem sie der Angebeteten etwas bieten. Vogelmänner offerieren Futter, zeigen stolz Nistmaterialien, Stöckchen, Steine, Federn, Laub, Halme oder Vergleichbares. Einige gefiederte Freier lotsen die Damen zu möglichen Behausungen oder bieten fertiggebaute Nistplätze zur Begutachtung an. Manche bauen sogar mehr als nur ein Nest, damit die angehende Verlobte wählen kann. Je verlockender das Angebot, umso zugkräftiger die Aussage: Ich habe etwas zu bieten, ich bin eine gute Wahl.

---

* Ethologie ist die wissenschaftliche/naturkundliche Untersuchung der charakteristischen Verhaltensmuster von Tieren

Beim *Homo sapiens* läuft die Sache nicht viel anders ab. Einladungen ins Restaurant, ins Kino, Theater sind das eine, kleine Geschenke, Mitbringsel das andere. Auch die Wohnungsbesichtigung kommt bekannt vor, wobei Vorführungen von Besonderheiten wie Plattensammlungen dazugehören. Das Gezeigte ist menschliches Beweismittel für Lebenstüchtigkeit und Einmaligkeit. Das Getane sind Belege für das Interesse an einer Person. Stetige Wiederholung solcherart Handlungen schüren und verstärken das Vertrauen. Sind zudem die Einladungsorte mit Bedacht gewählt oder besonders luxuriös, die Geschenke geschmackvoll oder großzügig, ist ein weiterer Schritt in Richtung Eroberung genommen.

Überall auf der Welt werden derlei Gesten so gedeutet und genau so oder ähnlich vielerorts praktiziert. Mehr noch, Geschenke unterstreichen die Ernsthaftigkeit der Absicht, bleiben sie aus, bleibt alles andere ebenso aus. Wer nichts gibt, meint es nicht ernst. Bei den Mosou wie bei den Dropa (Himalaja) lässt sich eine Frau auf einen, der nichts gibt, erst gar nicht ein. Das trifft ebenfalls für Frauen vieler afrikanischer oder südamerikanischer Stämme zu. Eine Frau der Mehinaku (Amazonasgebiet) »verweigert sich ohne Gabe«[49], ebenso Ureinwohnerinnen der Trobriand-Inseln (Papua-Neuguinea). Der Mann muss »fortwährend kleine Geschenke machen ... der Brauch beruht auf der stillschweigenden Voraussetzung, dass Geschlechtsverkehr selbst bei gegenseitiger Neigung ein Dienst ist, der dem Mann von der Frau geleistet wird ... der Lohn für geschlechtliche Gunst heißt *buwa*«.[50]

Es scheint, als müsse der Mann für den Beischlaf »bezahlen«. Dem ist nicht so. Geschenke bei der Werbung oder in einem Liebesverhältnis haben ein anderes Motiv und machen Sinn. Amotz und Avishag Zahavi, zwei anerkannte und berühmte Ornithologen aus Israel, bringen es auf den Punkt:

»Wenn ein balzendes Männchen Futter anbietet – wie es beispielsweise Seeschwalben, Würger und Kohlmeisen tun –, zeigt es damit zuverlässig sowohl, daß es auf einen großen Teil der von ihm gesammelten Nahrung verzichten kann, als auch, daß es an diesem Partner interessiert ist. Das Weibchen erhält dabei nicht nur Nahrung, sondern auch die Gewißheit, daß das Männchen zum Ernährer ihrer Nachkommen taugt. Je mehr Nahrung das Männchen dem Weibchen bringt, um so zuverlässiger ist die Botschaft, daß es sich gut auf das Sammeln von Nahrung versteht.«[51] Geschenke darbieten heißt also: Ich kann was. Mit mir kannst du dein Glück machen.

Wo ist der große Unterschied zwischen menschlichen und gefiederten Wesen? Die Quintessenz sieht jedenfalls so aus: Beide Seiten – Mann und Frau, Männchen und Weibchen – haben Interesse an der Zweisamkeit. Es gibt Vorgaben, mit denen geworben wird, und Wahlkriterien, nach denen entschieden wird. Am Ende stehen die geschlechtliche Vereinigung und eine gemeinsame Zeit.

Bezirzende Weiblichkeit

Bleiben noch die Wahlkriterien des Mannes. Welche sind das? Eines steht fest: Schaut sich ein Mann spontan nach einer Frau um, hat er anderes im Kopf als weiblichen Heldenmut. Mädchen geben im Schwimmbad eben nicht mit Sprüngen vom 5-Meter-Brett an. Protzen sie mit dem, was sie können? Mitnichten. Sie stolzieren vielmehr mit knappen Bikinis auf und ab, möglichst oft. Die Devise: Seht her, wie ich aussehe! Schon lange, bevor sich die jungen Dinger so und nicht anders präsentieren, haben sie sich überlegt, wie ihr Körper am besten zur Geltung kommt. Wenn's geht, möglichst sexy.

Eine schöne Frau bringt einen Mann durch ihr Auftreten zum Staunen und Schwärmen. Ihr Körper weckt Begierde, manchen veranlasst er zu spontanen sexuellen Reaktionen. Das lässt sich auch durch noch so aufgeregte Einwände und bissige Bemerkungen radikaler Feministinnen nicht wegdiskutieren. Denn was Frauen zur Geltung bringen, sind für Männer sexuelle Schlüsselreize: Busen, Beine, Po.[52]

Die weiblichen Kurven werden im Wesentlichen durch Busen und Po bestimmt. Sie machen manchen Mann nicht nur sprachlos, sondern sie geben präzise Hinweise über den sexuellen Status einer Frau. An den gewölbten Stellen lagert das weibliche Geschlecht Fett ab, inklusive der Hüften und Oberschenkel. Dieses Fett garantiert Fruchtbarkeit. Wer zu mager ist, hat keinen Eisprung. Verfügt der weibliche Körper hingegen über circa 25 Prozent Fett – beim Mann sind es lediglich 12,5 Prozent –, ruft er praktisch: Ich kann Kinder bekommen.

Zudem speichert Fett Sexualhormone und wandelt Androgene in Östrogene um, sprich männliche in weibliche Hormone. Ein Drittel des Östrogens im Blut einer fruchtbaren Frau stammt von diesem Umwandlungsprozess ab. Wer über viel Östrogen verfügt, ist allemal sehr weiblich gebaut. Je jünger eine Frau, über desto mehr Östrogen verfügt sie. Das zeigt sich deutlich und beschert ihr nicht nur schöne Haut und Haare, sondern zudem einen besonderen Duft. Frauen nach dem Klimakterium duften längst nicht mehr so betörend wie junge Frauen. Nebenbei, Männern ergeht es ebenso. Mit dem Bukett eines alten Körpers verhält es sich anders als mit dem alter Weine. Das mögen wir bedauern, aber leider ist das so.

Nichts, aber auch gar nichts ist einem jungen weiblichen Körper entgegenzusetzen, sofern es um sexuelle Attraktivität geht. Die Paarung jung und kurvig schlägt alles. Kommen dazu noch strahlende Augen, gesundes, volles Haar, ein reines, gleichmäßige Hautbild und ein munteres Wesen, haben wir ein Geschöpf, zu dem sich Männer generell hingezogen fühlen. Es entspricht jenem Bild, dem alle Frauen auf der ganzen Welt entsprechen möchten. Genau so haben alte Meister begehrenswerte Frauen mit Ölfarbe auf Leinwänden verewigt und italienische, griechische sowie ägyptische Bildhauer aus Marmor oder Stein erschaffen.

Bei den Yanomamö werden Mädchen zu Frauen, wenn sie das erste Mal ihre Menstruation bekommen. Es ist zugleich der Zeitpunkt, wo sie verheiratet werden – sofern sie es nicht bereits sind. Ihre sexuelle Gunst gewähren Yanomamö-Männer, die in Vielehe leben, ihren jungen Frauen weit häufiger als ihren älteren. Mit 30 Jahren büßen Yanomamö-Frauen ihren Reiz ein, zugleich gewinnen sie an Achtung und müssen nicht mehr befürchten, von benachbarten Stämmen geraubt zu werden.[53] In früheren Harems wurden alte Frauen in den »Ruhestand« versetzt, während Jungfrauen gehätschelt und getätschelt wurden. Konnten es sich Männer im alten Japan, im alten China und in vielen anderen Kulturen leisten und wurde Polygamie geduldet, schafften sie sich Zweitfrauen, Drittfrauen oder Konkubinen an. Stets handelte es sich um junge und nicht um alte Frauen. Im heutigen Anatolien, wo offiziell die Vielweiberei verboten ist, sich aber niemand darum schert, holt sich der eine oder andere kurzerhand eine weitere Frau aus Syrien. Natürlich ist sie weit jünger als die offizielle, türkische Ehefrau.

Es geschieht einfach

Wenn sich Frauen von Helden beeindrucken lassen, so lassen sich Männer von weiblichen Reizen bezirzen. Das lässt sich schon allein an der Existenz von Herrenmagazinen, Tabledance und pornografischen Angeboten erkennen. Nach einem diesbezüglich adäquaten Gegenstück für Frauen sucht man vergeblich. Das oberste Prinzip heißt: Haut zeigen. In unserer Kultur ist das nichts Neues und hat eine lange Tradition. Ganz gleich, ob

Dekolleté, in feinstes Nylon gehüllte Beine oder sonstige Entblätterungen. Stets ist nackte Haut ein Hingucker. Das galt fürs Rokoko, das gilt für die Jetztzeit. Frauen, die eine Diskothek aufsuchen, wählen als Bekleidung kein weites T-Shirt und keine weite Hose. Sie tragen knapp und knalleng und tun es mit Kalkül. Ihnen ist vollkommen klar, welchen Eindruck sie auf das andere Geschlecht machen wollen.

Der Wiener Biologe Karl Grammer bestätigt mit seiner Forschergruppe einen weiteren Zusammenhang zwischen aufreizender Kleidung und Balzverhalten. Ist der Östrogenspiegel hoch, zeigen Diskothekenbesucherinnen besonders viel Haut. Und nicht nur das. Ihrer Studie zufolge hatten einige Frauen augenscheinlich noch etwas anderes im Auge. Diejenigen, die zum Zeitpunkt des Eisprungs mehr Haut als andere gezeigt hatten, nahmen keine Pille und waren ohne männliche Begleitung in die Disco gekommen.[54] Sie waren offenbar auf eine Affäre aus. Eventuelle Spätfolgen inbegriffen.

Um es deutlich zu sagen: Diese jungen Frauen haben keine Ahnung von ihrer hormonellen Steuerung. Es *geschieht* mit ihnen. Ebenso *geschieht* es mit Männern, sofern sie auf nackte Haut mit einer Erektion reagieren oder den Helden mimen. Das hat mit Liebe nichts zu tun, da sind sich alle einig. Und doch gehören diese Steuerungen zur Grundausstattung des Flirts, sie sind folglich allemal Voraussetzung und Bestandteil von dem, was wir Liebe nennen.

KAPITEL 5

PARTNERWAHL: SCHLÜSSELREIZE DER LIEBE

Der Gelbbandgärtner ist ein Laubvogel in den Bergwäldern Neuguineas. Das Männchen baut am Erdboden eine kunstvolle Laube aus Zweigen, Farnen und farbigen Dekomaterialien. Das kostet den Gelbbandgärtner viel Zeit, Mühe und reichlich Ausdauer. Was soll's, es geht darum, ein Weibchen zu verführen. Das Weibchen wiederum inspiziert die Laube mehrmals und falls ihm Architektur sowie Ausstattung gefallen, steht der Paarung nichts im Wege.

Der Clou daran ist: Die Laube muss mit ungewöhnlichen und erlesenen Schmuckstücken versehen sein. Unter anderem darf eine bestimmte Feder nicht fehlen, die vom Wimpelträger, auch Albert-Paradiesvogel genannt. Seine Federn haben Seltenheitswert. Nur einmal im Jahr vom Träger abgeworfen, stehen sie außerdem bei den dort lebenden Einheimischen hoch im Kurs. Was die Sache außerdem erschwert: Dem Wimpeltäger wachsen die Federn erst im 4. Lebensjahr, und zwar nur zwei. Eine links und eine rechts, so ungefähr oberhalb der Augen. Dafür sind sie beträchtlich lang und ihre Kiele mit Dutzenden quadratischen, blaumetallisch glänzenden Federeinheiten (Wimpeln) versehen.

Die Suche nach einer Wimpelfeder ist fraglos ein schwieriges und strapaziöses Unterfangen. Ist schließlich eine gefunden, geht der Stress erst richtig los. Die Kostbarkeit muss unter allen

Umständen gegen neidische und vor allem diebische Konkurrenten bewacht werden. Eine Gelbbandgärtnerdame, die sich einem Männchen hingibt, wählt also ein dominantes und cleveres Männchen. Eines, das kostbare Dinge irgendwie ergattern und gegebenenfalls gegen Diebe verteidigen kann.

Das kleine Vogelhirn der Inspizientin fragt jedoch nicht nach Dominanz und Cleverness, bevor es zur Sache geht. Vielmehr verfügt es über ein Register handfester Indizien, die einen guten Bauherrn auszeichnen. Nur deshalb sieht sich Frau Gelbbandgärtner sorgsam und mehrmals um. Die Konstruktion der Laube, verwendete Materialien, Anordnung und Anzahl der Schmuckstücke, das sind vortreffliche Kriterien, nach denen sie urteilen kann. Ist alles nach ihrem Gusto, ist er der Richtige. Andernfalls gibt sie ihm den Laufpass, da mag er noch so gekonnt vor ihr herumtänzeln.[55]

Und menschliche Wesen, was bevorzugen sie? Sind wir wirklich frei in der Partnerwahl, sodass die Liebe bedingungslos zuschlagen kann, wann immer sie will? Nein, nicht jeder gefällt uns. Genau wie die Gelbbandgärtner auch, sind wir mit Vorgaben ausgestattet, die uns nur eine bedingte Wahl gestatten. Wer sich auf Brautschau begibt, der muss etwas bieten und ihm muss etwas geboten werden. In Wirklichkeit haben wir eine eingeschränkte Wahl. Der Liebespartner ist nicht der Alleralerbeste, sondern nur der Beste von denen, die überhaupt infrage kommen.

Die Frage ist: Was muss unser Herzblatt vorweisen, damit es uns gefällt? Buss ging diesbezüglich seriös auf Erkundung. Er erarbeitete einen umfangreichen Fragebogen, den er in den 1980ern weltweit von mehr als 10 000 Personen beantworteten ließ. Diese stammten aus 37 Kulturen, mithin aus 33 Ländern auf sechs Kontinenten und fünf Inseln. Der Evolutionspsychologe suchte dabei nach Kriterien, die Menschen aller Kulturen bei der Partnerwahl bevorzugen. Sonderkriterien wurden nicht berücksichtigt, die hierzulande denkbar sind, wie: Sie sollte auch gerne Fußball gucken. Oder: Er sollte tolerant gegenüber einem ausgeprägten Schuhtick sein. Was auch nicht gefragt wurde:»Mögen Sie Helden?« Dafür wurde nachgefragt, ob Unberührtheit wichtig ist.

Das Fazit der internationalen Studie sah so aus: Männer bevorzugen weibliche Schönheit, Frauen hingegen Männer mit Geld. So jedenfalls wurde Buss späterhin gerne zitiert und Liebesfanatiker waren ernüchtert. Unterschlagen wurde: Beide Geschlechter favorisierten diese Kriterien keineswegs an den ersten Stellen. Schönheit wurde an dritter Stelle und Geld (Einkommen) an sechster Stelle genannt. Auf den vorderen Plätzen rangierten dagegen sowohl für Männer als auch für Frauen Eigenschaften wie: »gütig-verständnisvoll« (kind-understanding) und »intelligent«.[56] Ähnliche Ergebnisse erbrachte eine Befragung, an der amerikanische College-Studenten teilnahmen (siehe Schaukasten).

Wichtige Eigenschaften eines potenziellen Partners

Rang	Männer bevorzugen	Frauen bevorzugen
1	Freundlichkeit u. Verständnis	Freundlichkeit u. Verständnis
2	Intelligenz	Intelligenz
3	**Attraktives Aussehen**	Spannende Persönlichkeit
4	Spannende Persönlichkeit	Gute Gesundheit
5	Gute Gesundheit	Anpassungsvermögen
6	Anpassungsvermögen	**Attraktives Aussehen**
7	Kreativität	Kreativität
8	Kinderwunsch	**Gutes Einkommen**
9	Universitätsabschluss	Universitätsabschluss
10	Gute Erbanlagen	Kinderwunsch
11	**Gutes Einkommen**	Gute Erbanlagen
12	Hausfrauliche Fähigkeiten	Handwerkliche Fähigkeiten
13	Religiöse Überzeugung	Religiöse Überzeugung

Instinktgesteuert wie die Tiere scheinen Menschen nicht zu sein. Eines fällt jedoch selbst hartgesottenen Liebesverfechtern auf und erscheint wie ein Naturgesetz: Die Partnerwahl findet immer auf einer bestimmten Status-Ebene statt. Eine Akademikerin, mithin eine Frau mit Bildung, wählt als Ehemann selten einen armen Schlucker, mag er noch so intelligent und feinfühlig sein, und ein Mann, der etwas darstellt, macht keiner hässlichen, dafür aber klugen, spritzigen und warmherzigen Frau einen Heiratsantrag. Stets wird zur Zweisamkeit ein Mensch gesucht, der zu einem passt. Und zwar aus einem zur Verfügung stehenden Pool. Hat jemand viel zu bieten, ist die Auswahl sehr viel größer als von einem, der nichts anzubieten hat. Die Sache ist täglich erfahrbar und logisch.

Jeder hat einen bestimmten Wert

»Als ich ihn traf, war ich 38 Jahre. Es ging nicht früher, was macht's. Sind Männer wirklich *so* unterschiedlich, nachdem du so viele getroffen und kennengelernt hast? Wie unterschiedlich können sie sein? Ich heiratete den besten, von denen, die mich wollten.«[58] Bekennt Bette Midler freimütig in einem Interview. Die amerikanische Sängerin und Schauspielerin folgte dem Grundsatz: »Heirate die attraktivste Person, die dich nimmt«, und tat damit etwas, was wir alle tun.

Ein Notensystem von 1 bis 10 macht das deutlich. Die Note entspricht dem Gesamtattraktivitätsfaktor einer Person. Sie setzt sich zusammen aus der Ausstattung des Körpers, dem Charakter bis hin zu dem, was man ist oder erreicht hat, sprich Status, Macht, Ansehen und so weiter. Eine 3 wird sich eine 3, eine 8 eine 8, eine 10 eine 10 suchen, wie Studien zeigen. Auf dem Beziehungsmarkt gibt es folglich so etwas wie eine «Währung«, die Gesamtattraktivitätsnote. Sie ist zugleich »die Mitgift«, mit der man einen Partner anzulocken hofft«.[59] Eine 3 kommt gar nicht auf den Gedanken, sich eine 10 auszusuchen. Eine Abfuhr wäre ihm oder ihr sicher. Und eine 9 schielt nicht zu einer 7, eher in Richtung 10. In Deutschland werden mehr Ehen geschlossen, wenn die Partner aus gleichen Schichten stammen.[60] Das ist kein Zufall, das gilt weltweit. Gleich und Gleich gesellt sich gern. Hätten wir wirklich die Wahl, unter allen zu wählen oder unter denen, die wir anhimmeln, begehren oder vergöttern, wie sähe unser Partner aus?

Bei der Wahl eines Kurschattens, bei jemandem für eine kurze Affäre oder einem One-Night-Stand mag es anders aussehen. Notenabweichungen in die eine wie in die andere Richtung sind möglich. Die Faustformel lautet: Je weniger wir von jemandem wollen, umso größer kann die Abweichung sein. Das gilt für beiderlei Geschlecht, wobei es Unterschiede gibt.

Ein Callboy muss attraktiv und er darf nicht dumm sein. Frauen wollen sowohl das eine wie das andere, wenn sie für den sexuellen Akt bezahlen. Lassen sich deutsche ältere Single-Frauen im Ausland auf Männer ein, sind diese im allgemeinen jünger und durchaus attraktiv. In den meisten Fällen mittellos,[61] wie die jungen Burschen in der Open-Air-Disco in Buccoo auf Tobago. Ist eine gebundene Frau auf eine Affäre aus, lässt sie sich bevorzugt auf einen Mann ein, der anders ist als ihr eigener.[62] Hat er viel zu bieten, ist ein Fehltritt sehr viel wahrscheinlicher. Ist sie materiell außerordentlich gut abgesichert, spielt das keine Rolle. Dann zählt allein das »Abenteuer Sex«, am besten mit einem liebevollen, hingebungsvollen, zuhörenden Mann. Freilich ist überall dort, wo ein Liebhaber für zusätzliche Ressourcen (Versorgung) sorgt, die Sache anders. Eine !Kung*, Mehinaku oder eine Mosou erwartet von ihrem Liebhaber im wahrsten Sinne des Wortes etwas Handfestes.

Beim männlichen Geschlecht sieht die Sache etwas anders aus. Ob Affäre, Seitensprung oder Prostituierte, das Aussehen

---

* Ausgesprochen wird !Kung wie gelesen, nur bevor es losgeht wird geschnalzt, deshalb das Ausrufezeichen)

der Frau spielt stets eine Rolle. Ressourcen interessieren einen Mann nicht, wenn er ein sexuelles Abenteuer sucht. Das wäre auch paradox, in 99 Prozent der Fälle zahlt er, und sei es den Drink davor. Hat ein Mann eine Affäre, ist seine Liebhaberin meist jünger als die Frau, mit der er liiert ist. Lässt er sich auf ein »unmoralisches Angebot« ein, dem Frauen generell viel weniger zusagen[63], sind Alter und Aussehen entscheidend. Damit steht und fällt das sexuelle Interesse. Älter als seine Angetraute oder älter als er darf sie nicht sein, dann heißt es rien ne va plus. Nicht von ungefähr haben junge Prostituierte die meisten Freier. Gut verdienende Callgirls sind in aller Regel hübsch, wie auch die sogenannten Edelnutten, vor allem aber sind sie unter 30. Wird mehr als der Akt erwartet, wurde die Dame für Stunden oder Tage gebucht, werden auch Geist und gute Umgangsformen erwartet. Doch immer gilt: Die Gekaufte muss attraktiv und jung sein, einen schönen Körper haben.

Ablesbare Eigenschaften

Kommen wir zurück zur Partnerwahl. Schönheit lässt sich durch bloße Betrachtung feststellen. Materielle Ausstattung vielfach auf die gleiche Weise bestimmen. Um sicherzugehen, verlangen wir weder eine Entkleidung, ein Abschminken noch eine notariell beglaubigte Übersicht über Einkommen und sonstige Werte. Der Augenschein genügt. Da sind wir wie die Gelbbandgärtnerin mit ihrer Laube. Doch wenn wir glauben, die Laubendame habe allein die Laube inspiziert und weiterhin nichts überprüfen können, dann trügt der Schein. Sie wünscht von ihrem Galan bestimmte Eigenschaften, die er durch seinen Bau bewiesen hat und die die erwähnten College-Studenten ebenfalls auf dem Zettel hatten: Intelligenz, gute Gesundheit, Kreativität, gute Erbanlagen, Anpassungsvermögen, handwerkliche Fähigkeiten und Kinderwunsch.

Und eben diese Eigenschaften verbergen sich auch hinter Schönheit und materieller Ausstattung, Geld, Status, Macht oder wie auch immer wir das Kind sonst noch nennen mögen. Wer etwa schön und jung ist, der ist auch gesund, hat gute Erbanlagen und eine ebensolche Anpassungsfähigkeit, kann Kinder bekommen und diese großziehen. Wer etwa etwas auf die Beine gestellt hat, der zeigt gleichzeitig Anpassungsfähigkeit, gute Erbanlagen, Gesundheit, Intelligenz und kann für eine Familie sorgen. So schnöde der Wunsch nach Schönheit oder Geld sein mag, beides kann Aufschluss auf weitere Eigenschaften, sogar spezifische Charakterzüge geben. Wie auch die Laube der Laubendame mehr sagt als nur: Dies ist eine luxuriöse, gut gebaute Unterkunft mit einer Wimpelfeder.

Freundlichkeit, Verständnis, Güte und eine spannende Persönlichkeit sind an einem Laubenbau nicht abzulesen. Diese Charakterzüge muss ein Laubenvogelmann auch nicht vorweisen. Es sind Eigenschaften, die bei einer gemeinsamen Zukunft und dazu bei Kinderaufzucht vonnöten sind. Partnerschaft entfällt im Laubenparadies. Nach dem Akt ist die Romanze vorbei und jeder geht seiner Wege. Menschen wollen mehr. Mit dem Wunschpartner soll eine möglichst lange Zeit verbracht werden. Geht es um Liebe, soll sie gar bis ans Lebensende währen.

Von daher liegt auf der Hand: Unser Traumgeschöpf muss auch nett und verständnisvoll sein, sonst halten wir es keine 24 Stunden mit ihm aus. Ein Grund, weshalb diese Eigenschaften beim Flirten, in der Kennenlernphase, der Verlobungszeit abgeklopft werden, ebenso wie Intelligenz. Einmal ganz davon abgesehen, sind es diese Eigenschaften, die bei der Familienplanung und bei der Kinderaufzucht wichtig und von großem Nutzen sind. Aber gibt es irgendjemanden, der sich einen unverträglichen, dummen Rüpel oder ein streitsüchtiges, blödes Huhn wünscht, anders ausgedrückt, einen ungalanten Reichen ohne Esprit und eine geistlose Schönheit ohne Herz? Nein.

Mit dem lieben Geld und der Schönheit als Wahlkriterium sieht es anders aus. Damit haben besonders die Liebesromantiker ihre liebe Not. Ihr Motto: Nur die Liebe, nicht die Laube zählt. Daran glauben sie felsenfest, wenngleich sie zugeben müssen: Geld und Schönheit sind hervorragende und verlässliche Indikatoren für Eigenschaften, die sich in einer Beziehung bezahlt machen. In jedem Fall ist Geld vergleichbar mit dem Bau einer Laube respektive deren Begutachtungsgrundlage. Das ist einleuchtend, gleichwohl wollen wir es nicht wahrhaben. Bemerkungen, wie: »Ich heirate keinen armen Schlucker«, »Ich liebe ihn, weil er jemand ist«, lassen Zweifel an der Liebesfähigkeit oder an bestehender Liebe aufkommen. Heather Mills und der weltberühmte Sir Paul McCartney heirateten vor einigen Jahren. Dass er sie liebte, daran bestand von Anfang an kein Zweifel. Was ihre Liebe anbetraf, gab es genügend Skeptiker. Dann die Scheidung, Mills' Geldforderungen, der Rosenkrieg. Für viele war nun unverkennbar: Sie kann ihn nie so sehr geliebt haben, wie er sie. Vielleicht hat sie ihn gar nur wegen seines Status, seines Reichtums geheiratet, wer weiß …

Bei »exotischen Völkern« ist das Wahlkriterium Geld (Besitz, Macht, was auch immer) weit weniger anrüchig. Einer, der sich nicht lumpen lässt, ist ein gern gesehener Verehrer. Einem Habenichts schenkt man keine Aufmerksamkeit. Vielerorts müssen Brautgeschenke überreicht werden, bevor es überhaupt zu Heiratsversprechungen kommt. In der sogenannten westlichen Welt, etwa in Europa oder den USA, sind derlei Forderungen eher unüblich, ja verpönt. Und trotzdem. Leute, die Besitz haben, heiraten bevorzugt Leute mit Besitz. Die Brautwerbung endet auch auf unserem Kontinent mit einem Verlobungsring oder einem Ring, der beim Heiratsantrag überreicht wird. Keineswegs sind diese Zeichen der Verbundenheit und Verpflichtung aus irgendeinem Kaugummiautomaten. Ein Brilli sollte es schon sein.

Beständige Wahlkriterien

Ein Mann fliegt am Ende seiner Pubertät nicht auf jede. Er hat keine allgemeine sexuelle Präferenz für *alle* Frauen. Vielmehr sind seine Vorstellung von schön und hässlich sehr präzise. Manche Frauen üben eine Faszination auf ihn aus oder machen ihn sprachlos. Andere wirken abstoßend oder lassen ihn gleichgültig. Matt Ridley macht auf diesen Umstand aufmerksam. In seinem faszinierenden Buch *Eros und Evolution* grübelt der britischer Zoologe und Sozialbiologe darüber nach, ob eine bestimmte Bevorzugung auf einem Mix von Genen, Hormonen und sozialem Druck beruht. »Vermutlich ja«, meint Ridley, die interessante Frage aber sei: Wie viel von jedem? »Wäre der soziale Druck alles, dann wären die Bilder und Lehren, die wir Jugendlichen durch Filme, Bücher und Werbung vermitteln, von entscheidender Bedeutung. Wenn nicht, dann ist die Tatsache, daß Männer beispielsweise schlanke Frauen bevorzugen, von Genen und Hormonen bestimmt und keine kurzlebige Mode.«[64]

Genau davon gehe ich aus. Nicht bedingungslos, aber ein gehöriger Teil kommt von den Genen und Hormonen. Heldentum (sprich auch Geld) sowie Schönheit (entsprechend Kurven) sind deshalb noch immer wunderbare Wahlkriterien, weil sie das »sexuelle Erbe einer Erfolgsstory« (Buss) in sich tragen. Es hat sich gelohnt, auf sie zu achten. Nur deshalb sind sie aus unseren Köpfen *und* Genen noch nicht verschwunden. Sie auszumerzen wäre kein Problem, wäre die Angelegenheit eine reine Kopfsache.

Die Vorliebe für bestimmte Anlagen eines potenziellen Partners ist mit dem Appetit auf bestimmte Lebensmittel vergleichbar. Was auf der einen Seite Partnerwahlkriterien sind, ist auf der anderen Seite eine Lebensmittelpräferenz. Konkret: Überall auf der Welt werden die Menschen immer dicker. In den USA, in Deutschland, in China. Dass Dicke Dicke heiraten, wird wohl alsbald zur Norm, obgleich alle von Dünnen schwärmen. Auch gerade die Dicken. Doch warum werden die Menschen dick? Wegen der Ernährung. Gewiss. Weil sie sich zu wenig bewegen. Auch das. Nur warum haben wir eine Vorliebe für Nahrungsmittel, die dick machen, wie Zucker, Fett und Protein? Warum setzen wir Fett an? Es hängt mit dem genetischen Programm zusammen, das weit vor Twiggy seinen Anfang nahm und noch in uns steckt. Ohne die Anlage, Fett anzusetzen und auf entsprechende Nahrung aus zu sein, hätten Twiggy und Konsorten nicht überlebt. Mit den spezifischen Wahlkriterien hinsichtlich des Geschlechtspartners sieht es genauso aus.

Weltweit wünschen sich Männer eine schöne und treue junge Frau. Diese Vorlieben wurden dem männlichen Geschlecht nicht durch permanente Werbung oder mediale Gehirnwäsche suggeriert. Sie sind einfach vorhanden. Selbst homosexuelle Männer haben eine Präferenz für die Kombination jung und schön. Anders sieht es beim weiblichen Geschlecht aus. Es hat andere Vorlieben und möchte jemanden, der was hat oder darstellt. Jeder von uns, egal ob Mann oder Frau, trifft eine Auswahl. Es ist eine sexuelle, die am Anfang jeder »großen Liebe« steht. Sie ist eine der wichtigsten Entscheidungen im Leben. Unsere Sinne sind dabei ein verlässlicher Ratgeber. Wenngleich wir glauben, es sei unser Verstand, der uns leitet, oder edle Gefühle wie die Liebe.

Wir erinnern uns der Laube und was sie alles über den Besitzer aussagt. Bis zu 3 Meter Durchmesser können diese Gebilde haben, es kommt auf den Bauherrn an, denn es gibt verschiedene Laubenvogelarten. Eines aber haben sie gemeinsam: Laubenvogelmännchen sind von ihrer Gestalt her eher unscheinbar und unterscheiden sich kaum von den Weibchen. Dafür gibt stets ihr Bau etwas her. Die Laube ist fraglos »Ersatz« für die fehlende Körperpracht. Während sie im Laufe der Evolution ihre Liebeslauben mehr und mehr perfektionierten, entwickelten andere Vogelartenmänner immer prächtigere Federkleider. Ähnlich kann es auch bei uns Menschen gewesen sein. Haben wir vielleicht Witz, Virtuosität, Fantasie und Individualität und viele andere Fähigkeiten nur hervorgebracht, um den anderen zu bezirzen? Sind gar unsere außerordentlichen Geistesleistungen auf diese Weise entstanden?[65] Ich denke schon.

.

KAPITEL 6

SEXUALITÄT: ZÜNDSCHNUR DER LIEBE

In der Pubertät entwickeln wir eine Reihe körperlicher Eigenschaften, die uns für das andere Geschlecht interessant machen. Frauen bekommen Brüste, runde Hüften und ein rundes Hinterteil. Männer breite Schultern, Bartwuchs und eine tiefe Stimme. Bei beiden sprießen Haare in den Achseln und am Geschlecht. Zugleich entwickeln sich ein geschlechtsspezifischer Körpergeruch und ein ebensolcher Gang. Am Ende der Geschlechtsreife unterscheidet sich der männliche und weibliche Körper erheblich. Und plötzlich ist die Welt eine andere.

Mädchen schwärmen für Jungs oder Männer. Jungs vergucken sich in Mädchen, die schon etwas vorzuweisen haben. Ihre Fantasie trägt sie fort, sobald ihre Augen sexuelle Schlüsselreize am Objekt ihrer Begierde wahrnehmen. Der Sexualtrieb ist erwacht. Ein mächtiger Trieb. Wie ein Magnet treibt er zum anderen Geschlecht. Wie ein Navigationsgerät führt er zum Geschlechtsakt. Mögen die Vorstellungen darüber auch diffus und kümmerlich sein oder gänzlich im Nirwana verschwinden. Dieser Trieb ist mächtig und eigenmächtig, macht Verliebtheit möglich und lässt einen Bindungswunsch aufkommen. Am Schluss nennen wir es Liebe.

Auch kleine Mädchen und Jungs im Kindergarten können für das andere Geschlecht schwärmen. Manche entwickeln sogar etwas, das stark an Verliebtheit erinnert. Was die Kleinen von den Großen unterscheidet, ist ihre Sehnsucht. Sie sehnen sich nicht nach Intimität, nach Küssen, sexuellen Berührungen und Sex. Ein alles überwältigender körperlicher Drang nach geschlechtlicher Nähe fehlt. Gleichwohl stellen sich Anzeichen vom Wunsch nach Zweisamkeit oder Bindung ein. Kleine Mädchen sprechen über eine Familie, die sie später einmal haben werden, kleine Jungs wollen ihre Mutter heiraten.

Der Wunsch nach Zweisamkeit mag auf die Nähe und Vertrautheit zwischen Mutter und Kind zurückgehen. Auf ein Band der tiefen Verbundenheit, wie es auch bei anderen Säugetieren zu beobachten ist. Wir ahnen: Es ist bereits im Mutterleib vorhanden und wird nach der Geburt verstärkt. Schon allein, weil der Säugling »primär ein Betreuungsobjekt« (Irenäus Eibl-Eibesfeldt) ist. Am Beispiel der Regression-Folter in China haben wir ja gesehen, welche Bindungskraft allein durch Hilflosigkeit ausgelöst werden kann.

Eine Bindungsfähigkeit von Mutter und Kind ist bei Säugetieren zwingend notwendig, ohne sie wäre die Versorgung des Nachwuchses gefährdet, damit sein Überleben. Aber nicht nur bei Säugetieren ist eine Mutter-Kind-Bindung lebensnotwendig, sondern Bindung ist überall dort erforderlich, wo Jungtiere unselbstständig auf die Welt kommen. Werden Jungtiere von beiden Eltern, nur vom Vater oder der Sippe aufgezogen, ist sie ebenfalls unentbehrlich, und zwar beidseitig. Bei Lebewesen muss es also einen Mechanismus geben, der Bindung auslöst, wenn's drauf ankommt.

Egal ob beim Menschen oder bei den Tieren, mithilfe von Signalen wird eine innigliche Verbindung zwischen Mutter und Kind geknüpft, gehalten und beibehalten, bis sie nicht mehr notwendig ist. Diese Signale sind olfaktorisch (geruchlich), akustisch oder optisch, wobei innerhalb der Primaten optische Kindchensignale zunehmend an Bedeutung gewinnen.[66]

Die Vorgänge zwischen Mutter und Kind werden hochgradig von instinktgesteuertem Verhalten unterstützt. Hormone sekundieren dabei. Beispielsweise regt das Schreien des Babys eine Oxytocinauschüttung bei der Mutter an. Ein Hormon, das die Brustwarzen zum Stillen aufrichtet[67], die Milchdrüsen aktiviert und den Milchfluss bewirkt. Wird gestillt, verschafft es der Mutter angenehme Gefühle. Wiederum produziert der Säugling nach dem Saugen ebenfalls Oxytocin. Die emotionale Wirkung in beide Richtungen ist nicht zu übersehen. Die chemische Dosis verstärkt die Bindung zwischen Mutter und Kind. Ein Wohlgefühl in Kombination mit Vertrautheit und Nähe entsteht. Das sind unschlagbare Bindungsfaktoren.

Bei den monogam lebenden Präriewühlmäusen ist Oxytocin sogar der Stoff, der ihre lebenslange Ehe besiegelt. Dazu kommt allerdings noch das eng verwandte Hormon Vasopressin[68], welches ebenfalls bei der Mutter-Kind-Bindung eine Rolle spielt. Von Wichtigkeit ist zudem die entsprechende Rezeptorenverteilung (Andockstellen) im Gehirn. Der geschilderte Vorgang ist sehr viel komplexer. Es ist nicht nur ein Hormon oder ein Stoff, der irgendetwas bewirkt, und es ist weit mehr als ein Chemiecocktail – davon muss man ausgehen und das behalten wir bei den kommenden Ausführungen im Kopf.

Das Entscheidende ist: Treffen zwei nordamerikanische Nager der Sorte Präriewühlmaus aufeinander – Männchen und Weibchen, versteht sich – und treiben sie es, dann treiben sie es ordentlich, wieder und wieder. Diese Nacht bestimmt sodann ihr weiteres Schicksal, sie bleiben zusammen und ziehen späterhin gemeinsam ihre Jungen auf. Der Grund: Während der Paarung wird Oxytocin und Vasopressin ausgeschüttet, das schweißt die beiden aneinander. Für immer. Injiziert man ihnen allerdings einen Oxytocin-Antagonisten, quasi ein Gegengift, ist es mit der Treue vorbei.

Präriewühlmäuse sind von einem besonderen Schlag. Sie sind die Ausnahme unter den Nagern. Alle anderen ihrer Art nehmen, was kommt, und denken gar nicht daran, in Monogamie zu verfallen. Jedoch hat Oxytocin bei allen Nagerweibchen ein Wörtchen mitzureden. Unmittelbar nach der Geburt des Nachwuchses bedingt es ein längeres Bindungsverhalten. So lange, bis die Kleinen selbstständig sind.

Wohlfühllust

Wir sind keine Präriewühlmäuse, was soll's. Aber wir wissen eines: Menschen produzieren ebenfalls Oxytocin und Vasopressin und verfügen über entsprechende Rezeptoren im Gehirn. Unter bestimmten Bedingungen wird die Produktion der Hormone angekurbelt. Nicht nur während der Schwangerschaft und Stillzeit, sondern wie bei den kleinen Monogamnagern auch beim sexuellen Akt. »Männer erzeugen beim Sex Unmengen von Vasopressin und Oxytocin, bei Frauen ist es vor allem das Letztere. Je mehr wir von diesen Hormonen ausschütten, um so stärker ist der Rausch.«[69]

Gut, aber machen uns die Wohlfühlhormone zu treuen Gesellen? Nicht unbedingt. Ein Seitensprung, ein Besuch bei einer Prostituierten setzt zwar den gleichen Prozess in Gang, aber danach ist es empty. Nichts von Bindung und Treuegelübde. Anders, sofern wir es wie Präriewühlmäuse treiben. Ich übertreibe, was ich aber meine, ist Folgendes: Kommt es zu einem immer wiederkehrenden sexuellen Akt mit ein und derselben Person, einem extrem befriedigenden sowie lustvollen, und fühlen wir uns dabei ausgesprochen wohl, dann sind wir auf dem besten Wege zur Präriewühlmausseligkeit. Das immer wiederkehrende Lusterlebnis, die immer wiederkehrende Ausschüttung führt zu einem Wiederholungsdrang. Wir wollen uns wieder fühlen wie beim letzten Mal und dem Mal davor.

Es war so schön, noch einmal, noch einmal … Vergleichbar ist dieser Zustand mit irgendeiner Sucht. Verliebte können ihn wunderbar beschreiben.

Sie: »Die Liebesfreuden, die wir zusammen genossen, sie brachten so viel beseligende Süße, ich kann sie nicht verwerfen, ich kann sie kaum aus meinen Gedanken verdrängen. Ich kann gehen, wohin ich will, immer tanzen die lockenden Bilder vor meinen Augen.

(…) ich erlebe alles wieder und wieder mit Dir, und selbst im Schlaf komme ich von diesen Erinnerungsbildern nicht los. Ab und an verrät mein Leib in seinen Bewegungen, wie es im Herzen aussieht.«[70]

Er: »Du weißt, in welche Schamlosigkeiten wir durch meine zügellose Gier gerieten. Ich wälzte mich geradezu wie ein Tier in diesem Morast, sogar in der Karwoche und an den höchsten Festtagen, ohne auf die mahnende Stimme des Schamgefühls und der Gottesfurcht zu hören (…) ich dachte nicht mehr an Gott, ich dachte nicht mehr an mein besseres Selbst, so tief untergetaucht war ich in den armseligen Genüssen, die zu schmutzig sind, als daß ich sie ohne Erröten auch nur nennen kann.«[71]

Ja, der kolossale Sexualtrieb vermag viel zu vollbringen und noch viel mehr. Was ist aus ihren nächtlichen Zuckungen, aus seiner gierigen Unbeherrschtheit geworden? Wohin führte diese schamlose, sexuelle Leidenschaft? Was ist übrig geblieben? Nun, eine Liebe, eine der berührendsten Liebesgeschichten des letzten Jahrtausends. Sie trug sich im Land der Liebe zu, in Frankreich. Ihre Akteure waren die Nonne Heloise und der Mönch Abaelard. Auf die beiden und ihre Liebe werde ich späterhin ausführlich zurückkommen. An dieser Stelle ist nur eines von Bedeutung: Oxytocin, Vasopressin & Co. hatten ihre Hände im Spiel.

Chemie der Liebe

Oxytocin wird in kleineren Mengen auch bei warmherzigen Umarmungen ausgestoßen, ebenso beim Streicheln, Küssen, Massieren, und ich vermute selbst, wenn unsere nahen Verwandten ihrem geliebten Lausen nachgehen. Es ist eindeutig: Das Hormon hat nicht nur bei sexueller Erregung seine Finger im Spiel. Vielmehr tritt es immer in Aktion, wenn es um Bindung im weiteren *und* engeren Sinne geht. One-Night-Stand ist das eine, »Sexrausch« das andere. Dazwischen gibt es Dutzende von Zwischenstufen, mit oder ohne Sex. Sogar mit Sex, aber ohne Orgasmus. So ist eine Freisetzung der Hormondosis allein beim Anblick einer geliebten Person möglich oder beim sexuellen Akt ohne Höhepunkt. Beschnittene, frigide Frauen, aber auch Frauen und Männer, die aus anderen Gründen weder sexuellen Kontakt pflegen noch Orgasmen haben können, können sich verlieben und an einen Partner binden.

Wissenschaftliche Untersuchungen fehlen, wie hoch die Oxytocindosis in solchen Fällen ist. Auch, ob es neben der geschlechtsspezifischen Ausrichtung auch individuelle Unterschiede gibt. Gesichert ist hingegen:

Oxytocin hat seinen eindeutigen Platz in der menschlichen Sexualität und wird seit Jahrzehnten erfolgreich in der Tierzucht eingesetzt, um Tiere zur Paarung anzuregen. Ohne Mitwirkung bestimmter chemischer Stoffe in unserem Körper, wären meines Erachtens Treue- und Liebesschwüre nicht möglich. Sie sind in irgendeiner Form immer beteiligt. Vermutlich ist es eine ganze Kaskade von chemischen Stoffen, die agieren, uns überrollen, wenn wir uns verlieben. Wie es ja auch nicht ein einzelner Stoff ist, der unser Frausein oder Mannsein bestimmt. Wie auch immer, es gibt eine Zeit, in der Oxytocin ziemlich mächtig ist, und es folgt irgendwann eine Zeit, in der eine Verringerung seines

Einflusses stattfindet. Das zeigt sich bei Muttertieren, das zeigt sich bei Verliebten.

Trotz allem ist Oxytocin keinesfalls so mächtig, uns ohnmächtig zu machen. Das verdeutlicht allein die Tatsache der Kindstötung bei uns und anderswo, etwa bei den Yanomamö, Ache, arktischen Inuit, Epo (Hochland von West-Papua, Neuguinea) und indischen Brahmanen.[72] Mütter töteten die Säuglinge, beispielsweise weil sie das falsche Geschlecht hatten, Zwillinge waren, Behinderungen aufwiesen oder es zu einer Konkurrenzernährung mit dem Geschwisterkind gekommen wäre. Oftmals geschah die Tötung auf brutale Weise, indem das Neugeborene lebendig begraben wurde. Wo war der Einfluss des Oxytocins?

Offenbar kann rational gegengesteuert werden. Wie weit diese Steuerung geht und ob sie jeder leisten kann, bleibt offen. Gemünzt auf die Liebe: Ist es auf dem Höhepunkt der Verliebtheit möglich, zu sagen: »Bis hierher und nicht weiter …«?

»Liebe ist kein Hormoncocktail, und es gibt auch kein »Liebeshormon«[73], schreibt Richard David Precht. Herr Precht hat recht. Aber ein Cocktail mit vielen Zutaten ist sie allemal. Hormone gehören dazu. Manchmal, geben wir es ruhig zu, macht sich die Liebe zudem aus wie ein Leipziger Allerlei. Alles und jedes wird geliebt und wird zur Liebeserklärung. Wir lieben Musik, Fußball und ein gutes Essen. Diese Lieben werden nicht von der Sexualität gespeist, jedenfalls nicht direkt. Oxytocin- und vasopressinfrei sozusagen. Anders ist es mit der sexuellen Lust. Ein klein wenig Chemie ist immer dabei. Unter günstigen Voraussetzungen führt Sex am Ende allemal zum Liebesgeflüster: »In mir drängt das Feuer der Jugend, ich habe zu viel gekostet die Freuden aller Freuden, und darum kann das brünstige Fleisch, die hochgepeitschte Lust nicht zur Ruhe kommen.«[74] So hört sich der mögliche Beginn einer Zweisamkeit an. Der Beginn einer Bindung.

Männer und Frauen würden sich ohne Hormone und Instinkt-
abläufe nicht sexuell zueinander hingezogen fühlen. Würden
sie sich ohne Sexualität überhaupt zueinander hingezogen fühlen? Wohl kaum, denn aus welchem Grund in aller Welt sollten
sie es tun? Aus freien Stücken, sprich aus freiem Willen? Woher
kommt er, dieser sogenannte freie Wille? Eines ist allemal sicher, unser freier Wille wurde, wie Ridley ganz richtig schreibt,
»nicht zum Spaß erschaffen«. Es gab einen Grund, weshalb die
Evolution unsere Vorfahren damit ausgestattet hat. Nüchtern
erklärt der Brite: »… dieser Grund bestand darin, daß freier
Wille und Entscheidungsfähigkeit nützlich dabei waren, den
Ehrgeiz zu befriedigen, mit anderen zu konkurrieren, mit kritischen Situationen fertig zu werden und schließlich eine bessere
Ausgangsposition für die Fortpflanzung und die Erziehung von
Kindern zu erlangen als andere, denen es nicht gelingen sollte,
sich fortzupflanzen. Der freie Wille selbst ist daher nur so lange
von Vorteil, wie er zum Reproduktionserfolg beiträgt.«[75]

Probebeischlaf

Menschen gehen nicht bloß zu bestimmten Zeiten miteinander
ins Bett. Sie sind von keiner Brunft abhängig. 365 Tage im Jahr
könnten sie sich der sexuellen Wollust hingeben. Rein theoretisch.
Denn Sex steht beim *Homo sapiens* nicht unbedingt im Dienste der
Fortpflanzung. Und es gibt viele Gründe, wieso man es tut. Unzählige. Nicht selten ist der Koitus gar ein Barometer der Zweisamkeit und hat etwas Verbindliches und Verbindendes. Selbst
die sexuelle Gier wird zum Gradmesser des Bindungswillens.

Einige Tiere treiben es ebenfalls zyklusunabhängig, etwa die
Bonobos. Die Weibchen lassen sich nicht lange bitten, von den
Männchen ganz zu schweigen. Ausgesprochen »heiß« müssen
die Zwergschimpansendamen nicht sein. Sie machen es für Futter, um Frieden zu stiften, soziale Bande zu knüpfen und um in

Ruhe gelassen zu werden. Es ist »ein Koitusmuster, das mehr als das irgendeines anderen Lebewesens dem der Frau gleicht«[76]. Nur mit einem Unterschied: Eine Bonobo-Frau bindet sich nicht an einen Partner. Sie liebt die Promiskuität.

Stachelschweine sind auch nicht ohne. Sie kopulieren jede Nacht mehrmals, das ganze Jahr über. Die beiden Zahavi vermuten in ihrem Buch *Signale der Verständigung*, die Kopulation würde in all diesen Fällen die soziale Bindung zwischen den Partnern auf die Probe stellen.[77] Daher sei es kein Wunder, dass die Tiere, die außerhalb der Fortpflanzungszeiten kopulierten, langfristige Partnerschaften unterhielten.

Der Beischlaf als Beziehungsprobe ist auch bei uns Menschen nichts Neues. Beispielsweise können Paar- und Ehetherapeuten davon ein Liedchen singen. Ein überaus jammervolles. Auch davon, dass fortpflanzungsunabhängige Paarungen nicht zwangsläufig zur langfristigen Zweisamkeit führen. Diesbezüglich lassen also nicht allein die Bonobos aus dem südlichen Kongo eindringlich grüßen. Augenscheinlich hat das eine mit dem anderen nichts zu tun. Wohl kann das eine das andere begünstigen. In der Sexualität und im Verhalten gibt es keine zwangsläufige Kausalität, kein: Wenn X, dann Y. Gleichwohl, in der Natur lässt sich alles finden, damit alles beweisen. Auch das ganze Gegenteil. Mir ist entfallen, wo ich das gelesen oder gehört habe. Es stimmt natürlich. Dennoch helfen Vergleiche zu verstehen, um Ursprünge aufzuzeigen. Zum Beispiel unsere Scheu vor Inzest und seiner Verbote. Beides zeigt einmal mehr, wie weit die Natur, respektive die Gene, ihre Finger beim Sex im Spiel hat.

Paarungsvorschriften

Allen menschlichen Gesellschaften sind Inzestverbote vertraut. Eine Verbindung von Mutter und Sohn, Vater und Tochter,

Bruder und Schwester sind von jeher verboten. Das Inzesttabu hat weltweite Gültigkeit. Es ist eine Regel, die Kindern als allererstes vermittelt wird. Verstöße werden streng bestraft. Bei uns wird Inzest mit Gefängnis geahndet,[78] in manch anderen Gesellschaften mit Verbannung, Verstümmelung und Tod. Das Tabu gehört zu den strengsten und ist vollkommen unabhängig vom Alter oder der Fortpflanzungsfähigkeit. Überschreitungen gab es trotzdem, etwa im alten Ägypten, bei den Persern und Römern. Am bekanntesten ist der Bruder-Schwester-Inzest sowie Vater-Tochter-Inzest bei Pharaonen. Die genetischen Folgen sind ebenso bekannt. Eine Optimierung des Erbguts durch genetische Vermischung bleibt aus, dafür optimiert sich die Weitergabe von Erbkrankheiten.

Einmal von diesen Ausnahmen abgesehen, ist der Sinn dieses Tabus nicht zu übersehen. Bei unseren nächsten Verwandten gibt es ebensolche Paarungsvorschriften. So lassen Gorilla- und Orang-Utan-Männer die Finger von ihren Töchtern. Diese würden sich ihnen auch nie anbieten, wie sie ihren Brüdern auch keine Avancen machen. Selbst die »sexbesessenen« Bonobo-Weibchen halten ihrem Sohn nicht das hochgestreckte Hinterteil zum kurzen Vergnügen hin, nur weil er etwas Leckeres zu futtern hat.

Vielfach vermeiden Primaten Inzest, indem der männliche Nachwuchs die Gruppe verlässt, während der weibliche im Frauenverband bleibt. Die zumeist allein umherstreifenden Orang-Utans erkennen Kinder und andere Blutsverwandte, selbst wenn die Aufzucht des Nachwuchses dem Muttertier allein obliegt. Die Verwandtschaftserkennung haben die orangefarbenen Menschenaffen nicht nur mit anderen Primaten gemein, sondern mit vielen anderen Tieren, etwa den Elefanten und Hyänen. Sie erkennen Tanten, Neffen und sogar entferntere Verwandte. Die Wurzeln der Verwandtschaftserkennung reichen weit in die Säugetiervergangenheit zurück. Vielfach beruht sie auf Geruchswahrnehmung.

Selbst beim Menschen greift diese archaische Detektorenerkennung. So erkennen Mütter ihren Säugling eindeutig am Geruch, und zwar einige Tage nach der Geburt. Dem Säugling ergeht es mit seiner Mutter ebenso. Achselduft und laktierende Brust geben ihm Aufschluss. Tanten und Großmütter erkennen ihre Enkelkinder, Neffen und Nichten am Körperduft ebenfalls ausgesprochen gut. Onkeln und Großvätern gelingt das weniger oder gar nicht.[79]

Sexuell gesehen ist der Körperduft nicht unerheblich. Beim Sexualpartner bevorzugen wir fremde Düfte. Den eigenen Familiengeruch mögen wir, finden ihn jedoch nicht sonderlich anziehend oder erotisch. Dahinter verbirgt sich eine Geruchspräferenz. Sie wird vererbt, ebenso der spezifische Körpergeruch. Schließlich wird über das genetische Geruchsprofil die Partnerwahl gesteuert. Sind sich die Körperdüfte von Mann und Frau zu ähnlich, kann eine Schwangerschaft ausbleiben. Biologisch macht das Sinn, was im Tierreich deutlich zutage tritt. Mäusemänner können noch so wild drauf sein, ihre Mutter würdigen sie keines Blickes. Ihr Geruch törnt sie nicht an. Inzucht wird vermieden und das Immunsystem wird optimiert.

Graudrosslinge verpaaren sich ebenfalls nicht mit ihren Eltern. Die amselgroßen Vögel meiden sogar alle, mit denen sie gemeinsam im Nest hockten, die zur Gruppe gehörten oder bei deren Aufzucht sie mitgeholfen haben. Das können Nichtverwandte sein, da fremde Jungen durchaus mitversorgt werden. Da sich die Damenwelt nicht die Bohne für ihre Väter und Brüder interessiert, verlässt sie stets ihre Herkunftssippe und schließt sich einer fremden Gruppe an.[80] Nur dort sucht sie sich einen Parttime-Lover.

In israelischen Kibbuzen haben die Mitglieder ähnliche Erfahrungen gemacht. Wenngleich nicht blutsverwandt, tendierte das sexuelle Interesse gegen null, sofern »im Sandkasten« zu-

94

sammen gespielt wurde.[81] Möglicherweise handelt es sich auch hier um eine Inzestvermeidungsstrategie. In Taiwan gibt es etwas Ähnliches, sofern die Ehe auf *shim-pua*-Heirat basiert. Wenn also ein Mädchen vom Säuglingsalter an in der Familie ihres künftigen Gatten aufwächst und der Stiefbruder zum Ehemann wird. Häufig bleibt diese Verbindung ohne Kindersegen. In erster Linie, weil die Eheleute sich gegenseitig unattraktiv finden.[82]

Das Unbekannte reizt weit mehr als das Vertraute. Dass dies insbesondere für die Sexualität zutrifft, ist eine Binsenweisheit. Davon leben nicht allein Herrenmagazine und die Pornoindustrie. Doch auch weitab von künstlich geschaffener Lüsternheit, schlägt das Neue solide Hausmannskost. Seitensprünge und Affären auf der ganzen Welt legen dafür Zeugnis ab. Bei den !Kung gehen die Eheleute fast wie Bruder und Schwester miteinander um, wenn sich das brennende sexuelle Verlangen der frühen Ehejahre gelegt hat. Mit einem Geliebten wird sich heimlich getroffen. Die !Kung sind absolut keine Ausnahme. Ohne Zweifel, Sex schweißt zusammen, auch über den Sex hinaus.

KAPITEL 7

SELBSTLOSIGKEIT:
BEWEIS DER LIEBESFÄHIGKEIT

Liebe ist ein Geschenk. Aber mit Geschenken ist das so eine Sache. Ein Geschenk ist nicht nur ein Ding, das durch den Wechsel von einem zum anderen den Besitzstand ändert. Durch den Schenkakt wird eine Beziehung, ein Band zwischen Schenker und Beschenktem geknüpft. Nur deshalb werden Geschenke unter bestimmten Umständen verweigert, Einladungen etwa. Man will sich nicht verpflichtet, nicht »gekauft« fühlen.

Das Geschenk mag ein materielles Ding sein, aber der neue Eigentümer hat durch die Annahme des Geschenkes bekundet: Ich habe nichts dagegen, mit dir in Verbindung zu stehen. Mehr noch, ein Geschenk kommt auf die eine oder andere Weise einer Besiegelung oder Aufforderung gleich. Schenk ich dir etwas, schenkst du mir etwas. Die Maoris sagen denn auch, den Geschenken wohne ein *hau* inne, ein Geist. Das *hau* will immer zu seinem Besitzer zurück. Entweder als Gegengeschenk oder aber das Geschenk selbst wird zurückgegeben.[83]

Haargenau so läuft es in der Liebe ab, jener Liebe zwischen zwei Menschen, wenn der eine dem anderen seine Liebe schenkt. Liebe ist keine einseitige Sache, nichts Selbstloses.

Liebende bestreiten das. Merkwürdigerweise. Noch merkwürdiger, wann immer über diese Art der Liebe gesprochen wird, kommt die seliggesprochene Mutter Teresa (1910–1997) ins Spiel. Eine Frau, die weitab von jedweder leidenschaftlichen Liebe agierte und aus reiner Nächstenliebe handelte. Sie hatte sich vom sexuellen Begehren schon lange losgesagt, bevor sie dergleichen überhaupt verspürte. Bereits mit 12 Jahren, als sie noch Gonxha gerufen wurde, was Blütenknospe bedeutet, stand für sie fest: Ich werde Ordensfrau, mein Gatte soll Jesus Christus sein.

Mutter Teresa liebte Menschen. Sie lebte unter den Ärmsten der Armen in indischen Slums, in Kalkutta. Dazu fühlte sie sich berufen und verpflichtet, denn sie hatte Ehelosigkeit, Gehorsam *und* Armut gelobt. Aufopferungsvoll pflegte sie Sterbende, Waisen und Kranke, speziell leprakranke Menschen. Unermüdlich, Tag für Tag.

Ihre großartige Arbeit am Krankenlager war aufopferungsvoll, sie war aber keineswegs selbstlos. Mutter Teresa hat viel zurückbekommen, sehr viel sogar. Es gibt Menschen ein gutes Gefühl, Gutes zu tun. Ihr Wirken bescherte ihr unmittelbare Anerkennung. Darüber hinaus glauben Ordensfrauen, wer Gutes tut, komme in den Himmel und nicht in die Hölle.

Weltliche Anerkennung blieb ebenfalls nicht aus. Mutter Teresa wurde mit unzähligen Preisen und Auszeichnungen überhäuft, wozu der Friedensnobelpreis ebenso zählt wie *The Presidential Medal of Freedom*, die höchste zivile Auszeichnung der USA. Keine Frage, Mutter Teresa ist der ganzen Welt ein Begriff. Sie war ungemein selbstlos und dafür zollte man ihr außerordentliche Anerkennung.

Hang zur Selbstlosigkeit

Uneigennütziges Verhalten schätzen wir sehr und halten es uns gegenseitig als Tugend vor. Bei der Partnersuche und in der

Liebe steht Uneigennützigkeit hoch im Kurs. Wer selbstlos ist, der denkt nicht nur an sich. Mütter müssen so sein. Väter auch. Ohne eine gesunde Portion Selbstlosigkeit ist Kinderaufzucht nicht möglich. Ganz zu schweigen von einem Leben in Gemeinschaft. Deshalb achten wir auf Altruismus, haben feine Antennen dafür und auch für das Gegenteil, den Egoismus.

Augenscheinlich ist uns Selbstlosigkeit schon in die Wiege gelegt worden. Das machen sogenannte Turner-Frauen überdeutlich. Gene und Hormone haben auch hier ihre Finger im Spiel. Es handelt sich um Frauen, die nur mit einer Hälfte des Geschlechtschromosomenpaars XX auf die Welt kamen. Ihre genetische Struktur ist also X0. Turner-Frauen haben keine Eierstöcke und sind kleinwüchsig. Auffällig sind zudem ihre infantilen Gesichtszüge.[84] Bereits in der Kindheit zeichnen sie sich durch extreme Hilfsbereitschaft und fürsorgliches Verhalten aus. Niemals fangen sie Streit an. Erwachsene Turner-Frauen sind im Verhalten extrem, sogar übertrieben feminin. Ihr großes Interesse gilt Säuglingen, Kleidung, Haushaltsdingen, und sie haben ein Faible für alles Romantische. Ihr außerordentlicher Bemutterungsdrang führt sie in pflegende Berufe. Der Drang, helfen zu wollen, kann nicht wegerzogen werden.

Da ihnen die Eierstöcke fehlen, kommt ihr Gehirn bei der Entwicklung im Mutterleib nicht mit männlichen Hormonen in Berührung. Es bleibt gewissermaßen rein weiblich. Zudem haben Turner-Frauen im Erwachsenenalter noch weniger Testosteron im Blut als Frauen mit Eierstöcken. Zwar produzieren Eierstöcke weit weniger Testosteron als Hoden, aber immerhin, dieses bisschen sorgt für etwas Männlichkeit. Wenn man so sagen darf. Umgekehrt neigen Männer mit einem niedrigen Testosteronspiegel zur Weiblichkeit. Eunuchen waren dafür bekannt. Uneigennützigkeit fällt also nicht vom Himmel, sie liegt uns im Blut. Mal mehr, mal weniger. Verhält sich ein Liebender der geliebten Person gegenüber selbstlos, ist das dem angeborenen

Hang zur Selbstlosigkeit geschuldet. Liebe macht nicht selbstlos, wohl aber kann ein Liebender seine Selbstlosigkeit hochgradig mobilisieren.

Gezielter Altruismus

Die genetischen Wurzeln des Altruismus zeigen sich vor allem in der selbstlosen Unterstützung Blutsverwandter. Dabei verschaffen wir unseren eigenen Genen Vorteile. Am deutlichsten wird diese spezifische Selbstlosigkeit im Verhältnis zu den eigenen Kindern. Wobei unsere diesbezügliche Aufopferung noch nicht einmal vor irreversiblen Schäden an der eigenen Person zurückschreckt. Der genetische Gewinn sähe etwa so aus: Ein Vater rettet sein Kind, kommt jedoch selbst dabei ums Leben. Damit rettet er immerhin 50 Prozent seiner Gene. Diese Gene haben weit mehr Zukunft, als es die seinen gehabt hätten.[85]

Der Altruismus unter Verwandten zeigt, wie stark Gene beteiligt sind. Eine Selbstverständlichkeit, die wir bei Muttertieren beobachten, die ihren Nachwuchs bis aufs Blut verteidigen. Was die menschliche Seite anbelangt, verdeutlicht ein hypothetisches Dilemma diese Anlage auf drastische Weise. Es geht dabei um Folgendes. Stellen Sie sich ein brennendes Gebäude vor. Sie haben die Möglichkeit, durch die linke Tür zu laufen, damit würden viele Kinder gerettet; oder Sie wählen die rechte Tür und retten ihr eigenes Kind. Nun kommt die gemeine Frage: »Gibt es *irgendeine* Anzahl von Kindern, die Sie bewegen könnte, sich für die linke Tür zu entscheiden?«

Tatsächlich träfen wir derartige Entscheidungen laufend mit unserer Brieftasche, erklärt der Kognitionswissenschaftler Steven Pinker, indem wir Geld für Nebensächlichkeiten ausgeben würden, die unseren Kindern zugutekämen. Wir könnten nämlich das Geld genauso gut einer Wohlfahrtsorganisation spenden, damit würde das Leben nicht verwandter Kinder in der Dritten Welt gerettet.[86]

Nun sind derartige Dilemmafragen eigentlich idiotisch. Erstens wissen wir nicht, was wir in solchen Situationen tatsächlich tun würden. Und zweitens gerät kaum ein Mensch in eine solche Situation. Wenn doch, wäre diese Situation so einmalig, so außerordentlich selten, dass man von dem tatsächlichen Verhalten keine Regel ableiten könnte.

Trotz alledem verdeutlichen derartige Fragen einiges. Ich habe selbst einmal eine solche Frage im Rahmen einer Studie formuliert. Es ging um geschlechtsspezifisches Kussverhalten. Die Frage lautete: Stellen Sie sich vor, Sie müssten auf eine der sexuellen Handlungen verzichten, auf den Geschlechtsverkehr oder auf das Küssen, welche würden sie wählen? Dass die Frage blödsinnig ist, darüber muss man nicht diskutieren. Gleichwohl zeigt sich an der Beantwortung zumindest eines: Eine Tendenz, eine Gefühlsrichtung und eine mögliche Rangordnung. Das wiederum kann uns Hinweise auf einen Sachverhalt geben.

Selbstlose Gegenseitigkeit

Je enger die Verwandtschaft, desto bereitwilliger ist der altruistische Einsatz. Mit der Abnahme des Verwandtschaftsgrades sinkt die Wahrscheinlichkeit der gemeinsamen Gene. Umgekehrt: Je ähnlicher die Gensätze, desto wahrscheinlicher die selbstlose Opferbereitschaft. Das beschrieb als Erster der britische Biologe William D. Hamilton (1936–2000) und belegte damit die Volksweisheit: »Blut ist dicker als Wasser.« Selbst in modernen Gesellschaften, in denen Familienverbände und Verwandtschaftsbande sich mehr und mehr auflösen, zählt noch immer der Verwandte. Besonders, wenn es um Leben und Tod geht.[87]

Und der Geliebte, mit dem man keine gemeinsamen Gene hat, wie steht es mit ihm? In aller Regel kommt es bei Liebenden zu einer Art reziprokem Altruismus. Eine Hand wäscht die andere. Auch diese Selbstlosigkeit kennen wir aus der Natur. Der kleine Putzerfisch reinigt fleißig und umsichtig seinen großen Kunden. Beide haben einen Vorteil von dieser Verbindung. Der eine wird sauber, der andere wird satt. Die Gefälligkeit wird im Gedächtnis behalten. Hat der Putzer seine Aufgabe gut gemeistert, kommt der Kunde zurück oder es wartet bereits ein anderer. Der hat den emsigen Putzerburschen beobachtet und entschieden, es lohne sich zu warten. Erledigen die Putzer ihre Reinigungsaufgabe schlecht oder ungeschickt: Pech gehabt, die Kundschaft schaut sich woanders um.[88]

Gegenseitiger Altruismus wird von der Evolution begünstigt. Er bringt nicht nur dem Einzelnen einen Vorteil, sondern hilft einer Gruppe zu überleben, weil sie auf Gefälligkeiten und Erwiderung basiert. Diejenigen, die kooperieren, schneiden auf Dauer immer besser ab als Egoisten und Betrüger. Ganz einfach, weil Letztere über kurz oder lang durchschaut, bestraft oder ganz einfach gemieden werden. Das ist in Tiergemeinschaften so, das ist beim Menschen so.

Die menschliche Gegenseitigkeit ist in aller Regel keine kurze Putzerangelegenheit. Sie ist auf lange Frist angelegt, besonders und gerade in der Liebe. Das hat allemal einen Vorteil innerhalb einer sozialen Gemeinschaft. Wer zu zweit ist, steht vor der Gruppe anders da als allein. Besonders wenn das Paar als Verschworenengemeinschaft agiert, wie es Liebenden oder alten Ehepaaren zu eigen ist. Sätze wie: »Mein Mann meint auch …«, »Meine Frau und ich mögen am liebsten …«, demonstrieren nicht nur: Seht her, ich bin nicht allein, sondern: Was ich sage, zählt doppelt! Das Herbeizitieren der besseren Hälfte kommt einer zweifachen Stimmabgabe gleich. Dieses Doppelzählen ist schon allein ein Gegenwert für das Geben innerhalb einer Beziehung.

Wer gibt, zeigt es

Mit Speck fängt man Mäuse und durch Selbstlosigkeit erlangt man einen ausgezeichneten Ruf. Auch in der Liebe. Auch und gerade beim anderen Geschlecht. Und deshalb kann Altruismus eine tiefere Bestimmung in diese Richtung haben. Denn in der Fähigkeit und dem Willen zur Selbstlosigkeit zeigen sich uns ein zuverlässiger Partner und ein vertrauenswürdiges Elternteil.[89]

Wir bewundern uneigennütziges, altruistisches Verhalten und es kann eine sehr eindrucksvolle Demonstration moralischen Charakters sein. Wer beispielsweise Geld spendet, wird geachtet. Mehr noch derjenige, der solcherart Spendierhosen anhat und es nicht an die große Glocke hängt. Dessen ungeachtet verheimlichen Spender keineswegs ihre Spenden, wenngleich das häufig so erscheinen mag. Der unmittelbare Umkreis weiß davon. Sind es nicht die nächsten Bekannten, Verwandten, Freunde oder Kinder, dann zumeist der Partner. Miller vermutet ganz zu Recht: »Ich gehe stark davon aus, dass nur wenige Millionäre ihre wohltätigen Spenden vor ihren Ehefrauen und Geliebten geheim halten.«[90] Wenn doch, nun ja, an irgendjemanden muss das Geld überwiesen werden. Am Ende weiß deshalb immer einer vom spendablen Geber.

Ein Beispiel aus einer fiktiven Welt: Bruce Wayne handelt selbstlos, weil er unter Einsatz seines Lebens elenden Schuften eins draufgibt. Er will dem Verbrechen in Gotham City den Garaus machen, verkleidet als Batman. Nötig hat er es nicht, denn Wayne hat Milliarden geerbt. Er könnte fein im Trocknen sitzen, sein Leben ohne Stress genießen, es sich gefahrlos wohlergehen lassen. Er tut es nicht, denn er ist edel und gut. Außerdem hat er geschworen, dem Verbrechen die Zähne zu zeigen. Ist Batman nur gut um seiner selbst Willen? Mitnichten. Wir sehen es, wenn er nach Hause kommt. Sein ehemaliger Elternersatz, der Butler Alfred Pennyworth, begrüßt ihn mit stolzgeschwellter Brust ob seiner Heldentaten. Am nächsten Morgen legt er seinem Arbeitgeber mit ebendiesem Stolz die Zeitung aufs Frühstückstablett. Auf dem Titelblatt prunkt die gute Tat der menschgewordenen Fledermaus. Mehr Anerkennung kann es gar nicht geben und natürlich erobert der Schwarzmaskierte mit seinem selbstlosen Tun nicht nur ein Frauenherz, sondern viele.

Altruismus mit Hintergedanken

Ganz ähnlich wie unser Comic-Flattermann agieren die uns bereits bekannten Graudrosslinge. Nebenbei gesagt, diese Kameraden werden wegen ihrer ungeheuren Geschwätzigkeit auch als Lärmvögel bezeichnet. Die Engländer nennen sie sogar liebevoll Babbler, was es besser trifft, am Ende jedoch aufs Gleiche hinausläuft. Die Plapperhaftigkeit der Graudrosslinge deutet bereits an, dass sie irgendwie soziale Wesen sind. Dass dem so ist, beweisen eindringlich die Männchen. Sie demonstrieren Altruismus hoch 10.

Dem stillen Beobachter präsentieren sich die kleinen Burschen von ihrer allerbesten Seite. Sie füttern ihre Kumpels, obgleich sie selbst noch nichts gefressen haben. Sie schieben Wache, während die anderen dinieren und ihnen selbst der Magen knurrt. Sie setzten sich Gefahren aus, obgleich es ausschließlich um das Wohl der anderen geht. Zum Beispiel stoßen sie Warnlaute aus, wodurch der Feind sie erst recht sieht und den Warner sogleich erspäht.

Kurz und gut, manchmal scheint es, als würde der eine oder andere weit mehr an die Gruppenmitglieder denken als an sich selbst. Tja, der Schein trügt. Um dahinterzukommen, worum es beim selbstlos erscheinenden Handeln geht, muss man ziemlich lange auf der Lauer liegen. Das haben die Zahavis getan. Die beiden Forscher ließen sich durch das altruistische Verhalten nicht blenden. Monatelange, ja, jahrelange Beobachtung öffneten ihnen die Augen: Will ein Graudrossling in seiner Truppe etwas darstellen, muss er Altruismus beweisen. Damit erlangt er Ansehen. In der Vogelkolonie gibt es nämlich ein Oben und Unten. Manche haben also mehr, manche weniger zu sagen. Wer sein Prestige verbessern möchte, muss auf der Hierarchieleiter nach oben rücken. Je selbstloser und höher der Rang, desto größer sind zugleich die Chancen beim anderen Geschlecht.

Und jetzt kommt's. Andere zu füttern oder Wache zu schieben, obgleich man selbst Kohldampf schiebt, können sich nur starke Tiere erlauben, jene, die was zuzusetzen haben. Jemand, der sich einer Gefahr aussetzt, hat nicht nur Mumm, sondern hat etwas in petto, Schnelligkeit zum Beispiel. Genau das signalisieren die Wachleute, die Fütterer. Ihr Tun bedeutet in menschliche Sprache übersetzt: Seht her, ich habe überschüssige Energie, ich kann es mir erlauben, später zu essen. Seht her, ich kann den Feind mit meinem Tirili auf mich aufmerksam machen, ich bin äußerst fit. Mich kriegt so schnell keiner.

Zusammengefasst: Der demonstrierte Altruismus zeigt, »… wie gut sie einen Kampf bestehen würden und wie begehrenswert sie als Gruppenmitglieder sind. (…) sie zeigen, wie interessiert der Gebende am Empfänger ist, während sie zugleich seine Dominanz bezeugen. Wenn das dominante Männchen etwas zum Wohl der Gruppe tut, zeigt es sowohl seine Überlegenheit als auch seine Bereitschaft, seinem Untergeordneten etwas zu geben.«[91]

Wer gibt, will haben

Wir kennen dieses Verhalten beim Menschen. Denken Sie an den Spender, denken Sie an Mutter Teresa, denken Sie an einen

Liebenden, der alles für seine Geliebte gibt. Zu einer vergleichenden Altruismusanalyse sind allerdings die wenigsten bereit. Besonders, wenn es um die Liebe geht, weil Selbstlosigkeit für eine Tugend gehalten wird, die man sich entweder zulegen kann oder die im Schlepptau der Liebe auftaucht. Einfach so. Doch dem ist keineswegs so. Altruismus wird vielmehr hervorgekehrt um des guten Ansehens willen oder um ein noch besseres zu erlangen. Es ist ein simples Verfahren in der Zweisamkeit, um die Ernsthaftigkeit des Beziehungswunsches zu unterstreichen und die Gegenseitigkeit zu besiegeln. Ebenso wichtig: Der andere soll gebunden werden. Es ist wie beim Schenkakt. Denken Sie an das *hau*. Man gibt, um etwas wiederzubekommen, und sei es Anerkennung.

Liebende haben immer Erwartungen an die geliebte Person. Sie bringen Opfer und sie wollen dergleichen auch sehen. Sind die Opfer groß, ist die Liebe ernst gemeint. Sind sie klein oder werden keine erkennbaren Opfer gebracht, wird die Liebe in Zweifel gezogen. Verzicht zugunsten des anderen gilt als Liebesbeweis. Selbst wenn die Entsagung banal erscheint, wie der Verzicht auf das größere Stück Fleisch, auf einen bestimmten Fernsehbeitrag, auf den geliebten Bowlingabend. Gefälligkeiten werden vergolten. Auf lange Sicht zahlen sie sich aus, weshalb am Anfang einer Beziehung selbstlose Handlungsweisen viel häufiger stattfinden als nach einigen Jahren des Zusammenseins.

Für ihr Ansehen tun Menschen viel, weil der Ruf eine enorme Rolle spielt. Altruismus ist dabei eine exzellente Investition, um die Stellung innerhalb einer Gruppe zu festigen oder zu verbessern. Wer anderen eine Gunst erweist, erweist sich selbst eine Gunst, das betonen nicht zuletzt Ehrenamtliche.[92] Wer eine empfangene Gunst nicht erwidern kann, kann sogar Scham empfinden. Ein Indiz, welche Auswirkung Prestige auf unsere Stellung in der Gesellschaft hat.[93]

Je besser der Ruf, desto gelittener die Person. Je freundlicher und selbstloser, desto mehr Ansehen in der sozialen Gruppe. Mit einem Selbstsüchtigen ist man nicht gerne befreundet. Ein Egoist ist kein Kandidat für eine Wohngemeinschaft oder einen gemeinsamen Trip durch den Urwald. Paviane oder Makaken denken genauso. Ihre Rangordnung basiert auf solchen Prinzipien. Hemmungslose Aggression wird sozial geächtet. Reine Egoisten sowieso. Der besonders freundliche Bursche erklimmt die höchste Rangstufe, derjenige, der die Sympathien der anderen zu gewinnen versteht. Wer als Männchen bei den Pavianen, Rhesusaffen und japanischen Makaken ganz oben thronen will, muss mit den anderen Freundschaft schließen können.[94]

Moralische Prinzipien

Gegenseitigkeit ist bei den haarigen Gesellen TOP 1 auf der Sozialleiter. Wer die anderen nur ausnutzt, ist kein Freund. Das Motto lautet etwa: »Laust du mich, lause ich dich.« Wer das gegenseitige Lausen nutzt, aber seinerseits nur schmarotzt, wird abgestraft. Außerdem zahlen es Schimpansen einem Verbündeten heim, wenn dieser sich mit einem anderen solidarisiert.[95] Sie haben nicht nur eine Vorstellung von einem gerechten Umgang miteinander, sondern Schimpansen verspüren auch Schuld. Sie versuchen deshalb, »soziale Vergehen« wiedergutzumachen. Moral ist für sie keine Rechnung mit diversen Unbekannten, sondern eine einfache Sache. Bei ungerechter Behandlung oder vorsätzlicher Enttäuschung folgt kurzerhand Entrüstung und Empörung.

Ein Beispiel aus dem Jahre 1928. Der Forscher Eduard Tinkelpaugh hatte mit Makaken und Schimpansen eine Versuchsreihe durchgeführt. Der Aufbau war einfach. Tinkelpaugh nahm eine Banane und legte sie in einen Behälter, während das Versuchstier zuschaute, aber nicht zugreifen konnte. Für einen kurzen Moment wurde sodann eine Sichtblende zwischen Kandidat und Futter geschoben und nach einer kurzen Weile wieder entfernt. Schwuppdiwupp, schon konnte der Affe hinlangen. War die erwartete Banane da, war die Welt in Ordnung. Hatte Tinkelpaugh hingegen die kurze Zeit genutzt, um die Banane gegen einen Salat auszutauschen, war der Kandidat entweder ziemlich wütend oder reichlich verwirrt.

Moral und Schuldgefühle sind keine spezifischen Eigenschaften des *Homo sapiens*, wohl aber können sie beim Menschen auf verschiedenste Weise eingeklagt werden. Anders als bei unseren nahen Verwandten geht es dabei bis vor den Kadi. Vielfach ist moralische Schuld vom Grad der Beziehung abhängig. Beispielsweise fühlt man sich beim Bruch eines Versprechens gegenüber einem Fremden nicht besonders gut. Noch mulmiger wird die Angelegenheit gegenüber Freunden und Bekannten. Und am stärksten werden wir von Schuldgefühlen heimgesucht, sofern wir uns gegenüber einer geliebten Person illoyal verhalten.

Ausschlaggebend ist unsere eigene Erwartung im umgekehrten Falle. Sie beruht auf einem Geben und Nehmen. Wobei stets mehr von einer geliebten Person erwartet wird als von einem Unbekannten. Wir vertrauen auf diesen Austausch. Das, was wir schenken, was wir austauschen, basiert dabei allemal auf Vertrauen. Es ist das *hau* der getauschten Gefühle. Das Wichtige: Es ist ein *Tausch* der Gefühle, keineswegs ein einseitiges Geben.

KAPITEL 8

EIFERSUCHT:
INDIZ FÜR BINDUNG UND GEFÜHL

Sebastian (32) erinnert sich: »Ich war mächtig verknallt. Hin und weg. Unsere Liebschaft dauerte circa fünf Monate. Plötzlich wurde die Beziehung von Mariannes (29) Seite auf Sparflamme gekocht. Sie erzählte mir dann, sie hätte noch Gefühle für einen anderen. Ich wurde aus der Sache nicht schlau. Auf meine SMS und Telefonanrufe wurde normalerweise immer sofort geantwortet, jetzt dauerte es. Eines Abends telefonierten wir und es kam zu einem Treffen. Gleich bei mir an der Ecke. Da kam Sie in Begleitung eines Mannes. Ich war echt baff. Kaum hatte mir Marianne diesen »Herrn« vorgestellt, kam er schon in Fahrt. »Du hörst sofort mit den SMS auf, sonst ...« Dabei machte er mit dem Zeigefinger den Kehlenschnitt. Sie stand daneben und versuchte beruhigend auf ihn einzuwirken.« Auf Nachfrage, was danach geworden ist: »Für mich ist sie gestorben, hat mich ja sozusagen ins Messer laufen lassen. Und irgendwie muss ihr das ja gefallen haben. Jedenfalls sind sie ein Paar.«

Marianne hat ihre beiden Verehrer in den Ring geschickt. Vielleicht noch nicht einmal bewusst. Sie wollte wissen, wer sich mehr ins Zeug legt. Der Gewinner war der Gewinner ihres Herzens. Der Eifersuchtsanfall des neuen Mannes hat ihr imponiert. Warum? Weil eine derartige Entschlossenheit als Liebesbeweis gewertet werden kann. Sie beweist zudem Kühnheit und Kampfbereitschaft, der Angreifer war nämlich einen Kopf klei-

108

ner als Sebastian. Im umgekehrten Fall würde ein Mann sich geschmeichelt fühlen. Möglich ist es, aber unwahrscheinlich. Eifersucht und die Reaktion darauf sind geschlechtsspezifischer Art.

Dazu ein Gedankenexperiment. »Denken Sie an eine wichtige intime Beziehung, die Sie gerade haben oder einmal hatten. Stellen Sie sich nun vor, Ihr Partner beginne sich für jemand anderen zu interessieren. Was würde Sie mehr aufregen oder quälen: (a) zu entdecken, dass Ihr Partner eine tiefe emotionale Verbindung mit jemand anderem aufbaut und Vertraulichkeiten austauscht? Oder: (b) zu entdecken, dass Ihr Partner leidenschaftlichen Sex mit einer anderen Person hat und dabei Stellungen ausprobiert, von denen Sie nur geträumt hatten? Natürlich sind beide Situationen unerfreulich. Aber welche nimmt Sie mehr mit?«[96]

Frauen antworten auf diese Frage anders als Männer. Das überrascht niemanden, oder? Für die meisten Frauen ist die emotionale Untreue weit schlimmer als ein sexuelles Abenteuer. Die Mehrheit der Männer reagiert anders. Sie interessieren Gefühle bei einem Seitensprung weit weniger. Was sie mehr aufbringt, ist die Vorstellung, ihren Liebling in sexueller Aktion mit einem anderen zu wissen.

Für Buss war das Ergebnis ebenfalls nicht überraschend. Der texanische Evolutionspsychologe hatte diese und weitere Fragen in den USA, in Deutschland, Japan, Korea, in den Niederlanden und in Simbabwe gestellt. Überall das gleiche Resultat, was später auch in China und Japan bestätigt werden konnte.[97] Männer und Frauen empfinden und beurteilen das Fremdgehen des Partners verschieden. Des Rätsels Lösung ist für Buss evident. Es ist die unterschiedliche evolutionäre Entwicklung von Mann und Frau, mithin ihre biologische Prägung. Wer geboren hat, weiß: »Ich bin die Mutter des Kindes«, und versucht es großzubekommen. Wenn irgend möglich, mit der Hilfe des Vaters.[98] Der wiederum ist ebenfalls an der Versorgung des Nachwuchses interessiert. Seiner Vaterschaft kann er sich aber niemals völlig sicher sein. Das ist der Stoff, aus dem die Eifersucht gemacht ist.

Gewalttätige Eifersucht

Zu Eifersuchtsanfällen kommt es jeden Tag, überall auf der Welt. Sie führen zu Liebesentzug, verbalen Drohungen, Wutausbrüchen und körperlicher Gewalt. Östlich der Rocky Mountains wurde einst treulosen Indianerfrauen die Nase abgeschnitten. War kein Messer zur Hand, dann eben abgebissen. Bei den Creeks (heutiges Florida) waren es die Ohren, wobei Ehebruch nichts mit Sex zu tun haben musste. Es reichte, wenn ein Mann von einer verheirateten Frau Wasser nahm, welches sie just in einem Krug nach Hause trug. War die Schönheit der Gattin zerstört, waren künftige Verlockungen dahin.[99] Umgekehrt ging es ebenso drastisch zu. Nahm sich der Mann eine andere, erhängte sich die eine oder andere Indianerfrau oder stürzte sich mit ihrem Kind in den Mississippi.[100]

Eifersüchtige haben auch getötet oder töten lassen. Heutzutage soll jeder fünfte Mörder aus Eifersucht gehandelt haben. In der westlichen Gesellschaft schlagen oder ermorden Männer weit häufiger ihre Freundinnen oder Ehefrauen als den Nebenbuhler.[101] Geht es um mörderische Wutausbrüche, stehen Männer, deren Ehefrauen jung sind, an erster Stelle. Das gilt weltweit und ist vollkommen unabhängig vom Alter des Mannes.[102]

Im Februar 2009 ersticht ein 51-Jähriger seine Ehefrau und seine 10-jährige Tochter. Gleich darauf tötet er sich selbst. Nach Ermittlungen der Staatsanwaltschaft hatte sich die 39-Jährige

Frau von ihrem Mann trennen wollen, wohl weil sie zuvor ihren Jugendfreund wiedergetroffen hatte. Seinen Selbstmord soll der Mann angekündigt, von den Trennungsplänen schon seit Längerem gewusst haben. Zurück bleibt eine 15-Jährige Stieftochter, die ihre Familie tot aufgefunden hat.[103]

Einige Monate zuvor, im 1. September 2008, trennte sich eine 38-Jährige in Bremen von ihrem Mann. Sie zieht aus der gemeinsamen Wohnung aus. Vier Wochen später kehrt sie frühmorgens zurück, um noch ein paar Sachen zu holen. Gegen 9.15 Uhr ist sie tot. Der Pathologe zählt bei der Obduktion 24 Messerstiche. Wenige Monate später steht der 55 Jahre alte Ehemann wegen Mordes vor Gericht und sagt unter anderem aus, sie habe sich von anderen anfassen lassen: »Das kann ich auf den Tod nicht ab.«

Bei der Verhaftung hatte der Angeklagte zunächst ausgesagt, er habe ein Messer und einen Knüppel bereitgelegt beziehungsweise versteckt. Für den Fall, die 38-Jährige wolle nicht zu ihm zurückkehren. Dann nämlich hätte er sie zunächst mit dem Knüppel niedergeschlagen und zugestochen, sofern sie geschrien hätte. Nun vor dem Richter beteuert er, die Tat nicht geplant zu haben.[104]

Die brutalen Morde aus Eifersucht sind von rasender, blinder Wut begleitet, von individuellen psychischen Grundbedingungen einmal abgesehen. Der drohende Verlust der Partnerin wird zur persönlichen Bedrohung. Warum? Weil all das, was investiert wurde, für die Katz ist, Gefühle ebenso wie jedwede materielle Investition. Das ist ein wichtiger Aspekt der Eifersucht, aber längst nicht alles. Es kommt ein viel bedeutenderer Aspekt hinzu, der sich im Satz des 55-jährigen Mannes bemerkbar macht: »Das kann ich auf den Tod nicht ab.« Womit ja körperliche Berührungen gemeint waren.

Ein Mann, der Derartiges zulässt, riskiert sexuelle Untreue, und nicht bloß das. Denn ein Seitensprung hat für den Mann erhebliche Folgen. Seine Vaterschaft stände auf unsicheren Füßen. Möglicherweise würde er in Kinder investieren, die nicht seine eigenen sind. Doch seine materiellen und zeitlichen Ressourcen sind begrenzt. Er hat nichts zu vergeuden und nur dieses Leben. Ein Mann tut also gut daran, auf seine Partnerin achtzugeben, um sicherzugehen: Das sind meine Kinder!

Männer bewachen Frauen sogar. Je jünger die Frauen, umso intensiver. Eine Ehefrau von Mitte bis Ende 30 wird deutlich weniger bewacht als eine von Anfang bis Mitte 20.[105] Das macht durchaus Sinn. Je jünger eine Frau ist, desto größer ist die Wahrscheinlichkeit, von anderen Männern ebenfalls begehrt zu werden. Weibliche Jugendlichkeit und sexuelle Attraktivität sind durchaus synonym. Mit zunehmendem Alter verliert eine Frau an Sex-Appeal, mag sie auch noch so knackig erscheinen. Der Schlüssel für diesen tendenziellen Fall der sexuellen Attraktivitätsrate ist mehr als simpel: Eine junge Frau ist weitaus fertiler (fruchtbarer) als eine ältere. Schwangerschaft stellt sich bei einer 20-Jährigen ungleich schneller ein als bei einer 30-Jährigen. Geht es auf die 40 zu, wird es immer schwieriger.

Bei den Kipsigis in Kenia besteht der Brautpreis aus einer bestimmten Anzahl von Kühen, Ziegen, Schafen und Kenia-Shilling. Je höher der Fortpflanzungswert der Braut, desto höher der Brautpreis. Ältere Frauen haben generell einen niedrigeren Brautpreis. Das Alter und der Gesundheitszustand der Frau sind auch bei den Turu in Tansania von Bedeutung. Im Fall einer Scheidung muss etwa der Brautpreis nur teilweise zurückgezahlt werden, sofern die Geschiedene schon älter ist. Die Rückerstattungshöhe richtet sich danach, wie viele gebärfähige Jahre noch anstehen. Die Sebei in Uganda sehen das genauso. Für junge Witwen wird weit mehr bezahlt als für alte.[106]

Logik der Bewachung

Männliche Eifersucht hat aber noch eine weitere Wurzel: Wer Untreue bei seiner Partnerin hinnimmt, verringert seinen eigenen Reproduktionserfolg erheblich. Ein Grund, weshalb viele Säugetiere ihre Weibchen Tag und Nacht bewachen und sogar das Risiko eingehen, bei der Bewachung draufzugehen. Ein Pavian- oder ein Seelöwenmann verteidigt seine Weibchen bis aufs Blut. Jeder tierische Vater, der ein Weibchen oder einen ganzen Harem bewacht, will sichergehen: Das sind meine Jungen! Und er will so viele Jungen wie irgend möglich zeugen. Die Kombination von Überwachen und Zeugen ist die optimalste Strategie, damit seine Gene eine Zukunft haben.

In Eifersucht steckt unzweifelhaft eine genetische Logik. Sie hat sich von einer Generation auf die nächste fortgepflanzt. Millionen von Jahren ist es her, da hat ein Mann eifersüchtig über Twiggy gewacht. Seine Chancen auf Nachwuchs waren damit weitaus höher als die seines unaufmerksamen Geschlechtsgenossen. Dessen Gefährtin schlug sich mit dem erstbesten Gigolo in die Büsche. Vielleicht auf Nimmerwiedersehen, oder eben weil er besser auf sie aufpasste. Die Möglichkeit, dass wir von einem eifersüchtigen Altvorderen abstammen, ist weitaus größer, als von einem, der keinen Bewacherinstinkt besaß oder sich auf gut Glück mit dem einen oder anderen Weib eines anderen vergnügte.

In diesem Sinne war Eifersucht überlebenswichtig und verlangte sogar nach einer ordentlichen Portion Adrenalin. Wer verteidigt, muss Kampfeswillen haben. Ohne Einsatz kein Gewinn. Das ist der Ursprung von Wut und Rage, sobald sexuelle Untreue droht. Eifersucht ist keineswegs ein Liebesbeweis, vielmehr ein Beweis der sexuellen Inanspruchnahme. Dieses Vermächtnis endet nicht im 21. Jahrhundert, weil der Intellekt Eifersuchtsanfälle untersagt oder weil sich Männer freiwillig sterilisieren lassen. Das emotionale Erbe lässt sich nicht abschütteln wie eine lästige Fliege. Es kann höchstens in erträgliche Bahnen gelenkt werden. Dass es nicht radikal und immer gelingt, hat vielleicht mit seiner ursprünglichen und manifesten Sinnhaftigkeit zu tun.

Es geht hier auf keinen Fall um die Verteidigung oder Rechtfertigung von Eifersuchtsattacken. Allein der Ursprung soll erklärt werden.

Männer haben zu allen Zeiten eifersüchtig über ihre Frauen gewacht. Um präziser zu sein: Sie haben über ihre Vagina und was sie damit taten gewacht. Ausgeklügelte Überwachungsstrategien sind entstanden. Wozu übrigens der Keuschheitsgürtel nicht gehört. Entgegen allen Behauptungen und Abbildungen wurde der eiserne Treuepanzer nie getragen.[107] Wahr ist hingegen: Kastrierte Männer bewachten Haremsfrauen, Anstandsdamen begleiteten adlige Damen.

Selbst Körperverstümmelungen oder verrückte Frauenmode wurden begrüßt, sofern sexuelle Eskapaden und Ambitionen damit vereitelt oder erschwert wurden. Abermillionen verkrüppelter Füße sind dafür Beleg. Sie gehörten chinesischen Frauen, von Müttern[108] gebunden im Kindesalter, bis die Knöchelchen brachen. Wer im Erwachsenenalter die kleinsten Füße besaß, hatte die begehrten Lilienfüße, konnte dafür aber nicht mehr laufen und musste getragen werden. Dagegen waren Chopinen modischer Unsinn, erfüllten aber den gleichen Zweck. Es waren Stelzschuhe, die bei den vornehmen und modebewussten Venezianerinnen Höhen von einer halben Elle und mehr erreichten. Ehefrauen mußten mit diesem Schuhwerk langsam gehen oder sie mussten von Dienerinnen gestützt werden. Gelegenheiten, ungesehen zum Stelldichein zu gelangen, tendierten gegen null. In dem einen wie in dem anderen Fall galt: Wer nicht schnell laufen kann, der kann auch nicht mal eben rasch verschwinden oder herbeieilen.

Die sexuelle Kontrolle hat über die Jahrhunderte ungeahnte Formen angenommen, bizarre ebenso wie brutale. Zu ihnen gehören ohne Frage auch die Verbannung der Frauen ins Haus, die Verschleierung sowie die barbarische Genitalbeschneidung.[109] Methoden, die sich für die Bewacher allemal bewährt haben. Nur deshalb werden sie noch immer gepflegt.

Es geht auch anders

Männliche Eifersucht ist also eine in der Evolution entstandene Taktik, um bei Frauen Fremdbefruchtungen auszuschließen. Handfeste Interessen stehen dahinter, Investitionen – ganz gleich welcher Art – sollen sich lohnen. Ist eine Überwachung nicht möglich und die Vaterschaft nicht gesichert, spielt Eifersucht nicht *die* Rolle und die Investitionsfreudigkeit vonseiten des Mannes sinkt. Das ist in allen Gesellschaften der Fall, in denen sich Männer der Vaterschaft nicht sicher sein können.[110] Ein gutes Beispiel hierfür sind die Mosou im Pamirgebirge. Bei ihnen ist alles ein wenig anders als bei den meisten Völkern. Frauen haben den Familienvorsitz inne, sie sind ökonomisch unabhängig und bestimmen, wo es langgeht. Wird geheiratet – was nicht unbedingt sein muss, zieht der Ehemann zur Familie seiner Frau. Voreheliche Schwangerschaft ist kein Problem, unehelicher Nachwuchs ebenso wenig. Vorhandene Kinder verhindern weder eine Heirat noch stellen sie die weibliche Tugend infrage. Eine eindeutige Vaterschaft steht hingegen im Großen und Ganzen in den Sternen, denn ein Mosou-Mann muss nicht selten seine Geliebte teilen. Zwei Liebhaber, sogenannte *azhus*, sind in aller Regel die Regel. Damit ist es schlagartig aus, sobald geheiratet wurde.

Wenngleich nun ein Mosou-Mann mit Geschenken und seiner Arbeitskraft um seine Geliebte wirbt, versucht er doch stets den Großteil seiner Ressourcen seinen Schwestern zuzuführen.

Selbst als Verheirateter wird er sie weiterhin begünstigen. Der Grund ist leicht auszumachen. Der Verwandtschaft zu seinen Nichten und Neffen kann er sich zu 100 Prozent sicher sein. 25 Prozent der Gene hat er mit ihnen gemein. Daran gibt es nichts zu rütteln. Anders sieht es mit seinen eigenen – vermeintlichen – Kindern aus. Niemand kann ihm 100-prozentig garantieren, ob sie sein Fleisch und Blut sind.

Das alles, inklusive der Lebensorganisation, hat Konsequenzen auch und gerade hinsichtlich starker Gefühle. Junge Mosous nehmen Liebschaften und Trennungen nicht allzu tragisch, vielmehr sind sie ein alltägliches Phänomen. Liebesleid gibt es nicht oder wird nicht gezeigt. Auf jeden Fall liegt man dem Partner »nicht mit Bitten oder Vorwürfen in den Ohren«. Große Liebesdramen sind unbekannt und Eifersuchtsanfälle sehr selten, da emotionale Bedürfnisse in der mütterlichen Familie ausgelebt werden.

Ein Beispiel. Eines Tages gibt eine Frau ihrem *azhu* den unwiderruflichen Laufpass: »Ich bin alt geworden und will keinen *azhu* mehr. Geh anderswo suchen!« Das war es nach fast 40 Jahren und drei gemeinsamen Kindern. Mehr musste die 71-Jährige ihrem Partner nicht erklären. Baff erstaunt war eine Anthropologin, die von diesem Abschied erfuhr. Mit westlichem Blick und westlichen Gefühlen ausgestattet, konnte sie das Vorgehen nicht nachvollziehen, hakte nach und bekam zu hören: »Wir Mosou sind nicht wie ihr Christen. Wenn wir alt werden, so sind wir nur mit unserem eigenen Fleisch und Blut vertraut. Wir brauchen keinen Gefährten.«[111]

Unterschiedliche Strategien

Eine Mosou-Frau verliebt sich, will umworben werden und sehen, dass der Mann es ernst meint. Um ihre Kinder großzubekommen, braucht sie ihn nicht. Ein Mosou-Mann wiederum verguckt sich ebenfalls und versucht ein begehrter *azhu* zu sein, am besten der einzige seiner Auserwählten. Er möchte, ebenso wie sie, viele Kinder. Mit Geschenken und seiner Arbeitskraft versucht er ihr zu gefallen und eine Bindung mit ihrer Familie einzugehen. Aber letztendlich zählt seine eigene Sippe mehr. In sie investiert er, weil seine Vaterschaft viel zu unsicher ist. Zu ihr kehrt er zurück, wenn es mit seiner Geliebten oder Frau[112] nicht mehr läuft.

Mosou-Frauen haben einen Weg gefunden, Kinder ohne Männer großzuziehen. Ein gravierender Unterschied zu den allermeisten Kulturen, in denen Frauen sich von eifersüchtigen Männern binden lassen, um *seiner* Kinder willen. Damit nicht genug. Sie selbst verfolgen die gleiche alte Eifersuchtsstrategie, sogar zweigleisig. Einerseits reagieren sie auf Rivalinnen eifersüchtig und andererseits machen sie Männer durch Androhung von Untreue kirre. Das hat ebenfalls mit Nachwuchs zu tun.

Frauen wollen und mussten den Mann über einen längeren Zeitraum an sich binden und zwar so lange, bis die Kinder aus dem Gröbsten raus waren. Diese genetische Logik hat sich ebenfalls irgendwann in Afrika herausgebildet. Nämlich da, wo Kinderaufzucht ohne männlichen Beistand nicht möglich gewesen wäre. Alles, was einer Nebenbuhlerin zugeflossen wäre, hätte weniger für Mutter und Nachwuchs bedeutet.

Weibliche Eifersucht hat von daher ein anderes Motiv. Nicht dem Seitensprung an sich gilt das Hauptaugenmerk, sondern dem Verlust materieller und emotioneller Zuwendung an die Rivalin. Sex ist das eine, emotionale Verstrickung das andere. Wer Gefühle investiert, investiert noch viel mehr. Das wissen Frauen, deshalb fragen sie fast immer, wenn ihr Partner einen Seitensprung gestanden hat: »Liebst du sie?«

Eifersucht ist aber nicht nur ein einfacher egoistischer Über-
lebensschutz hinsichtlich der eigenen Kinder beziehungsweise
Gene, sondern sie gilt als Indiz für die Liebesfähigkeit. Ein ei-
fersüchtiger Mann ist ein heißblütiger Mann. Italienern, Spani-
ern oder Südamerikanern wird nachgesagt, sie seien ganz besonders leidenschaftlich. Und, sind sie eifersüchtig? Jawohl, das
sind sie. Sie sehen rot, sobald ihnen ein Nebenbuhler zu nahe
kommt. Sebastians Konkurrent war auch so einer.

Passive Männer gelten hingegen keineswegs als flammende
Liebhaber. Wer sich nicht muckt, wenn Konkurrenz die Arena
betritt, und sich nicht die Bohne um mögliche Rivalen schert,
hat entweder zu wenig Bindungsfähigkeit oder ist von seiner
Freundin, Geliebten oder Ehefrau gelangweilt. Für Frauen gilt
Gleiches. Ein Zuviel an Gleichgültigkeit gegenüber weiblicher
Konkurrenz ist ein Zuwenig an Gefühlen gegenüber dem Part-
ner.

Gänzlicher Mangel an Eifersucht wird als gefährliches Zeichen
einer Partnerschaft verstanden, als eine »Art emotionale Bankrotterklärung«.[113] An der Ernsthaftigkeit der Gefühle wird ge-
zweifelt, sowohl von den Betroffenen als auch von den Außen-
stehenden. Zu Recht, denn eine tragfähige Verbindung braucht
brauchbare Beweise. Eifersucht ist für uns so ein Beweis. Sie
bestätigt das Zusammengehörigkeitsgefühl und den Bindungs-
willen. Mehr noch, Eifersuchtsgefühle führen zu einer Stärkung
der Paarbeziehung.[114]

Frauen nach einem effektiven Mittel befragt, den Partner zu
binden, waren sich einig: Androhung der Untreue. Es genüge
vorzugeben, mit einem Mann auszugehen oder auf einer gemeinsamen Party Interesse an anderen Männern zu zeigen.[115]
Wie harmlos diese kleinen, wohldosierten Eifersuchtsinjektio-
nen auch sein mögen, eine liebende Seele können sie fraglos
auf 180 bringen. Dass es dabei nicht um Liebe geht, sondern

vielmehr um den eigenen Reproduktionswillen, ist für den vermeintlich Gehörnten völlig unerheblich. Für die Liebende, die Untreue androht, ebenfalls. Entscheidend ist nur, dass die Eifersuchtsattacke funktioniert.

KAPITEL 9

ROMANTISCHE LIEBE:
WUNSCH UND WIRKLICHKEIT

Der Stoff, aus dem die Liebe ist, ist kurz mit wenigen Worten beschrieben. Sie ist gerade einmal 14 Jahre, also blutjung. Er nicht viel älter, 17 vielleicht. Beide sind wie füreinander geschaffen. Es kommt, wie es kommen muss, sie verlieben sich, gestehen einander ihre Liebe, schwören ewige Treue. Das Verlangen ist groß, sehr groß. Schon gehorchen ihre Körper allein den Gesetzen der Natur. Das Problem: Dieses Glück darf nicht sein. Sie ist einem anderen versprochen. Was noch dazukommt: Er kommt aus der falschen Familie. Den Liebenden bleibt nur ein Ausweg: der gemeinsame Tod. Und so kommt es, und so endet die Liebe.

Eine tragische Geschichte. Eine Tragödie, um genau zu sein, die von Romeo und Julia. Sie gehört zu den berühmtesten Liebesgeschichten der Welt. Eine, die stets angeführt wird, wenn es um wahre, um romantische Liebe geht. Wir sind von ihr tief berührt, weil bedingungslos geliebt wird, weil zwei Menschen nicht ohne einander sein wollen. Jemand, der wahrhaft liebt, ist jemand, der alles für die Liebe gibt, selbst sein Leben. Doch sind die Beteiligten überhaupt Herr ihrer Situation? Besiegelten die zwei nicht erst durch den Suizid den unsterblichen Mythos ihrer angeblich unsterblichen Liebe?

Betrachten wir die Liebe der beiden Jungendlichen einmal mit nüchternem Menschenverstand. Was geschieht wirklich in dem

Shakespeare-Trauerspiel? Julia Capulet und Romeo Montague verlieben sich ineinander, obgleich ihre Familien bis aufs Blut verfeindet sind. Sie heiraten heimlich, damit Julia nicht dem ihr von den Eltern bestimmten Mann verehelicht werden kann. Noch am selben Tag verbringen sie die Nacht miteinander, ebenfalls heimlich.

Da die Liebe der beiden durch Fehde und ein anderweitig gegebenes Eheversprechen überschattet wird, wird ein Ausweg gesucht. Schließlich sollen die Eltern und der von ihnen bereits bestimmte Bräutigam getäuscht werden. Julia versetzt sich durch einen Kräutertrunk in einen todesähnlichen Zustand. Von all dem ahnt Romeo nichts. Er hört vielmehr von Julias Tod und eilt zur Gruft der Capulets. Dort liegt sie aufgebahrt, wie tot. Von Liebesschmerz überwältigt, vergiftet sich Romeo auf der Stelle. Kaum ist dies geschehen, erwacht Julia und erblickt ihren toten Geliebten neben sich. Ohne langes Zögern ergreift sie seinen Dolch und tötet sich ebenfalls.

Haben sich die beiden vorsätzlich zum Tod entschlossen, weil ihnen ihre Familien keinen Ausweg mehr ließen? Ein eindeutiges Nein. Romeo tötete sich nur, weil er glaubte, Julia sei tot. Beide töteten sich, das ist wohl wahr, weil sie *glaubten*, ohne den anderen nicht leben zu können. Das war ihnen in der Tat unerträglich.

Wäre nicht die Verquickung unglücklicher Umstände gewesen, hätten sich die beiden nicht getötet. Aus ihrer Leidenschaft füreinander wäre langweilige Zweisamkeit geworden. Mit Sicherheit, denn ihre Liebe war gerade erblüht und sie waren jung. Julia war ein Mädchen, gerade einmal ein angehender Teenager, und Romeo ein 17-jähriger Draufgänger. Als er sich in sie verliebte, wurde seine vorherige Geliebte kaltblütig von ihm abserviert. Das ging uns nicht ans Herz. Der Tod der zwei schon, wie irrwitzig er auch sein mag.

Liebe bis in den Tod

Die Marotte, romantische Liebe sei Liebe bis in den Tod, haben wir mit den Japanern gemein. Sie lieben Liebesgeschichten, die mit dem Tod enden. Jedenfalls war dies noch vor einiger Zeit der Fall. Bei uns mussten über viele Jahrzehnte Liebesfilme mit einem Kuss der Protagonisten aufhören, die japanischen Pendants endeten hingegen mit Suizid. Wenn nicht beide, so starb doch zumindest einer der beiden Liebenden. Nur in einem waren sich die Anhänger von Liebesfilmen in West und Ost einig: Ein guter Liebesfilm ist nur einer, bei dem man weinen muss.

Mittlerweile sind auch in Japan westliche Happy Ends en vogue, und sei es solche à la Titanic. Doch Selbstmorde aus Liebe haben in Japan eine lange Tradition, sie sind mindestens seit dem 17. Jahrhundert belegt und vielerorts beschrieben. Ein Dekret von 1722 verbot sogar einst die Selbsttötung aus Liebe. Viel ausrichten konnten die Rechtshüter freilich nicht, denn wer tot war, war tot. Nichtsdestoweniger wurde der Körper eines durch Suizid Gestorbenen öffentlich ausgestellt, ganz so, wie man dies bei gewöhnlichen Kriminellen zu tun pflegte. Schlug eine Selbsttötung fehl, dann folgte eine harte Strafe.[116]

Ende der Fünfzigerjahre hatte in ganz Japan die tragische Liebe eines jungen Paares für Aufsehen gesorgt. Alle Gazetten des Landes berichteten darüber. Die Geschichte war ein wirkliches Pendant zu Romeo und Julia, nur war ihr gemeinsamer Suizid klar geplant. Die beiden hatten keinen anderen Ausweg mehr gesehen. Eine Heirat und eine Fortführung ihrer Beziehung wurden ihnen vonseiten der Familien verboten. So begab sich das Paar, das christlichen Glaubens war, an einen verschwiegenen Ort und nahm Gift. Man fand die beiden Seite an Seite. Das Mädchen war wie eine Braut gekleidet und mit Blumen geschmückt und neben den beiden Liebenden lag eine Nachricht: »Wir gehen gemeinsam zum Himmel und heiraten im Angesicht Gottes.«[117]

Nehmen wir einmal an, die beiden hätten mit nüchternem Blick in die statistische Zukunft schauen können, was hätten sie gesehen? Nach etwa 18 Monaten bis drei Jahren wäre ihre hochgradige Leidenschaft füreinander verraucht. Der Alltag wäre in ihre Beziehung eingedrungen. Nach weiteren Jahren wäre einer von beiden oder wären beide fremdgegangen, wenn nicht, so hätten jeder von ihnen doch zumindest einmal ein Auge auf jemand anderen geworfen. Auf jeden Fall wären sie nicht mehr so schnell bereit gewesen, im Namen ihrer Liebe zu sterben. Das ist ganz sicher. »With times things become milder«, wie Königin Elizabeth so schön sagte.

Um es deutlich und klar zu sagen: Diese Liebe ist geprägt durch eine Leidenschaft, die ausschließlich am Anfang einer Verbindung existiert. Im ersten Stadion einer Zweisamkeit befinden wir uns »im Wahn ohne Gleichen«, formuliert unerschrocken der Philosoph Arthur Schopenhauer. Es ist eine Leidenschaft, ein Gefühl, »vermöge dessen ein solcher Verliebter alle Güter der Welt hingeben würde«[118].

Anzeichen der Liebe

Was geschieht, wenn wir uns verlieben? Die Symptome sind bekannt. Wir werden von schwindelerregenden Gefühlen ergriffen, die Gedanken kreisen nur um die geliebte Person, wir trachten danach, ihr nahe zu sein. Alles andere wird sekundär. Verliebte bekommen eine wunderbare Ausstrahlung, Männer können Bäume ausreißen, Frauen zwitschern, was das Zeug hält. Verliebtheit kann man Menschen sogar ansehen.

Bei einer Talkshow im Jahre 2004 traf ich auf den bekannten Pop-Sänger Sasha. Sasha war gerade verliebt, wovon ich jedoch keine Ahnung hatte. Seine Freundin Marta Jandová war es, die einen Auftritt in der Sendung hatte. Da Sasha nicht auf der Liste der Talkshowgäste stand, konnte ich mir seine Anwesenheit nicht erklären, bis ich die beiden zusammen sah. Mir wurde schlagartig und mit absoluter Sicherheit klar: Diese beiden gehören zusammen. Es war die Art, wie sie sich ansahen, es war die Art, wie sie miteinander sprachen. Da war keine intime Berührung zwischen den beiden, und doch ... Sie hatten eine unglaublich Präsenz, eine Unbeschwertheit und Zuversicht, wie sie nur Verliebte ausstrahlen können.

Unlängst las ich in der Zeitung, »Sasha (37) ist nach zehn Monaten Trennung von Rocksängerin Marta Jandová wieder auf der Suche nach einer Freundin«. Den beiden war ich damals ein wenig nähergekommen und wir sprachen auch über ihre Liebe. Gab es Indizien dafür, dass sie nicht füreinander geschaffen waren? Absolut nicht, das Gegenteil war der Fall.

Es geschieht etwas mit Verliebten, und zwar so fühlbar, so eindringlich, dass Außenstehende darüber nicht hinwegsehen können. Liebende hören auf, als einzelne Wesen zu agieren, sie leben in einer abgeschotteten Welt und sind immun gegenüber Kritik an ihrer Beziehung und an ihrem Partner. Jemand, der verliebt ist, idealisiert seinen Partner. Dieses Bild unterscheidet sich von dem, das Außenstehende haben, und wird unter keinen Umständen aufgegeben. Nicht von ungefähr heißt es, Liebe mache blind. Mehr noch, die Liebe wird als etwas Einmaliges, noch nie Dagewesenes gesehen. Was natürlich Blödsinn ist.

Ein Elch hatte sich 1988 in Vermont allem Anschein nach in eine Kuh verliebt. Das liebeskranke Tier verfolgte sein Idol, bis es irgendwann »klick« machte. Da waren bereits 76 erfolglose lange Tage vergangen, bis er endlich seine Flirtsignale aufgab. Anderer Ort, anderes Tier: 2006. Ein Trauerschwan auf dem Aasee in Münster verfolgt unermüdlich ein Tretboot in Schwanenform. Untrüglich für jeden, die Liebessehnsucht gilt allein dem riesigen Plastikvogel. Artgenossen werden keines Blickes gewürdigt. Nur als das Tretboot für den Winter verstaut wird, tröstet sich der Liebeskranke mit einer Artgenossin. Doch kaum taucht die Geliebte aus dem Winterschlaf wieder auf, gibt es kein Halten mehr.

Zuneigung ohne Grenzen

Solcherart Liebesverirrungen gibt es auch zwischen Menschen. Und die Rede ist nicht von jenen, die sich ernsthaft an Marmorstatuen[119] »vergehen« oder die mit Gummipuppen ins Bett gehen. Es geht beispielsweise um ältere Männer, die sich für ein junges Ding zum Hampelmann machen, oder um Opfer von Heiratsschwindlern. Ein Kasus letzterer Couleur wurde im März 2009 vor Gericht verhandelt. Der 44-jährige Gigolo Helg Sgarbi wurde zu sechs Jahren Gefängnis verurteilt. Er hatte mehrere wohlhabende Frauen um den Finger gewickelt, um an ihre Millionen zu kommen.

Die Zuneigung der Frauen kannte keine Grenzen. Zwei von ihnen nahmen Kredite in Höhe von 380 000 beziehungsweise 1,5 Millionen Euro auf. Eine andere übergab ihm 7 Millionen in einer Hoteltiefgarage, um ihn aus einer »verzweifelten Lage« zu retten. Der Dolmetscher Sgarbi, der sich diplomatisch gab, war nicht nur sprachbegabt. Das Kunststück in der Tiefgarage war ihm nach nur einem Monat Bekanntschaft gelungen.[120]

Helg Sgarbi ist schmächtig, eher unauffällig, kein James-Bond-Typ, er sieht auch nicht aus wie George Clooney oder Brad Pitt. Reporter verkünden, er könne charmant lächeln und sprechen, Menschen auf die stille Art gewinnen. Sie vergessen eines, das wichtigste, seine außerordentliche Gabe: Er kann das »Blaue vom Himmel lügen«, mit seinem Mund und mit seinem Körper.

Die 46-Jährige, die dem Gigolo auf die Schliche kam und ihn anzeigte, kann sich sicher nicht erklären, was mit ihr geschah. Nach nur vier Wochen Bekanntschaft vertraute sie ihm nicht nur 7 Millionen Euro an. Der begnadete Lügner hatte sie mit allen Mitteln der Kunst verführt und das Liebesspiel sogar gefilmt. Und hier haben wir den Schlüssel zur Verblendung. Sie hatte sich verliebt, ihm vertraut. Das ist ein unermesslicher Bonus für das, was kam.

Wenn die Besessenheit, das Hingezogensein, die Ekstase vorbei ist, stellen nicht nur offensichtlich geprellte Liebende ernüchtert fest: »Ich kann es mir nicht erklären, echt nicht.« »Ach hör mir von der auf!« »Keine Ahnung, was mit mir los war.« Dies sind Antworten von Männern und Frauen zwischen 27 und 38 Jahren, von klugen Menschen, teilweise mit akademischem Hintergrund, die im spezifischen Fall »alles taten«. Sie waren schließlich verliebt, »richtig verliebt«, wie sie betonen, aber inzwischen ist das vorbei und sie haben eine neue Liebe gefunden. Diesmal ist es die oder der Richtige, daran glauben sie ganz fest.

Neue Liebe, neue Euphorie

Michael Liebowitz, Wissenschaftler an der Columbia University, erklärt bereits 1983 in seinem Buch *The Chemistry of Love*, der Zustand der Liebe und des Verliebtseins wirke wie ein Drogencocktail. Der hervorgerufene Zustand in unserem Gehirn sei ähnlich euphorisierend und verklärend, wie er durch bestimmte Medikamente oder Drogen hervorgerufen werden könne. Bestimmte Reaktionsweisen sind vergleichbar mit den Wirkungen von Valium (Tranquilizer) sowie Opium und Heroin (Narkotika).

Im menschlichen Körper wurden bislang circa 40 verschiedene Stoffe nachgewiesen, die sowohl Einfluss auf unser zentrales Nervensystem als auch auf periphere Nerven haben. Nicht alle haben einen heißen Draht zu unseren Liebesempfindungen. Dennoch: Einige sind ganz entscheidend, etwa das Dopamin. Bei Verliebten ist der Dopaminspiegel[121] höher als bei Otto Normalverbraucher. Das hat Auswirkungen auf den Gemütszustand, es dominieren Hochgefühle. Fällt der Dopaminspiegel, etwa weil die geliebte Person sich entzieht, rauschen die Gefühle in den Keller.

Ich bin kein Fachmann auf diesem Gebiet. Nur so viel: Drogen und Hormone verändern Bewusstseinszustände, das weiß ein jeder aus seinen Alltagsbeobachtungen. Zum Beispiel verändern Alkohol oder Valium die seelische Verfassung und die Wahrnehmung. Hormongaben wiederum führen zu Körperveränderungen und veränderten Körperempfindungen.

In der Verliebtheit wiederum werden nachgewiesenermaßen bestimmte chemische Signalsubstanzen (Transmitterstoffe) freigesetzt, wodurch sich Verliebte mit Sicherheit in einem anderen Seelenzustand befinden. Das führt zu erheblichen Veränderungen, etwa zu einem verbesserten Körpergefühl, einer positiveren Grundeinstellung und zu einem anderen Körpergeruch.

Die Psychologen Roy Baumeister und Sara Wotman sind sich sicher, Liebe könne mit einer machtvollen Droge verglichen werden, die Menschen in einen außergewöhnlichen ekstatischen Zustand versetze und dabei das Verhalten vorgebe. Aber wie viele dieser Drogen hielte auch die Liebe die Möglichkeit von Schmerz und Elend bereit.[122] Tatsächlich vermögen uns Liebesgefühle unermesslich stark zu beeinflussen. Wie aber ist es möglich, dass uns andere Dinge kaum oder gar nicht berühren? Weil Gefühle wie Drogen wirken oder weil Drogen Gefühle steuern? Tatsächlich liegt die Antwort auf der Hand: Es scheint der chemische Cocktail in unserem Kopf zu sein.

Unwiderstehliche Reize

Wir kennen es aus dem Tierreich, wo der eine den anderen betört. Ein Rüde ist nicht mehr zu stoppen, sobald er eine läufige Hündin riecht. Sogar unter verschiedenen Arten ist dies möglich. Ameisen fallen etwa auf die Raupen des Schmetterlings *Thisbe irenea* herein, nur weil sie im Kopf ein Geräusch erzeugen. Hört eine Ameise dies, kommt sie im Eiltempo angeflitzt und angekommen, gibt's einen flüchtigen Zaubertrank. Das war es, ab sofort ist die Ameise hochaggressiv – mehr als sonst üblich – und spitzt ihre Säure auf alles, was sich der Raupe nähert. Ein paar Tage wird sie die Raupe als Leibwächter begleiten und berauscht, wie sie ist, ihr niemals etwas tun.

Kuckuckskinder können etwa Ähnliches. Sie versetzen ihre Pflegeeltern mit ihrem aufgerissenen Schnabel in Fütterungsalarm. Sehen die Altvögel den roten Rachen, können sie nicht anders, sie müssen füttern. Das geht so weit, dass eine Heckenbraunelle, die just auf dem Flug zu ihren eigenen kleinen Heckenbraunellenkindern ist und aus dem Augenwinkel einen aufgerissenen Kuckucksrachen sieht, umgeleitet wird. Sie fliegt das fremde, viel zu große Junge an und füttert!

Richard Dawkins spricht in diesem Zusammenhang von einem machtvollen »drogenähnlichen Superstimulus« und führt aus: »Sein Nervensystem wird getäuscht, und zwar so unwiderstehlich, als sei er ein hilfloser Drogenabhängiger oder als sei der Kuckuck ein Wissenschaftler, der Elektroden in sein Gehirn stöpselt.«[123]

Wir sind keine Hunde, Ameisen oder Heckenbraunellen, keine Frage, aber für mich besteht kein Zweifel, bei Frischverliebten muss es so ähnlich ablaufen. Wer liebt, ist wie die Heckenbraunelle, er kann dem, was er sieht, fühlt, hört und riecht, dem geliebten Wesen eben, nicht widerstehen, er befindet sich »im Wahn ohne Gleichen«.

Warum verlieben wir uns? Nüchtern, sachlich, weil es die Natur, unsere Gene so wollen. Warum verlieben wir uns speziell in einen bestimmten Menschen? Die Forschung kann darauf keine Antwort geben. Nur: Es müssen eine Unzahl von Faktoren zusammenkommen, damit sich zwei Menschen ineinander verlieben, einige können wissenschaftlich benannt werden und maßgeblich sein, andere sind im hohen Grade von der Biografie abhängig und Psychologen glauben, sie erkennen zu können. Dann wären da noch die kulturellen Prägungen und schließlich irgendein Rest, der niemals dingfest gemacht werden kann. Ein unerklärlicher Teil, der aber zugleich auch das gewisse Etwas ist. Er unterscheidet den eineiigen Zwilling A vom anderen eineiigen Zwilling B und bringt einen speziellen Menschen dazu, sich in A und nicht in B zu verlieben.

Ein 38-jähriger Philologe chattet in einem Forum und sucht nach einer neuen Frau. Er lernt eine attraktive Tierärztin kennen. Nach eingehendem Hin und Her und diversen Telefonaten ist klar: Die beiden wollen mehr. Er ist bereits in sie verliebt, sie ebenso in ihn. Nach dem ersten gemeinsamen Treffen, »das alle, aber auch alle Hoffnungen und Wünsche erfüllte und übertraf«, erklärt der Verliebte: »Die oder keine! Wir haben auch schon übers Heiraten gesprochen.« Drei Wochen später werden die Eltern vom Vorhaben informiert, das Standesamt für die Papiere aufgesucht. Es soll geheiratet werden. Das One-Way-Ticket der Liebe, der Trauschein muss her, etwas anderes ist nicht mehr möglich.

Es geht alles schwindelerregend schnell, weil schwindelerregende Gefühle im Spiel sind. Es scheint, als habe der Verliebte eine gehörige Dosis Amphetamin bekommen, er wirkt aufgekratzt. Seine Voraussetzungen sich zu verlieben waren günstig. Er wollte eine Neue. Er stieß auf eine Frau, die ebenfalls jemanden suchte, schon lange. Sie ist klug, sieht gut aus und suchte einen Klugen mit Stil und Einfühlungsvermögen, einen, der zuhören kann, der Einsatz zeigt. Alles passte.

Berauschende Düfte

Als Geruchsexpertin kann ich nur hinzufügen, es hätte nicht geklappt, wenn einer von beiden den falschen Körpergeruch gehabt hätte. Wenn wir uns verlieben, ist der Geruch *eine* der vielen Zahlen, die zum Zahlencode dazugehören, um das Tor zum Liebesparadies zu öffnen. Da sind wir wie die Tiere. Eine Frau muss den Geruch des Mannes mögen, besonders den der Achsel. Es gibt keinen Mann auf der Welt, der sich in eine Frau verliebt, deren Intimgeruch ihm nicht behagt.

Es gab einen Vorlauf bei dem Philologen und der Tierärztin, das ist nicht zu leugnen. Gerüche spielten zunächst keine Rolle. Sie haben sich vielmehr heißge*chattet*, dann miteinander telefoniert, Stunde um Stunde um Stunde. Sie haben sich verliebt geredet. Ihr Gehirn wurde durch das, was sie sich anvertrauten, sich mitteilten, umprogrammiert. Aber dann bei der Begegnung nahm der Geruchssinn das Zepter in der Hand: Je näher wir uns kommen, desto entschiedener sagt uns die Nase, wo es langgeht. Sie entscheidet über die sexuelle Leidenschaft.[124] Das hat Gründe.

Wir alle besitzen einen ererbten Körpergeruch, ebenso haben wir geerbt, welche Körpergerüche wir präferieren. Unser Körpergeruch ist wie ein Fingerabdruck, einmalig auf der Welt. Eineiige Zwillinge unterscheiden sich darin kaum, aber sie unterscheiden sich. Ein trainierter Schweißhund kann sie auseinanderhalten, zukünftige Genspezialisten vielleicht auch.

Passen nun wiederum die genetischen Geruchsprofile von Mann und Frau ganz und gar nicht zusammen, erfüllt sich der Kinderwunsch mit aller Wahrscheinlichkeit nicht. Das ist das eine. Das andere: Sexuelle Gerüche haben es in sich. Sie bringen zum Träumen, Schwärmen und tragen zur Beschleunigung der Erregung sowie Erektion bei. Ich vermute einmal, dass es keine Verliebte, keinen Verliebten gibt, der noch niemals versonnen an einem Kleidungsstück der geliebten Person geschnüffelt hat, und nicht nur das ...[125]

Wie uns Körpergerüche leiten können, zeigt sich in einer Unzahl von Experimenten. Frauen setzen sich vermehrt auf einen Stuhl, der mit einer Substanz aus der Achsel eines Mannes präpariert wurde. Männer meiden hingegen ebendiesen Stuhl. Frauen beeinflussen sich gegenseitig mit ihrem Achselgeruch, die Folge: Sie gleichen ihren Menstruationsthymus an. Frauen, die das Klimakterium hinter sich haben und längst nicht mehr so schön duften wie in jungen Jahren, wirken anziehender, wenn ihnen der Duft von 20-jährigen Geschlechtsgenossinnen appliziert wird. Last but not least, Männer beurteilen die Attraktivität von Frauen anders, sobald sie – ohne dass sie davon die blasseste Ahnung hätten – einen bestimmten Geruchsstoff des menschlichen Vaginalsekretes einatmen. Sie vergeben Bonuspunkte. Die entsprechenden Frauen werden nämlich unter diesen Umständen als attraktiver eingestuft.

Der berauschende Geruch, von dem ich hier schreibe, wird nicht nur von Frauen produziert, auch Tiere können davon ein Liedchen singen. Nimmt ein Rhesusaffenmännchen ihn wahr, kann er nicht anders und schreitet umgehend zur Tat. Dem Ziegenbock ergeht es genauso. Und weil es so ist, wie es ist, nennt sich der Stoff, aus dem die sexuellen Träume sind: Kopuline.

Sind es also die Gerüche allein, die uns an der Nase herumführen und uns besinnungslos verliebt machen? Natürlich nicht, aber sie sind auf keinen Fall zu unterschätzen, denn sie können unseren Hormonhaushalt beeinflussen und der wiederum setzt eine Kaskade von Transmitterstoffen in Bewegung und das, ja das kann uns wirklich verliebt machen. »Kein Wunder, dass Verliebte die ganze Nacht wach bleiben, reden und Zärtlichkeiten austauschen können. Kein Wunder, dass sie so geistesabwesend, so leichtsinnig, so optimistisch, so gesellig, so quicklebendig sind. Natürliche Amphetamine haben sich in den emotionalen Zentren ihres Gehirns angesammelt; das natürliche Rauschmittel macht sie ›high‹.«[126]

KAPITEL 10
LIEBESKUMMER: WAHN OHNE GLEICHEN

»Ich erlebe alles wieder und wieder mit Dir, und selbst im Schlaf komme ich von diesen Erinnerungsbildern nicht los. Ab und an verrät mein Leib in seinen Bewegungen, wie es im Herzen aussieht.«[127] Heloise hat diese Zeilen geschrieben, an ihren geliebten Abaelard. Ihre gemeinsame leidenschaftliche Glut hatte ein jähes Ende gefunden. Unwiederbringlich. Ihr jammervoller Liebeskummer währte lange. Abaelard hatte sie in ein Kloster gesteckt, weil es keinen anderen Ausweg gab. Er selbst wurde wegen dieser Tat kurz darauf entmannt, überlebte und verpflichtete sich ebenfalls Gott. Sie schrieb ihm als Christi Braut, bis er starb, war aber auch unstreitbar seine rechtlich angetraute Frau und hatte ihm einen Sohn geboren.

Das alles trug sich im 12. Jahrhundert zu, aber ihr Liebesschmerz ist in ihren Briefen noch immer fühlbar. Und all jene, die den Briefwechsel zwischen Heloise und Abaelard kennen, sind gerührt von ihrer Liebe. Wer erfährt, dass sich Heloise neben ihrem Gatten bestatten ließ, ist noch tiefer ergriffen. Sie starb 1164 und hatte Abaelard damit um 22 Jahre überlebt. Noch immer liegen ihre Gebeine nebeneinander, in Paris. Auf dem Friedhof Père-Lachaise.[128]

Diese Liebe zeichnet sich durch Kummer aus. Verklärte Gemüter setzen sie deshalb auf den Liebesthron. In Wahrheit bezeugt diese Liebe die Unfähigkeit loszulassen. Es wird an einem Liebesband festgehalten, wo es nichts mehr zu halten gibt. Hätte der Kummer nicht überwunden und zu einem Neuanfang führen *müssen*? Das hätte er. So etwas geschieht jeden Tag, es gehört zum Dasein dazu. Wir – zumindest sehr viele von uns – stammen von Menschen ab, die ebendies getan haben.

Heloise war außerordentlich klug, sehr belesen und sehr gebildet. Sie war erst 17 oder 18 Jahre alt, als sie auf den 38-jährigen streitbaren Philosophen Abaelard trifft und sich in ihn verliebt. Sie ist ganz und gar sein und will nur sein Glück. Die Zeit der heimlichen Liebschaft währt kurz, ein paar Monate, auch nach der Schwangerschaft war wenig Gelegenheit zur Zweisamkeit. Alles in allem kommen wohl eineinhalb Jahre zusammen. Eine Zeit, in der sie keineswegs ständig zusammen waren, die von Anfang an vom Trennungsschmerz überschattet wird und in der Liebeskummer allgegenwärtig ist. An ein gemeinsames Leben war trotz Ehe und Kind nicht zu denken. Die Klostermauern boten Heloise Schutz, auch Hoffnung, die zerrissene Seele zu heilen. Doch letztendlich war das Kloster ein Siechenhaus ihres Liebeskummers und das Nonnendasein ein stetiger Liebesbeweis. Ein Bekenntnis nur für Abaelard. Jeden Tag aufs Neue, mit jedem Brief, dem sie ihm schrieb, über seinen Tod hinaus.

Wer unter Liebeskummer leidet, ist krank. So mancher kann nicht mehr essen, die Lebensfreude ist dahin, die Welt ist grau. Eltern beobachten besorgt ihre Sprösslinge, die sich allem verweigern, weil die Flamme per SMS einfach »Schluss gemacht hat«. Depressive Zustände sind keine Seltenheit, Schlafstörungen treten auf, auch Verhaltensweisen, die an paranoide Zustände erinnern.

Solcherart Seelenpein gibt es überall auf der Welt und ihnen sind keine Altersgrenzen gesetzt. Eine 76-jährige Altenwohnheimbewohnerin verliebt sich in den einzigen Mann auf dem Flur. Der aber, obwohl er ihr den Hof gemacht hatte, macht auch der Pflegerin schöne Augen. Die alte Dame ist mehr als beleidigt, gibt ihm seine Geschenke zurück. Die Canasta-Abende werden gestrichen, ebenso die gemeinsamen Spaziergänge und sie beteuert: »Nie wieder!« Läuft aber mehr als zuvor den Flur auf und ab.

Das finden wir irgendwie normal, aber auch Heloises unermessliche Leidensbereitschaft. Wo aber endet das Normale, wo beginnt das Krankhafte? Das ist schwer zu sagen. Gewiss ist: Alles hat dieselbe Wurzel und manchmal ist die Grenze zwischen dem einen und anderen kaum auszumachen.

Ein Verliebter schreibt an seine Angebetete, die ihn aus triftigen Gründen nicht erhört. Wieder und wieder versucht er, sie zu gewinnen, bis er sich keinen Rat mehr weiß und beschließt, Präsident Ronald Reagan zu erschießen. Ein letzter Brief erreicht die Unerreichbare am 30. März 1981:

Liebe Jodie,

es ist sehr wahrscheinlich, dass ich beim Versuch, Reagan zu ermorden, getötet werde. Deshalb schreibe ich Dir jetzt diesen Brief.

Wie Du schon lange weißt, liebe ich Dich sehr. Während der letzten sieben Monate habe ich Dir Dutzende von Gedichten, Briefen und Nachrichten übermittelt, in der vertrauensvollen Hoffnung, Du könntest Interesse an mir bekunden … Obgleich ich scheu bin, hoffe ich doch sehr, Dich mit meinen vielen Kontakten nicht belastet zu haben …

Jodie, ich würde sofort von der Idee, Reagan zu töten, absehen, wenn ich Dein Herz gewinnen und mit Dir mein restliches Leben verbringen könnte, ob in totaler Verborgenheit oder was auch immer.

*Ich muß zugeben, der Grund, warum ich dieses Attentat ausführen wer-
de, ist, weil ich nicht länger warten kann, Dich zu beeindrucken. Ich
muß etwas tun, um Dir unmißverständlich klarzumachen, daß ich dies
nur für Dich tue. Indem ich meine Freiheit und vielleicht mein Leben
opfere, hoffe ich, Deine Meinung über mich zu ändern. Dieser Brief ist
nur eine Stunde bevor ich zum Hilton Hotel [dort ist Reagan] gehe, geschrieben. Jodie, ich bitte Dich inständig, in Dein Herz zu schauen und
mir wenigstens eine Chance zu geben, mit dieser Tat Deinen Respekt und
Deine Liebe zu gewinnen.*

Ich werde Dich immer lieben

John Hinckley

Hinckley hatte sich in die Schauspielerin Jodie Foster verguckt.
Er bedrängte sie, wollte sie gewinnen. Dies war sein letzter Liebesbeweis.

Das ist sehr extrem, aber in dem krankhaften Vorgang steckt etwas, was wir kennen. Liebende sind in hohem Maße bereit, über
ihre Grenzen zu gehen, um dem anderen einen Beweis ihrer aufrichtigen, wahren Liebe zu liefern. Dabei sind Liebesbeweise ganz
und gar nicht unentbehrlich. Sie sind unbedingt notwendig, weil
sie unter normalen Voraussetzungen in hohem Maße Bindungs-
bereitschaft signalisieren. Konkret: Die geliebte Person wird zum
Lebensmittelpunkt, alle anderen Liebesbeziehungen werden aufgegeben, der Lebenswandel wird verändert, es wird von Heirat
gesprochen, von Kindern, von einer bestimmten Zukunft. Was
für den anderen getan oder unterlassen wird, wird zur eindeutigen Botschaft, die nicht übersehen werden kann. Sie lautet: Sieh
her, ich tue es nur für dich. Du bist es mir wert. Und unter dieser
Voraussetzung sind beide bereit, das Risiko einer Bindung einzugehen und in die gemeinsame Zukunft zu investieren.

Das läuft nicht lautlos ab. Bestimmte Liebesfloskeln werden, ja müssen ausgesprochen werden: »Ich liebe dich!«, »Ich kann nicht ohne dich leben!« Sie tragen unmittelbar dazu bei, es aufrichtig zu meinen. Es sind Sätze von hohem Stellenwert, sie werden wie ein Eid abgelegt. Sagt sie der eine, muss auch der andere sie sagen. Beschwörungsformeln der aufrichtigen Liebe. Wer sie nicht über die Lippen bekommt, liebt nicht wahrhaft. Wer die Frage: »Liebst du mich?«, stellt, dessen Herz kann nicht mit einem »Vielleicht« leben.

Opfern und Hoffen

Im Jahre 1991 trafen die TV-Komikerin Roseanne Barr und der Schauspieler Tom Arnold eine Abmachung. Sie wünschte sich, ihr Liebster solle als Beweis seiner Liebe ihre Religion annehmen. Er wünschte sich hingegen, sie solle seinen Familiennamen tragen. Nach einem kurzen Machtkampf konvertierte der Schauspieler zum jüdischen Glauben, und die Komikerin nahm seinen Namen an.

Die Bereitwilligkeit, ein derartiges Opfer zu bringen, gilt als Liebesbeweis. Was vielleicht noch wichtiger sei, fügt der Texanische Psychologe Buss hinzu, Derartiges signalisiere genau die Art von öffentlich demonstrierter Verbundenheit, welche die Chancen erhöhe, dass es zu einer dauerhaften Beziehung komme und nicht bei einem kurzen Verhältnis bleibe.[129]

Liebesbeweise und insbesondere jene, die mit hohem Aufwand und Kosten verbunden sind, ganz gleich ob materiell oder körperlich, sie müssen mit wirklichem Verzicht einhergehen. Nur dann und gerade dann werden sie als Beleg gedeutet, dass es ernst gemeint ist. Aber auch jene, die unsinnig, kitschig und überflüssig erscheinen, machen Eindruck.

Vor laufender Kamera fällt ein junger Mann auf die Knie und schluchzt vor einem Millionenpublikum: »Willst du mich heiraten?« Die Gefreite ist gerührt, lässt ihren Tränen freien Lauf und antwortet natürlich mit einem: »Ja!« In einer anderen Sendung stürzt sich eine sichtlich ängstliche Frau – ebenfalls vor laufender Kamera – mit einem Gummiband gesichert von einer Brücke. Anschließend erklärt sie ihrem staunenden Partner, der ihr das »nie und nimmer« zugetraut hätte: »Willst du mein Mann werden?« Völlig überrumpelt kann er nur noch mit dem Kopf nicken. Gott sei Dank in die richtige Richtung.

An Überführungen, Mauern, Häuserwänden und in Zeitungsinseraten gestehen Menschen öffentlich, wie es um ihr Innerstes bestellt ist: »Mausi, ich bin Dein. Für immer!«, »Jule, ich liebe Dich!«, »I will allways love YOU! Ole«, »Enno, Komm zurück!!!«, »♥ Bitte melde Dich ♥ A. H.«

Coole Liebhaber legen einen anderen Gang ein. Sie beauftragen einen Blumenhändler und lassen der Geliebten täglich eine Woche lang riesige Rosensträuße zukommen. Das kostet einiges, und viele Männer zögen es vor, anstelle der vergänglichen Bouquets praktischere Dinge zu verschenken. Aber für Frauen sind rote Rosen, Brillis oder die x-te Handtasche genau das Richtige. Unnützes vom Geliebten zu bekommen, zeigt, dass er zu allem bereit ist. Was wir füreinander tun, was wir sagen und offenbaren, landet punktgenau da, wo es hin soll: in unserem Gefühlsapparat. Wie immer dieser auch ausgestattet ist, er antwortet.

Dieser Gefühlsapparat ist nicht nur individuell, sondern setzt sich aus einer Unzahl von Bausteinen zusammen. Da ist die Umwelt, das Klima, der Körper, die Beziehungen zu anderen Menschen, da ist die Situation, die Umstände, in denen wir uns befinden, da ist die eigene Biografie, das Alter, das Geschlecht und so weiter. Aber da sind auch Gedanken, Moralvorstellungen und Ideen, die die Gefühle mitbestimmen.

Der Anthropologe Lionel Tiger fragt sich in seinem 1979 erschienen Buch *Optimism. The biology of hope*: Wie machen es gute Ideen, dass sich Menschen besser fühlen, maßgeblich eben im Körper; und wie können schlechte Ideen und schlechte Behandlungen (Androhungen), die noch kommen, uns schlecht fühlen lassen, besonders körperlich? Sind die Versprechungen von Marx, Mohammed, Jefferson und Jesus nicht in Steinen eingraviert, sondern basieren sie auf Chemie?[130]

Vieles spricht dafür. Nehmen wir einmal an, wir werden angerufen. Jemand bedroht uns massiv und konkret. Was geschieht? Wir bekommen Angst. Nachdem der Hörer aufgelegt ist, grübeln wir nach. Das ist ganz natürlich. Ebenso, dass wir uns das Szenario ausmalen. Die Angst wächst. Die Gedanken beherrschen unser Handeln und nicht nur das. Im Kopf werden bestimmte Hebel umgelegt. Spätestens jetzt wird zum Beispiel vermehrt Adrenalin produziert und ausgeschüttet, der Blutdruck steigt und das Herz schlägt rascher. Ein völlig normaler Vorgang. Und was bedeutet das? Ganz einfach: Gedanken können unseren Körper und unser Gefühl beeinflussen. Eigentlich nichts Neues. Deshalb überrascht es auch nicht, wenn ich behaupte: Liebeskummer macht das Gleiche.

Festgelegte Zustände

Jetzt gehen wir noch einmal zurück zu den Genen. Dass Angst überhaupt mit Adrenalin gekoppelt ist, ist eine genetische Sache. Gene sind es, die diesen Prozess steuern. Und so spielen Gene, was unseren Gefühlshaushalt anbelangt, eine nicht unerhebliche Rolle. Selbst wovor wir Angst haben, kann eine genetische Basis haben. Arachnophobia etwa, die Angst vor Spinnen, soll dazu gehören. Fachleute erklären, diese Angst stamme aus archaischen Zeiten und hätte uns einst vor gefährlichen, tödlichen Konfrontationen mit den Achtbeinern geschützt. Es gibt

genügend Menschen, die diese Angst nicht kennen. Andererseits haben unzählige Stadtbewohner vor Spinnen Angst, aber keineswegs vor Autos, wo doch Statistiken über Verkehrstote und tödliche Spinnenbisse eine deutliche Sprache sprechen. Therapeuten verdienen jedenfalls weit häufiger an Patienten mit Spinnenangst als an Autoangst.

Vielen Bausteinen unseres Gefühlslebens sind Gene vorgeschaltet. Wie viele es sind und welche genau, muss die zukünftige Forschung zeigen. Wir wissen: Gene geben unserem Gemütszustand eine gewisse Ausrichtung, auch unserer Mentalität. Wir wissen, jemand ist genauso stoisch wie der Großvater, ein anderer ebenso mimosenhaft wie die Mutter, ein Dritter erklärt, die Melancholie liege in seiner Familie. Aus der Zwillingsforschung weiß man: Auch der Hang zur Religiosität kann sich vererben, die Vorliebe, Stunden mit sich allein zu verbringen oder heiter zu sein. Ein sehr bekanntes Beispiel sind die sogenannten Giggle Twins, zwei Frauen mit heiterem Gemüt, die in Großbritannien geboren wurden. Das eineiige Zwillingspaar wurde schon im Säuglingsalter getrennt und von unterschiedlichen Eltern in verschiedenen Städten großgezogen. Beide zeigten im Erwachsenenalter einen ausgesprochenen Hang zum Kichern. Sie lachten gerne und häufig.[131]

Gene bestimmen auch Abläufe im Körper, die wiederum maßgeblich unser Gefühlsleben mitbestimmen. Und ich verweise hier noch einmal auf hormonelle Abläufe. Durch Hormone kommen wir etwa in die Pubertät und ins Klimakterium. Es sind Gene, die diese Prozesse an- oder ausschalten und entsprechende Hormone auf Trab bringen, auch regen sie die Produktion bestimmter chemischer Botenstoffe an. Letztendlich sind von diesen Dingen auch unsere Stimmung und unser Denken abhängig. Das lehrt schon die Erfahrung. Erst ab der Pubertät interessiert uns das andere Geschlecht sexuell. In der Menopause zeigen sich extreme Gemütsschwankungen.

Die Erfahrung lehrt ebenso, dass Verliebtheit ein ziemliches Tohuwabohu im Gehirn auslösen kann. Der eine ist von der »Rolle«, ein anderer kann sich nicht mehr konzentrieren. Das ist sogar messbar. In Regionen, die für unsere Triebe zuständig sind, ist der Teufel los. Höchste Aktivität ist angesagt. Verschiedenste Botenstoffe treten auf den Plan. Dopamin sorgt für Euphorie, Adrenalin für Aufregung, Endorphin und Cortisol für rauschartige Glücksgefühle und tiefes Wohlbefinden. Dieser Chemiecocktail wirkt aber auch entgegengesetzt. Ist die geliebte Person nicht greifbar, wird dies als sehr schmerzhaft empfunden. Liebessehnsucht wird zu Liebeskummer, auch und gerade, wenn keine Gegenliebe erfolgt oder nicht gleichwertig wiedergeliebt wird.

Liebende, die auf der Höhe ihrer Verliebtheitsphase verlassen werden, sind nicht wiederzuerkennen. Der Seelenschmerz ist unermesslich groß, die Trennung wird zur Höllenqual. Die Empfindungen gleichen dann denen, die Junkies mitmachen, wenn ihnen der Stoff ausgeht. Spätestens jetzt wird klar: Wer Liebeskummer hat, der hat geliebt und liebt noch immer.

Was noch dazukommt: Bei Verliebten sinkt der Serotoninspiegel, wodurch der Zustand des Verliebtseins in manchen Bereichen eine Ähnlichkeit mit psychischen Krankheiten aufweist. Diejenigen sind keineswegs auf dem Holzweg, die von Verliebten behaupten, sie seien nicht von dieser Welt, man könne sie nicht mehr »für voll nehmen«. Die Psyche befindet sich im Ausnahmezustand. Das erklärt auch, weshalb sich gerade Verliebte zu irrationalen Handlungen hinreißen lassen. Weshalb etwa so mancher verliebte Mann sein letztes Hemd hergibt und so manche verliebte Frau einem Heiratsschwindler aufsitzt.

Romeo und Julia waren jung, ebenso das unbekannte Paar aus Japan, das sich Gott zur Verehelichung anvertraute. Wer jung ist, ist noch ungeschützter, viel verletzlicher als eine gestandene

Frau, die nach einigen Wochen Liebe von Schwindel unterscheiden kann. Heloise war ebenfalls jung, Abaelard war ihre erste Liebe. Das erste Mal in ihrem Leben hatte sie die sexuelle Glut verspürt. Da sie sich keinem neuen Mann zuwandte, konnte das Sexuelle nur vergeistigt und so gut es ging verdrängt werden. Das Altern hat es dann schließlich langsam einschlafen lassen.

Was ist los, wenn die geschenkte Liebe nicht auf Gegenliebe stößt? Dann ist die Liebe fürwahr ein Unglück. Und derjenige, der sich in diesem Unglück befindet, kann nur noch abwarten, bis sich der Chemiecocktail in seinem Kopf stabilisiert hat. Dazu kann er einiges beitragen. Eines der bewährtesten Mittel ist, eine neue Liebe zu beginnen. Da mögen Therapeuten und Psychologen noch so laut zetern, man solle erst das Vergangene »verarbeiten« und »aufarbeiten«. Eine Garantie, nicht wieder zu »scheitern«, wenn diese Vorgaben erfüllt worden sind, geben sie nämlich nicht.

KAPITEL 11

HEIRAT: ARRANGIERTE ZWEISAMKEIT

Christopher Guise befand sich 1639 in seinem 20. Lebensjahr. Obwohl seine Eltern begütert waren, billigten sie ihm lediglich 80 Pfund Unterhalt im Jahr zu. Taschengeld sozusagen. Das war in seinen Kreisen nicht allzu viel. Große Sprünge ließen sich damit nicht machen. Allen Beteiligten war das klar. Doch der junge Herr hatte es selbst in der Hand. Von einem Tag zum anderen konnte er seine finanzielle Situation enorm verbessern. Durch Heirat. Seine Eltern hatten ihm eine junge Frau ausgesucht. Sie war nicht mittellos, aus gutem Hause, versteht sich.

Vater Guise versprach seinem Sohn in feiner Regelmäßigkeit 400 Pfund pro Jahr, sobald er die Auserkorene geehelicht hätte. Mehr noch, sollte er Witwer werden, bliebe es bei dem vereinbarten Regelsatz. Das waren keine schlechten Konditionen. 400 Pfund, damit ließ es sich angemessen leben und eine Verwitwung, das konnte rasch geschehen. In jenen Tagen war eine Geburt oftmals eine todbringende Angelegenheit. Häufig starb das Kind schon unter den Wehen oder kurz nach der Geburt, und nicht selten erging es der Mutter ebenso. Besonders, wenn sie Erstgebärende war.

Der junge Guise grübelte. Er hatte junge Ehepaare in seiner unmittelbaren Umgebung beobachtet. Zum Eheschwärmer war er dadurch nicht geworden, eher zum Eheskeptiker, und so war er eigentlich nicht willens zu heiraten. Trotzdem entschied er sich zur Hochzeit, mithin die Tochter von Sir Lawrence zu ehelichen. Der Grund war unschwer zu übersehen. Liebe war es jedenfalls nicht.

In wohlhabenden Klassen war es die Regel, Ehen zu arrangieren. Eltern oder Verwandte schauten sich nach passenden Bräuten oder Ehemännern um. Bis zum Ende des 16. Jahrhunderts waren nahezu alle Kinder durch Erziehung so konditioniert und so finanziell abhängig, dass sie keine andere Wahl hatten, als den Wünschen ihrer Eltern zu entsprechen.[132] Das ging sogar über deren Tod hinaus. 1558 spezifizierte ein gewisser Michael Wentwoth seinen letzten Willen. Darin heißt es: »Sollte eine meiner Töchter nicht den Vorgaben meiner Bevollmächtigten, sondern ihrem eigenen fantasiebegabten Gehirnen folgen, um einen Mann zu wählen, dann soll sie nur 66 anstatt 100 Pfund im Jahr bekommen.«[133]

In ganz Europa wurden Ehen zu dieser Zeit durch Eltern geschlossen. Herrscherhäuser verheirateten ihre Kinder mit äußerst politischem Kalkül. Die Sprösslinge mussten sich fügen, und war die Ehe besiegelt, mussten flugs Kinder gezeugt werden. Das sicherte langfristigen Frieden, besiegelte neue Staatsgrenzen oder schuf zukunftssichere Allianzen. Von den Nachkommen waren keine großen Widerreden zu erwarten. Außerdem gab es sozusagen sexuelle Schlupflöcher für die Zwangsverheirateten. Seitensprünge, Maitressen und Galane waren nämlich an der Tagesordnung.

Beim gemeinen Bauern, Müller oder Gerber war es nicht viel anders. Auch er entschied, wer der oder die Richtige war. Ein Beleg für diese uralte Tradition ist etwa der Brauch, um die Hand der Braut beim Brautvater anzuhalten. Ohne Zustimmung der Erziehungsberechtigten oder Eltern lief in der Vergangenheit gar nichts. Es war, wie es war. Lawrence Stones umfangreiche Analyse des Familienlebens in England von 1500 bis

1800 macht mehr als deutlich: Die Eltern entschieden und nicht der Bräutigam oder die Braut. Gegen die Bevormundung wurde sich nicht aufgelehnt. Die elterliche Entscheidung war den Brautleuten zur eigenen Natur geworden.

William Shakespeares tragische Liebesgeschichte von Romeo und Julia handelt eben nicht nur von der Unversöhnlichkeit zweier Geschlechter, den Montagues und Capulets, sondern trägt den Keim der Rebellion in sich. Ein Aufbegehren gegen Elternhaus und Konventionen. Was für uns heute so selbstverständlich ist, hatte William Shakespeare vorweggenommen: Die individuelle Entscheidung über die eigene Zukunft. Romeo und Julia wussten: Ihr Tun bedeutete Auflehnung gegen die Auffassung des Elternhauses, der Verwandtschaft, Gesellschaft und Kirche. Der tragische Tod befreite sie aus diesem Dilemma. Tragisch war er fürwahr, denn hätte Romeo vom todesähnlichen Schlaf seiner Julia erfahren, das Gift wäre nicht über seine Lippen gekommen.[134]

Vormals war es anders

Im 16. Jahrhundert gab es keine Unterscheidung zwischen einer Ehe, die auf Vermögen, Status und Einfluss basierte, und einer, die sich auf Liebe, Zuneigung und sexueller Anziehung gründete. Warum? Nun, romantische Liebe als Grund für eine Ehe stand außer Diskussion.[135] Diese Art der Liebe wurde als vorübergehende Erscheinung und als irrational angesehen, mithin war sie keine zureichende Basis für eine Heirat.

Mehrere Jahrhunderte später war Liebe als Auslöser für eine Ehe in vielen Ländern der Welt immer noch unerwünscht. Im Korea der Fünfzigerjahre ereignete sich folgender Fall. Eine junge Frau und ein Mann, Mitglieder einer christlichen Gemeinde, verliebten sich. Hin und wieder trafen sie sich. Heimlich. Das Techtelmechtel flog auf und fand ein sofortiges Ende. Nach koreanischer Auffassung war es unmoralisch, sich vor der Ehe zu verlieben, selbst bei geplanter Heirat. Entsprechend verweigerte der Pastor dem Paar die christliche Trauung. Der Grund: Jede Art von Liebe, die zur Ehe führt, ist unerwünscht. Vor allem aber muss den Eltern Respekt gezollt werden. Ihnen oblag ein unbedingtes Mitspracherecht bei der Wahl des Ehepartners. Das jedoch bleibt auf der Strecke, wenn sich jemand mir nichts, dir nichts in einen anderen verliebt.

In der Tradition der Koreaner ist eine Liebesheirat illegitim. Eine junge Chinesin formuliert Ende der Fünfzigerjahre, was in Korea genauso galt: Heirat dient nicht dem persönlichen Vergnügen, sondern ist ein Vertrag der Vorfahren, der Abstammung und des Besitzes.[136] Das galt für den asiatischen Raum insgesamt. Familienleben stand über dem eigenen Bedürfnis. Verliebtheit und romantische Liebe brachten von daher nur Ärger ein. Allein in der Ehe hatte Liebe ihren rechtmäßigen Platz. Dazu eine kleine Geschichte, die sich 1959 zutrug. Madame Wu war soeben in Washington D. C. eingetroffen, wo ihr Mann gerade als *Chinesischer Minister für die USA* zu tun hatte. Ein Zeitungsreporter nutzte die Gelegenheit für ein Interview. Er wollte wissen, was Madame Wu über die Liebe und Ehe dachte. Die folgende Konversation wurde notiert:

»Angenommen, der für Sie ausgesuchte Mann entspricht nicht ihren Vorstellungen?«
»Meinen was?«
»Vorstellungen. Alle Frauen haben doch Vorstellungen, nicht wahr?«
»Ich weiß darüber nichts. Vermutlich nicht chinesische Frauen.«
»Haben Sie nie darüber nachgedacht, wie er wohl sein könnte?«
»Nein. Chinesische Frauen denken nie über die Liebe nach.

Wenn es so weit ist, haben Chinesische Frauen einen Ehemann.«

»Angenommen, Sie mögen den für Sie ausgesuchten Ehemann nicht?«

»Aber ich mochte ihn. Ich liebte ihn, sobald ich ihn sah.«

»Was nicht vor ihrem Hochzeitstag stattfand?«

»Richtig.«

»Angenommen, es wäre nicht Mr. Wu gewesen, sondern irgendein anderer, würde Sie ihn geliebt haben?«

»Ich würde den lieben, den meine Eltern ausgewählt haben. Das ist meine Pflicht. Aber sie wählen nicht irgendeinen für mich. In China glauben wir an das Schicksal. Jedes Paar, welches heiraten soll, ist mit einem unsichtbaren roten Band verbunden. Wenn also Eltern eine Abmachung treffen, nimmt das Schicksal seinen Lauf. Verbindungen werden im Himmel gemacht. Es ist immer das Richtige. Das Schicksal hält einen bestimmten Mann für eine bestimmte Frau bereit.«

Aus der lächelnden Madame Wu sprachen mehr als 2000 Jahre östliche Erfahrung. Sie war keineswegs von den westlichen Werten beeindruckt, denn sie erklärte dem Reporter in unerschütterlicher Haltung:

»Amerikaner lieben sich, heiraten und lassen sich scheiden. Wir heiraten und lieben, bekommen ein Zuhause, Glück und Kinder. Und welchen Weg bevorzugen Sie?«[137]

Liebesvorstellungen

Die Heirat beruht in Asien vielerorts noch immer auf dem Arrangement der Eltern oder eines Heiratsvermittlers. Vielfach ist die Religion entscheidend, der Glaube, der Partner sei vorbestimmt. Selbst die Machthaber Chinas konnten nicht allerorten die Macht des Schicksalsglaubens besiegen. Trotz Einkindpo-

litik, Gleichberechtigung und jahrzehntelanger Einklassenge-
sellschaft. In Japan befragen selbst Hochgebildete nicht selten
die Sterne, ob der richtige Partner vor ihnen steht. Der Glaube
an die Astrologie ist entscheidender als das eigene Urteil. Dazu
kommt ein Brauch, der sich *Omiai* nennt. Dabei werden die
Kandidaten, sprich die angehenden Eheleute, einander und
der anderen Familie vorgestellt. Sind alle Beteiligten einver-
standen, kommt es zur Hochzeit. Ungefähr 5 Prozent der japanischen Ehen sollen auf das *Omiai*-Abkommen zurückgehen. In
erster Linie sind es wohlhabende oder traditionsreiche Famili-
en, die ihre Kinder gut verheiratet wissen wollen und Einfluss
auf die Partnerwahl nehmen. Da ist Japan keine Ausnahme, das
geschieht überall auf der Welt.

Indien ist ebenfalls ein Land, in dem das Schicksal (Karma)
eine große Rolle spielt. Doch Indien ist groß und das Milli-
ardenvolk hat nicht nur eine Heiratsvorschrift. In der einen
Kaste ist die Partnerwahl frei oder die Beteiligten haben ein
Wörtchen mitzureden. In einer anderen müssen sich die zukünftigen Eheleute ihrer »Bestimmung« beugen. Komme, was
da wolle. Besonders hart trifft es arme Frauen. Laut Gesetz
muss ein Mädchen zwar mindestens 18 Jahre alt sein, wenn
es heiratet, doch in Indien soll jedes 12. bis 13. Mädchen zwischen 10 und 14 Jahren zwangsverheiratet worden sein.[138] In
der Vergangenheit wurden gar Ungeborene verheiratet oder
Kleinkinder. Ironischerweise konnte ein Säugling oder eine
Dreijährige zur Witwe werden.[139]

Das Verheiraten von kleinen Mädchen ist nun keineswegs eine
asiatische Eigenheit. Viele Völker waren damit vertraut, auch
europäische. Die römischen Gesetze erklärten ein Mädchen im
12., einen Knaben im 14. Lebensjahr für heiratsfähig. Nichtsdestoweniger wurden bis weit in das 17. Jahrhundert hinein
auch 8-, 9- und 12-Jährige verheiratet. Speziell Blaublütige
dachten sich nichts bei Kindervermählungen. Die *Herzogin von*

Bourbon-Condé (1673–1743) wurde mit 11 Jahren verheiratet, und keineswegs bloß formell. *Ludwig von Frankreich, Herzog von Burgund*, tritt am 7. Dezember 1697 ohne Bartwuchs vor den Traualtar. Einen Monat nach seinem 15. Geburtstag. Seine angetraute, *Maria Adelaide Savoyen*, war genau einen Tag zuvor 12 Jahre alt geworden.

Summa summarum: Heirat ist nicht gleichbedeutend mit Liebe. Würden wir alle Ehen dieser Welt – sagen wir einmal der letzten 2000 Jahre – addieren und fragen: Wie viel Prozent wurden davon aus Liebe geschlossen? Was würde dabei herauskommen? Im Kopf fängt es an zu schwirren. Wer weiß schon, wie viele Menschen in den letzten zwei Jahrtausenden geheiratet haben und wie viele dieser Ehen ohne Auflagen zustande kamen? Und überhaupt, wer kann sagen, wie viel Ehen geschlossen wurden, ohne dass ein Dritter seine Finger im Spiel hatte, und sei es ein unschuldiges Ungeborenes?

Obwohl keine Zahlen vorliegen, können wir über den Daumen gepeilt sagen: Aber und Abermillionen von Ehen waren arrangierte Ehen, und zwar die allermeisten. Braut und Bräutigam wurden von anderen sozusagen in ein gemeinsames Bett geschubst. Eine erschreckende Erkenntnis. Nun kommt die weitaus interessantere Überlegung: Waren diese Ehen allesamt unglücklich und ohne Liebe? Ist das vorstellbar?

Nein, das können wir uns nicht vorstellen und das ist auch nicht realistisch. In Anbetracht von Zwangs- und Kinderverheiratungen ist ein mehrmillionenfaches Nein allerdings nur schwer auszusprechen. Vor unserem geistigen Auge tauchen dennoch unglückliche Schicksale von Frauen auf, die sich nicht einfach scheiden lassen konnten, die gegen ihren Willen eheversklavt wurden. Wir wissen, dass selbst im modernen Europa so etwas noch möglich ist.

Doch was ist mit Herrn und Frau Wu? So merkwürdig uns Frau Wus Äußerungen erscheinen mögen, sie hat keinesfalls geschwindelt oder sich selbst getäuscht, als sie sagte: »Ich liebte ihn, sobald ich ihn sah.« Ihr Gefühlsleben war ganz und gar identisch mit dem, was sie lebte. Wir können davon ausgehen, dass sich Frau Wus Eltern die Wahl des Bräutigams nicht leicht gemacht hatten. Es ging nicht nur um den Richtigen, einen sinnvollen Familienerhalt, ökonomische Absicherungen, die Fortführung des Stammbaums der Wus, sondern auch um ihre Tochter. Waren die Eltern, die derart über das Glück ihrer Kinder entschieden, allesamt Rabeneltern?

Umsichtige Eltern wird es millionenfach gegeben haben, vielleicht gar milliardenfach. Was uns bei der arrangierten Ehe bedrückt, uns, die wir uns jederzeit verlieben und heiraten können, wen immer wir wollen, ist die fehlende Entscheidungsfreiheit. Gewiss, diese Wahlfreiheit hat ihre Grenzen, aber immerhin ist sie möglich.

Bei den Wus hat sich die Liebe eingestellt. Offenbar ad hoc. Ihre Ehe verlief so, wie es sich viele Paare wünschen, mit der Zeit sind sie immer mehr zusammengewachsen. Trotz allem, im Westen und überall dort, wo westliche Ideale Fuß gefasst haben, träumt man von einer anderen Liebe, einer romantischen. Wenn es in den Ehehafen geht, soll sie es sein, die dahin führt. Nicht strategische Überlegungen sollen den Startschuss zur Zweisamkeit geben, sondern am Beginn müssen die Beteiligten über beide Ohren verliebt sein, sonst ist es keine Liebe. Unsere Vorstellung von Liebe hat mit der Liebe der Wus also ganz und gar nichts gemein. Das Paradoxe – obgleich es offenbar auch anders geht: Unsere Art der Liebe erscheint uns als die einzig richtige Art. Der Bestsellerautor Precht meint in seinem Buch *Liebe*: »Wir horchen in uns hinein und fragen uns selbst, ob unser Gefühl wohl völlig dem entspricht, was wir uns unter Liebe vorstellen.«[140] Fürwahr, das müssen wir. Liebe hat in der Tat viel mit Vorstellungen zu tun.

Unsere Art der Liebe

Eroberer, Völkerkundler, Missionare und Reisende brachten westliche Liebesvorstellung in die verborgensten Winkel der Welt. Schließlich transportierten Touristen, westliches Fernsehen und Internet ein vollkommen neues Liebesbewusstsein an karibische Strände, in mongolische Jurten, afrikanische Rundhütten, brasilianische Pfahlhäuser oder fernöstliche Hausboote. Im östlichsten Osten wird mehr und mehr in Weiß geheiratet, ganz gleich, ob Christ oder Nichtchrist. Im Westen reist hin und wieder ein Brautpaar nach Bali, legt dort die klassische Hochzeitstracht an, um sich im paradiesischen Blumenmeer einander auf exotische Weise das Jawort zu geben. Liebesmixedpickles allüberall.

In den Fünfziger-, Sechziger- und Siebzigerjahren des 20. Jahrhunderts wurden die wissbegierigen Anthropologen nicht selten von ihren Untersuchungskandidaten zum Thema Liebe befragt. Die Einheimischen der abgelegensten Regionen wollten etwas Genaueres erfahren, über Verliebtheit, Heirat und Partnerwahl im Heimatland der Forscher. Den Autoren David und Vera Mace erging es ähnlich. Auf ihrer Erkundungstour im asiatischen Raum zu ihrem Buch *Marriage: East and West* (Ehe: Ost und West) trafen sie auf zehn junge und gebildete Inderinnen, allesamt unverheiratet. Die Teenagerschar staunte nicht schlecht über die Liebegepflogenheiten im fernen Amerika (USA). Alsdann befragten die Maces die jungen Damen. Sie wollten wissen, ob sie es mögen würden, ihren Partner selbst auszusuchen, anstatt dass dieser von ihren Eltern bestimmt würde. Die Antwort war ein einstimmiges:»Oh nein!«

Der Grund der einmütigen Ablehnung wurde im Verlaufe des Gespräches deutlich. Eines der Mädchen brachte es auf den Punkt: »Bringt es die Frau nicht in eine sehr unmenschliche Situation? Ist es nicht so, daß sie versuchen muß, schön auszusehen und auf sich achten muß, damit sie einem Mann gefällt, um sicher zu sein, geheiratet zu werden? Sie kann nicht entspannen und sie selbst sein. In unserem System müssen wir nicht besorgt sein. Wir *wissen*, uns wird jemand heiraten. Sind wir alt genug, werden unsere Eltern einen passenden Mann finden ... Abgesehen davon, wie sollten wir den Charakter richtig einschätzen? Wir sind zu jung, ohne Erfahrung. Unsere Eltern sind älter und weiser.«[141]

Die australischen Aborigines sahen das ganz ähnlich. Das Vorrecht der Eltern, den Bräutigam und die Braut zu bestimmen, galt bei ihnen so lange, bis die Heiratswilligen selbst alt genug waren. Trennte sich das Paar nach einigen Ehejahren, sah die Sache anders aus. Bei erneuter Heirat zählte die eigene Entscheidung.[142] Bei den Mbuti in Zentral- und Ostafrika lief es gleichermaßen ab. Ganz junge Frauen konnten sich schon selbst einen Liebhaber suchen, tun, was sie wollten, doch gab es eine Einschränkung: Sie mussten einen bestimmten Reifestatus erreicht haben.

Berechenbares Liebesglück

In West-Uganda, bei den Bahima, sieht es 2007 anders aus. Zwar stehen sie an der Schwelle zu unserer Liebesheirat, weit mehr zählen jedoch die alten Traditionen und Werte. Der weiße Schleier bei der Hochzeit hat nichts zu bedeuten, Ehen werden nach wie vor durch die Eltern arrangiert. Die Bahima sind Viehzüchter und ihr ganzer Stolz sind Kühe, möglichst fette. Nach ihrer Vorstellung sind auch nur fette Frauen wirklich schön und begehrenswert. Wenn möglich, sollen sie über 100 Kilogramm auf die Waage bringen. Traditionsgemäß werden deshalb junge Bräute vor der Hochzeit gemästet. In sogenannten Masthütten müssen sie mehrere Monate fettreiche Nahrung zu sich nehmen. Fast stündlich. Bewegung wird vermieden. Wenn sich die ersten Hautstreifen, also Risse, zeigen, sind alle glücklich. Die Gemästete, die Mästerin, die Eltern, der gesamte Clan und der Zukünftige.

Moses hat sich Shila, eine 17-Jährige, auserkoren. Sie soll seine Frau werden, denn Moses kann es sich leisten. Obgleich erst 20 Jahre, ist sein Viehbestand mit 25 Kühen beachtlich. Seine Eltern nehmen die Verhandlungen mit Shilas Familie auf, es geht um den Brautpreis. Das Ergebnis: zehn Kühe nach Wahl. Shila fügt sich den Abmachungen ihrer Familie, wenngleich sie Moses nicht liebt und eigentlich lieber eine Ausbildung gemacht hätte. Sie weiß, sie darf ihren Eltern keine Schande bereiten. Ihre Pflicht ist es, ihrem Mann eine gute Frau zu sein, sonst muss der Brautpreis zurückgezahlt werden. In vergangenen Zeiten musste eine Braut sogar mit den Brüdern des Bräutigams geteilt werden. So lange, bis der Bruder selbst eine eigene Frau gefunden hatte.[143]

Wird Shila unter diesen Umständen glücklich werden, wird sie ihren Moses lieben können? Unser Vorstellungsvermögen streikt. Das Denken geht nur in eine Richtung: Vollkommen fett ins Bett zu einem Mann, der zehn Kühe zahlte. Um es deutlich zu sagen: Für mich als Mitteleuropäerin ist Shilas Verheiratung unannehmbar und ein folgendes Liebesglück unvorstellbar. Ich weiß jedoch: Meine Ein- und Vorstellung greift zu kurz. Die fette Shila ist durch ihre Futterei zu einem wunderschönen und ungemein erotischen Geschöpf geworden.[144] Sie ist die Claudia Schiffer unter allen Bahima-Frauen, denn sie ist fett *und* jung. Egal ob Mann oder Frau, alle im Dorf, alle Bahima bewundern sie. Der Brautpreis ist nicht irgendetwas, er ist enorm hoch. Dass Moses ihn zahlen kann, macht ihn zu einem sehr attraktiven, begehrenswerten Mann für junge Frauen. Shila fühlt sich sehr geschmeichelt, zumal auch der Brautpreis stimmt. Für nur fünf Kühe hätte sie sich auch nicht in die Masthütte begeben.

Wie es auch sei, ich hätte Shila ein deutsches Zuhause gewünscht. Und dann? Wäre sie in einer deutschen Familie aufgewachsen, hätte sie sich weder mästen lassen noch einen jungen Kühebesitzer heiraten müssen. Irgendwann hätte sie sich verliebt, eventuell sogar mehrmals. Vielleicht hätte sie zwei, drei oder vier sogenannte Beziehungen hinter sich gebracht; bis sie schließlich geheiratet oder einen Lebenspartner für immer gefunden hätte. Ihren Traummann. Doch was die Liebe betrifft, macht sich nach reiflicher Überlegung Ernüchterung breit: Die Chancen auf eine glückliche Ehe wären für Shila in Deutschland laut Statistik genauso groß gewesen wie in ihrem Herkunftsland!

Es gibt auch anderes

Als sich unser feiner Herr, Christopher Guise, zwischen den 80 und 400 Pfund entscheiden musste, gab es zwischen Himmel und Erde auch Liebesentscheidungen. Mann und Frau verliebten sich, büxten zum Beispiel aus, verließen Haus, Hof oder gar das Heimatland, um anderswo ihr Liebesglück leben zu können.

Solcherart Geschichten wurden erzählt und beseelten Dichter und andere menschliche Seelen, besonders in höfischen Kreisen. Zudem wird es Eltern gegeben haben, die ihren Zöglingen bei der Wahl des Gatten oder der Gattin Freiheit gewährten. Denn so ungefähr ab 1660 verlagerte sich die Entscheidung für einen Ehepartner immer mehr in Richtung Kinder. Stetig und langsam ansteigend. Mehr und mehr kommen die Eltern in die Rolle, der Braut oder dem Bräutigam »nur« noch zuzustimmen. Wie auch immer, die meisten waren dazumal der Überzeugung, sowohl romantische Liebe als auch sexuelles Verlangen seien eine ungünstige Basis für eine Ehe.[145]

Erst im 19. und besonders Anfang des 20 Jahrhunderts gewinnt die Liebesheirat als Ideal immer mehr Gewicht. Dass sie nur selten stattfindet, steht auf einem anderen Blatt. Pragmatische Entscheidungen haben noch lange ein Wörtchen mitzureden. Etwa wenn es zur vorehelichen Schwangerschaft kommt. Flugs muss der Verursacher geradestehen und die »Geschändete« heiraten. In Deutschland ist das gängige Praxis bis weit in die Sechziger- und Siebzigerjahre des 20. Jahrhunderts hinein. Trotz der *Achtundsechziger-Generation* und dem Aufkommen der Pille.

Aber es gibt auch andere. Es ist Beat-Time, die Hippie-Ära wird eingeleitet. Einer der vier Pilzköpfe, John Lennon, verkündete mit seiner frischangetrauten Frau Yoko Ono am 24. März 1969: »Make love, not war!« Verliebt bis über beide Ohren lieben sich die beiden für den Frieden im Bett der Präsidentensuite des *Hilton* in Amsterdam. Das *Bed-in* dauert ein paar Tage, die Presse wird zwischendurch ans Honeymoonlager geladen, um der Welt die Liebes-Frieden-Botschaft mitzuteilen.

Völlig anders, aber ebenso renitent, was Liebesdinge anbelangt, ging es in Deutschland und anderswo schon seit geraumer Zeit zu. Das Schlagwort *wilde Ehe* machte die Runde und war in aller Munde. In einigen »politischen Zellen« geht es noch »zügelloser« zu. In Berlin praktizierte etwa eine »Bande Spontis« die »freie Liebe«. Die Mitglieder der berüchtigten K1 (Kommune 1) pfiffen seit Anfang 1967 auf Ehe und sexuelle Konventionen. Eifersucht wurde wegdiskutiert und Liebe und Sex waren ein und dasselbe.

Das ist inzwischen Geschichte, die Mehrzahl der einstigen Kommunengründer und -mitglieder hat sich mit bürgerlichen Werten ausgesöhnt, ist verheiratet, Vater oder Mutter geworden, oder längst Großvater und Großmutter. Nur einer, Rainer Langhan blieb dem einstigen Motto treu. Er lebt noch heute unverheiratet in einer Art Harem. Mehrere Frauen leben mit ihm in freier Liebe zusammen. Andere pflegen eine Verbindung zu ihm, leben jedoch in ihren eigenen vier Wänden, mit oder ohne weitere Beziehung.

Rainer Langhans lebt ein Lebensmodell, das noch 1967 – allerdings in einer anderen Form – zu dem gängigsten der Welt gehörte, freilich nicht in Deutschland: Polygynie*. Das bedeutet, ein Mann ist legitim mit mehreren Frauen verheiratet. Der Ethnologe George Murdock untersuchte 1967 insgesamt 849 Gesellschaften und stellte fest: In der Mehrheit herrscht Polygynie. Satte 83 Prozent. Dabei existierte Polygynie nicht unbedingt – wie er betont –, weil Männer eine besondere Machtstellung innehatten.[146]

Allerdings, da können wir Gift drauf nehmen, waren die Frauen von polygynen Männern keineswegs so gleichberechtigt, wie es jene von Herrn Langhans sind. Die früheren Haremsdamen durften nämlich keine weiteren Liebesbeziehungen pflegen oder mehrere Männer ehelichen. Anders die neudeutschen »Haremsdamen«. Sie können in Sachen Liebe tun und machen, was sie wollen. Seit Jahren leben Herr Langhans und seine Frauen diese besondere Art der Liebe und alle betonen, sie seien damit glücklich und zufrieden.

* Heiratet hingegen eine Frau mehrere Männer, spricht man von Polyandrie. Das eine wie das andere wird Polygamie genannt, also Vielehe. Häufig wird Polygamie und Polygynie gleichgesetzt, schlicht, weil Polygynie die häufigste Form ist. Begrifflich gesehen ist das jedoch nicht besonders »sauber«.

KAPITEL 12

POLYGAMIE:
WER LIEBT, DER LIEBT NUR EINE

In den Mooren Nordostenglands leben Birkhühner und Schottische Moorschneehühner. Ihr Lebensraum ist nahezu identisch. Sie sind quasi ökologische Geschwister, doch was die Vielweiberei und die Balz angeht, unterscheiden sie sich wie Äpfel und Birnen.

Im Frühjahr kommen die Birkhühner zu einer spektakulären Arenabalz zusammen. Die Männchen zeigen, was sie können, und die Weibchen schauen zu. Am Ende der Vorstellung gibt es nur einen Favoriten – manchmal auch zwei. Und nur von diesem – oder eben den zweien – sind die Weibchen beeindruckt und ausschließlich mit diesen paaren sich sämtliche Weibchen. Sodann trennen sich ihre Wege, der Birkhahn-Casanova hat sein Bestes gegeben, die Hennen ziehen von dannen und ihre Jungen allein auf.

Anders die in der Nachbarschaft lebenden Moorschneehühner. Sie leben monogam. Jedes Paar hat sein Revier und teilt sich die Arbeit der Kinderaufzucht nahezu fifty-fifty.

Das Paarungssystem beider Arten ist wie Tag und Nacht, wenngleich sie den gleichen Nahrungsvorrat sowie Lebensraum teilen und dieselben Feinde haben. »Warum?«, fragt der britische Zoologe und Sozialbiologe Ridley. Seine Antwort: »Wie die meisten Biologen bevorzuge ich die Erklärung, daß sie auf eine unterschiedliche Geschichte zurückblicken. Birkhühner sind die Nachkommen von Waldbewohnern, und im Wald entwickelten ihre mütterlichen Vorfahren den Brauch, Männchen weniger nach deren Revier, sondern eher auf Arenabalzen entsprechend ihrer genetischen Qualität auszuwählen.«[147]

In unserer Gesellschaft ist Monogamie ebenso selbstverständlich wie bei den Moorschneehühnern. Ein Mann, eine Frau, heißt die Formel. Alles andere hat nichts mit Liebe zu tun und ist sogar per Gesetz verboten. Gleichwohl, es hat immer Polygamie (Vielehe) und besonders bei Männern Polygynie (Vielehe bei Männern) gegeben und gibt sie noch, nur nicht bei uns. Ist Monogamie nur eine Frage der unterschiedlichen kulturellen Geschichte? Ja, und wäre es den Männer vergönnt, polygam zu leben, sie würden es tun, auch in Europa, Amerika oder China. Es sind in erster Linie die Frauen, die der Monogamie sehr zugeneigt sind, und das hat seinen Grund.

Khekhekhe Mthethwa aus Südafrika ist 84 Jahre. Er ist sehr rüstig, hat 14 Frauen sowie 94 Kinder. Wenn man seiner elften Frau glauben darf, bringt er es in einer Nacht noch auf fünf bis sechs Mal. Mithilfe von Kräutertee, wie sie versichert. Khekhekhe Mthethwa ist reich, was immer der Brautpreis war, er hat ihn bezahlt. Für ihn ist klar: »Früher war es ganz normal, daß ein Mann vier oder fünf Frauen hatte. Heute hat jeder nur noch eine, dafür haben viele Kinder mit anderen Frauen, sehr viele. Bei einer Frau kommst du vom Wege ab.«[148] Der glücklich dreinblickende Khekhekhe Mthethwa ist sich da ganz sicher und weist alle anderen Lebensformen weit von sich.

Auch Kurdi, ein erfahrener Mann von dem Stamm der Me'enit (West-Äthiopien) begnügt sich nicht mit einer Frau. Vier hat er geheiratet, jede von ihnen hat ihre eigene Hütte. Für alles musste Kurdi aufkommen, wie er auch für seine zehn Kinder sorgt, für einige seiner Neffen und Nichten, sowie für seine Mutter und Cousinen. Der Brautpreis pro Frau waren 20 Kühe, für Kurdi war das kein Problem, denn er ist wohlhabend, der stolze Besitzer von 50 Rindern und vielen Ziegen.[149]

Reiche Männer haben viele Frauen, arme nur eine oder keine. Das gilt ebenso für die Kipsigi- (Kenia) oder Sheko-Männer (Äthiopien) wie auch für jene Männer, die in längst vergangenen Tagen viel mehr besaßen als Khekhekhe Mthethwa und Kurdi. Die Rede ist von einstigen Kaisern, Königen und Pharaonen. Nehmen wir sechs unterschiedliche Kulturen der Frühgeschichte, die da wären: Ägypten, Aztekenreich, Babylonien, China, Indien und die Inka. All diese Kulturen wurden von einem Despoten regiert. Greift man sich einen x-Beliebigen von ihnen heraus, steht dieser immer auch für seine ganze Sippe. Er hatte also etliche Vorgänger und nach ihm kamen ebenfalls Herrscher seines Kalibers. Welche Privilegien hatten nun diese Männer, einmal abgesehen von ihrer willkürlichen Macht?

Nun, sie alle hatten Dutzende Frauen. »Dem babylonischen König Hammurabi standen Tausende von versklavten ›Ehefrauen‹ zur Verfügung. Der ägyptische Pharao Akhenaten unterhielt 317 Konkubinen und ›Herden‹ von Gemahlinnen. Der Aztekenherrscher Montezuma erfreute sich eines Besitzes von 4000 Konkubinen. Der indische Herrscher Udayama hielt sich 6000 Gattinnen in von Eunuchen bewachten Häusern, die mit einem Ring aus Feuer geschützt waren. Der chinesische Kaiser Fei-ti hatte in seinem Harem 10 000 Frauen.«[150] Schließlich haben wir da noch den Sonnenkönig Atahualpa: Er hielt sich in seinem Inkareich 1500 Frauen in zahlreichen »Jungfrauenhäusern«.[151] Konkubinen auf Abruf sozusagen. Damit stand er weit über seinen Untertanen, immerhin gestand er wichtigen Männern seines Reiches 50 Frauen zu. Wer weniger zu sagen hatte, durfte entsprechend weniger Frauen haben. In Zahlen hieß das: Einem Mann mit dem Rang eines *huno curaca* (Anführer eines großen Lehnsvolkes) wurden 30 Frauen zugebilligt, ein *guamanin apo* (Oberhaupt einer Provinz mit 100 000 Leuten) durfte 20, ein *waranga curaca* (Anführer von 1000 Leuten) 15, ein *piscapachaca* (Verwalter von 500 Leuten) 12, ein *pacha camachicoc* (Statthalter von 100 Leuten) 8, ein *piscachuanga camachicoc* (Oberhaupt von 50 Leuten) 7, ein *chunca camachicoc* (über 10) 5 und ein *pichicamachicoc* (über 5) 3 Frauen haben. Alle übrigen Männer des Landes mussten sich mit dem Rest begnügen oder gingen leer aus.[152]

Zwischen 1 bis 3333 Frauen

Im westafrikanischen Königreich Dahome (heute Benin) sah es einige Jahrhunderte später recht ähnlich aus. Hier waren »alle Frauen zum Vergnügen des Königs« da. Sämtliche »Objekte seines Verlangens« konnten dem königlichen Harem zugeführt werden, ob unverheiratet, verlobt oder verheiratet.[153] Über die Anzahl der königlichen Frauen kann nur spekuliert werden, es ist von mehreren Tausenden die Rede. Gesichert ist, dass die königliche Frauenschar in vier Kategorien eingeteilt war. 1. Frauen, die tatsächlich mit dem König lebten. 2. Die sogenannten »Amazons«, Frauen, die er nicht begehrte. 3. Sklavinnen. Und schließlich 4. »Ausgediente« Palastfrauen, zu ihnen zählten etwa Frauen, deren Jugend vorbei war.

Damit nicht genug der Vielweiberei auf diesem Kontinent, denn hier war frauenmäßig gesehen der Bär los. Obgleich 80 Prozent der verheirateten südwestafrikanischen Suku in der ersten Hälfte des 20. Jahrhunderts monogam lebten, hatten Oberhäupter mehr als zehn und der König nahezu 40 Frauen. Auch äthiopische Kafa-Könige hatte eine stattliche Anzahl von Konkubinen und nicht weniger als neun Hauptfrauen. Nicht zuletzt sei an die großen Harems der Fur-Oberhäupter erinnert,[154] um die sich in Zentralafrika noch immer Legenden ranken.

Gegen Ende des 19. Jahrhunderts wird über die Ashanti-Männer von der afrikanischen Goldküste berichtet, sie hätten zwischen einer bis 1000 Frauen. Einer der Ashanti-Könige soll sogar 3333 Frauen sein genannt haben. Den Ashanti-Majestäten wurden Mädchen um Mädchen zugeführt. Häscher suchten in der gesamten Region und sorgten so dafür, dass der Nachschub nie versiegte. War die »Ware« von großem Wert, war die Entlohnung reichlich. Dazu kam die Aufstockung des Harems durch Frauenraub bei kriegerischen Auseinandersetzungen.[155]

Beeindruckende Männer haben mehr Frauen

Reichtum und Macht sind Garanten dafür, viele Frauen zu besitzen, durch Kauf, Versklavung oder sonst wie. Männer können sich ihren Wunsch nach vielen Frauen, vor allem nach jungen Frauen, aber auch anders erfüllen, indem sie Mut zeigen, indem sie zu Helden werden, indem sie mehr zu bieten haben als ihre Geschlechtsgenossen. Kurzum, indem sie das weibliche Geschlecht beeindrucken. Wir werden sehen: In dieser Hinsicht unterscheiden sich Menschen kaum von den schottischen Birkhühnern.

Wir schreiben das Jahr 2000 und wir sind erneut bei den Surma. Nadajun wird bald heiraten, es sind nur noch wenige Tage bis zur Hochzeit. Über Orikori, ihren Bräutigam, sagt sie: »Er hat mich im Stockkampf gewonnen, nach dem Kampf habe ich mich in ihn verliebt. Dann haben wir miteinander geschlafen. Jetzt bin ich erwachsen. (…) Er ist ein starker Stockkämpfer, er ist auch ein guter Jäger. Er bringt viel Fleisch. Er ist sehr stark, er ist gefährlich, wenn er kämpft. Darum werde ich ihn heiraten.«[156]

Nadajun ist nicht die einzige, die sich in Orikori verguckt hat, und er will sich auch gar nicht mit nur einer Frau begnügen. Kurz nach der Hochzeit gesteht Orikori freimütig: »Ich habe noch zwei Freundinnen, wenn sich eine eine Lippenplatte einsetzen läßt, werde ich sie nächstes Jahr heiraten.«

Die junge Ehefrau ist darüber keineswegs erstaunt, weil Polygynie bei den Surma üblich ist. Olersoso etwa, das hiesige Oberhaupt, war nicht nur ein berüchtigter Stockkämpfer, er ist auch ein wohlhabender Mann. Er hat viele Rinder und vier eigene Frauen. Dazu kommen seine Kindern und noch drei Extra-Frauen mit deren Kindern; Frauen seiner verstorbenen Brüder, die er allesamt aufgenommen hat. Jede seiner »echten Frauen« hat 30 Rinder gekostet. Und weil es so ist, wie es bei den Surma ist, kommentiert Nadajun die Heiratspläne ihres frischangetrauten Mannes: »Wenn er ein nettes Mädchen findet, freue ich mich. Wir werden eine Hochzeit wie meine feiern und wir werden alle glücklich zusammenleben.« Das sagt Nadajun lächelnd und sie meint es genau so, wie sie es gesagt hat. Und für ihren angetrauten Orikori ist ebenso klar: »Wenn wir nicht kämpfen, lieben uns die Mädchen nicht, darum tragen wir gerne Stockkämpfe aus. Nach dem Kampf fragen wir die Mädchen, ob sie mit uns zusammen sein wollen. So heiraten wir unsere Mädchen. Die sieht meine Stärke und Schönheit, darum wählt sie mich aus.«[157]

Für die Sheko, ein Nachbarvolk der Surma, sieht die Sache nicht viel anders aus. Das Volk lebt vom Honigsammeln. Das hört sich einfach an, ist aber in Wirklichkeit nicht von Pappe. Um an den Honig zu kommen, müssen zunächst mannshohe Vorrichtungen aus Baumstämmen gebaut und in die Wipfel von Bäumen geschafft werden, damit sich wilde Bienen einnisten. Ein Bienenhonigsammler muss äußerst fit und stark sein, außerdem lebt er gefährlich. Es geht in schwindelerregende Höhen, deshalb muss ein Sammler ein ausgesprochen guter Kletterer sein, über ausreichend Kraft verfügen und vor allem

Mut haben. Manch einer verletzt sich beim Absturz schwer oder kommt sogar ums Leben.

Nianjo ist wohlhabend, er besitzt über 200 Bienenstöcke. Er hatte zwei Frauen, die erste war ihm nach zwölf Jahren Ehe weggelaufen. Sie erzählt, sie sei gegangen, weil die zweite gekommen ist und Nianjo nicht mehr mit ihr schläft. Aber wie es aussieht, hat sie sich mit der anderen Frau gut verstanden, die Kinder mit ins Haus gebracht hat, worüber Nianjo recht glücklich scheint, weil er selbst noch keine hat.

Will ein Sheko mehr als eine Frau und auch eigene Kinder, dann muss er sich anstrengen. »Ein Mann muß stark sein, so kann er viele Bienenstöcke bauen, mehr Honig sammeln, sich davon Frauen kaufen, die ihm Kinder gebären … ein reicher Mann kann fünf oder sechs Frauen heiraten. Ein armer muß sich mit einer zufriedengeben.«[158] Und wer keinen Mut hat, bleibt auf der Strecke.

Bei weitem nichts Neues

Polygynie ist auf allen Kontinenten bekannt. Sie wurde gelebt oder wird noch immer praktiziert. Ob bei den alten Inkas im Hochland von Peru, den Maoris im Süden Polynesiens, den Copper-Eskimos im kalten Norden, im alten China, bei den Tuareg oder Massai in Afrika, den Saulteaux, jenen Ureinwohnern Nordamerikas, die ausgestorben scheinen, oder gar bei den alten irischen Oberhäuptern vergangener Tage sowie deren Vorfahren. All diese Völker belegen Vielweiberei. Und dies sind nur einige der unzähligen Völker, die die Vielehe duldeten oder Harems erlaubten.[159]

Einmal von denen abgesehen, die Monogamie per Gesetz predigten, aber das Konkubinat zuließen. Eine Art Polygynie light, könnte man meinen. Beispielsweise hatten Upperclass-Männer bei den alten Griechen ihre Sklavinnen, Mätressen oder »Nebenfrauen« in der Hinterhand. Bei den vornehmen oder aristokratischen Römern, bei jenen, die das Zepter in der Hand hatten, sah es nicht viel anders aus.[160] Cäsar, der mächtige Feldherr und Staatsmann, hatte, ohne mit der Wimper zu zucken, einen Sohn mit Königin Kleopatra gezeugt. Auf ägyptischem Terrain, weit weg von Rom, wo seine rechtmäßige Ehefrau auf ihn wartete. Auch Karl der Große vermählte sich nicht nur mit Himiltrud, Gerperga (auch Desiderata), Hildegard, Fastrada, Luitgard und Gerswind, sondern hatte daneben zahlreiche weitere Beziehungen. Als bekannt gelten die Konkubinen Madelgard, Regina sowie Adelind. Allein aus diesen Verbindungen gehen mindestens 18 Nachfahren hervor.

Nicht zu vergessen sind zudem jene französischen Herrscher, die ihren Gespielinnen erlesene Stadthäuser oder prachtvolle Schlösser bauen ließen und sie mit stattlichen Summen in den Ruhestand setzten, wenn sie ihrer überdrüssig waren. Da waren etwa Ludwig XIV. und Ludwig XV. Die Namen der Lieblingsmätressen dieser Herren sind ebenso geläufig, Madame Pompadour[161] und Madame Montespan. Die Erste konnte sich als Wohnsitz den Élysée-Palast leisten, »verspürte keine geschlechtliche Begierde«, nahm »beständig Aphrodisiaka« und schenkte Ihrer Majestät dessen ungeachtet einen Sohn, die Zweite gebar dem ihrigen immerhin acht Kinder.

Last but not least, ist da auch noch Friedrich II. von Preußen. Er ließ die Wände von Sanssouci mit üppigen Bildern seiner Maitresse zieren und verherrlichte sie auf diese Weise. Die Rede ist von der Tänzerin Barberini. Sie durfte, was Friedrich der Große seiner legitimen Ehefrau verwehrte: nach Lust und Laune im Lustschloss lustwandeln.

Noch immer nicht ausgestorben

In Afrika zählt vielerorts ein Mann nur etwas, wenn er reichlich Frauen hat. Entsprechend haben in einigen westafrikanischen Gesellschaften noch heute etwa 25 Prozent aller älteren Männer gleichzeitig zwei oder mehr Ehefrauen. Jacob Zuma, ein gewichtiger ANC-Mann und neuer Staatpräsident von Südafrika, bekennt sich öffentlich und lauthals zur Vielehe. Er pflegt damit die südafrikanische Sulu-Tradition, die da heißt: Wer etwas zu sagen hat und es sich leisten kann, hat mehr als eine Frau.

Wie sieht es in der westlichen Kultur aus, wo Polygamie sanktioniert wird? Für Europa liegen keine Zahlen vor, auch keine Schätzungen. Aber für die Vereinigten Staaten. Hier soll es 25 000 bis 35 000 polygyne Ehegemeinschaften geben, überwiegend in den im Westen gelegenen Staaten. Und noch eine Überraschung: Als man 437 amerikanische Männer mit hohem Einkommen einmal genau unter die Lupe nahm, stellte sich heraus, dass einige von ihnen zwei unabhängige Familien unterhielten. Heimlich, wie man sich denken kann.[162] Weniger geheimnisvoll ging es im Jahre 1991 beim amtierenden Bürgermeister von Big Water in Utah, Alex Joseph, zu. Er hatte neun Frauen und mit diesen 20 Kinder. Er war Mormone und gestattete sich die Vielweiberei, wie sie einst seine Vorgänger schon praktiziert, aber ebenso vor gut hundert Jahren offiziell abgeschafft hatten.

In nur 16 Prozent der uns bekannten 853 Kulturen wird Monogynie vorgeschrieben.[163] Dazu gehören die westlichen Industriestaaten, aber auch die bevölkerungsreichsten Länder der Welt, China und Indien. Wobei in den hintersten Ecken von China Völker leben, die noch ganz andere Lebensformen pflegen, die Polyandrie. Polyandrie kommt bei 0,5 Prozent aller Gesellschaften vor.[164] Zumeist heiratet eine Frau mehrere Brüder, aber dazu später.

Warum verlangt es Männer nach mehreren Frauen? Weil sie damit ihre Macht, ihren Reichtum oder ihren Mut repräsentieren? Gewiss, das ist ein ganz entscheidendes Motiv. Anthropologen, Biologen und Genetiker gehen jedoch weiter in die Tiefe, wenn sie diese Frage beantworten, und kommen so schließlich zu einer simplen Antwort: Polygamie bringt dem Mann gewaltige genetische Vorteile.

Dieser Schluss ist in der Tat unglaublich zutreffend. Denn Reiche, einflussreiche und mächtige Männer kommen nicht nur in den Genuss des höchsten Grades der Vielweiberei, wie die Darwinistin Laura Betzig in ihrer hervorragenden Studie glasklar nachweist, sie zeugen auch die meisten Nachkommen. In der Vergangenheit hatte der Nachwuchs solcher Männer wegen der privilegierten Lebensumstände zudem größere Überlebenschancen. Was noch dazukommt, ist aber: Diese Männer hatten das Privileg des Zugriffs auf mehr fertile (fruchtbare), mehr attraktive Frauen als der Normalmann. Ihre Aussicht, dass aus dem Geschlechtsverkehr Kinder hervorgingen, stieg damit um einiges. Die Geschichte zeigt es ganz eindeutig, wer von heiratsfähigen, sprich jungen Frauen angezogen wurde, hat mehr Abkömmlinge hinterlassen als Männer mit anderem Geschmack.[165]

Der alawitische Mulai Ismail (1672–1727) soll in seinem Harem 500 Frauen gehabt und mit ihnen nicht weniger als 888 Kinder gezeugt haben. Selbst wenn diese Zahlen maßlos übertrieben wären, die Wahrscheinlichkeit, dass die Gene dieses Herrschers noch heute in einem Marokkaner schlummern, ist um ein Vielfaches höher als die eines seiner Zeitgenossen, der arm war und sich nur mit einer Frau vergnügen konnte. Im Übrigen finden sich im heutigen Marokko noch immer Hinweise auf die einstige Vielweiberei. Zur Hochzeit erhält die Braut einen Teppich, in den ihre verschlüsselten Wünsche eingewoben werden. Es sind Symbole, die dem Europäer verschlossen bleiben. Und was findet sich im Teppichmuster? Hinweise auf das, was die Braut nicht wünscht, etwa die Vielehe.

Generisches Motiv

Wir wissen nicht, wie viele Nachkommen einst König Salomo, Herrscher von Israel, in seinem Harem mit 700 Frauen und 300 Nebenfrauen zeugte. Unbekannt ist überdies, wie viel Abkömmlinge osmanische Sultane hinterließen, die sich im Yeni Sarayi (heute Topkapi-Palast) bis zu 2000 Haremsfrauen[166] hielten. Doch eins ist gewiss: Es waren allemal mehr als eine Handvoll. Ein Hauch von dieser Vielweiberei wehte noch im 19. Jahrhundert durch die Gassen Konstantinopels, dem heutigen Istanbul, wo 2 Prozent der dortigen Muslime mehr als eine Frau hatten. In der Stadt Nablus (Jordanien) waren es übrigens 16 Prozent der muslimischen Männer und in Damaskus (Syrien) 12 Prozent. Immerhin hatten diese Männer, genetisch gesehen, eine aussichtsreichere Zukunft als ihre monogam lebenden Geschlechtsgenossen.

In Südostanatolien gibt es noch heute genügend Männer, die mehrere Frauen heiraten. Der Begründer der modernen Türkei Mustafa Ataturk hatte die Vielehe bereits 1926 verboten. Das Gesetz hat noch immer Bestand, nur ein »richtiger« Anatole hält sich nicht daran. Sanktionen sind so oder so nicht zu erwarten, der Koran stärkt den Männern den Rücken: »Heiratet Frauen, die euch genehm dünken, zwei oder drei oder vier ...«[167] Zudem kann das Verbot der Vielehe umschifft werden. Eine zweite Frau wird gegebenenfalls in Syrien gesucht und geheiratet, wo bis zu vier Frauen gesetzlich erlaubt sind. Die meisten Anatolen können sich eine zweite und dritte Ehefrau kaum leisten, heiraten trotzdem mehrere. Das billigt der Koran zwar nicht, da er die Frauen versorgt wissen will, doch anatolische Männer wollen Kinder, wenn möglich viele Kinder, wenn möglich viele

Jungs. Auf jeden Fall soll die Kinderschar größer als die des Nachbarn sein.[168] 12, 14, 16 Kinder sind in dieser Region keine Seltenheit.

Das Motiv zur Verbreitung der Gene als Anreiz zur Vielweiberei ist ein überaus manifestes, da es auf die Zukunft verweist. Insofern tragen wir alle ein Stück Zukunft in uns, ein Stück Unsterblichkeit. Deshalb wohl sind wir von der Zukunft geradezu beseelt, und darum tun wir auch vieles, um Spuren zu hinterlassen. Vielehe ist zweifellos eine der zuverlässigsten Spuren. Sie ist eine Fortpflanzungsstrategie, die genutzt wird, sobald sie möglich ist. Allerdings haben in der Mehrzahl der Gesellschaften, die Vielehe zulassen, nur 5 bis 10 Prozent der Männer mehrere Frauen zugleich. Der geringe Anteil ist jedoch kein Indiz dafür, die übrigen Männer wollten keine zwei oder mehr Frauen haben, vielmehr können sie sich diese schlichtweg nicht leisten. Denn eigentlich steckt in jedem Mann der Hang zu mehreren Frauen.

KAPITEL 13

PROMISKUITÄT I: FREMDGEHENDE MÄNNER

Ein wunderbares Beispiel eines Fremdgängers ist Simon Forman, geboren 1552. Er hat sich diesbezüglich mit seinen Tagebüchern verewigt. Ein seltenes Fundstück für die Sexualwissenschaft, denn in jenen Tagen schrieben nur wenige Männer ihre sexuellen Abenteuer so akribisch nieder wie jener Engländer. Man muss hinzufügen: Frauen schon gar nicht.

Bis zum Jahre 1582 hatte Simon Forman keinen Geschlechtsverkehr, da zählte er 30 Lenze. Das Versäumnis holte er in den nächsten 17 Jahren nach, insbesondere mit zwei langjährigen Geliebten, und zwar mehrmals am Tage. 1599 heiratete er, 47-jährig, eine 19-Jährige. Ihr war er in seinem eigenen Haushalt nähergekommen. Sie war zu seiner Bedienung angestellt worden.

Forman hatte sich als Beschwörer, Astrologe und Magier einen Namen gemacht. In dieser Position verführte er, was ihm zwischen die Finger kam und sich nicht verweigerte. Sein Vorgehen war nicht zimperlich, das der Verführten ebenso wenig. Einmal war es die Frau vom Schulmeister, die ihm alles gewährte, während ihr Gatte eine Etage tiefer einer Schar Schüler Unterricht gab.

Dem Tagebuch zufolge hat Forman beispielsweise am 16. Januar 1601, also zwei Jahre nach seiner Heirat, Geschlechtsverkehr mit seiner alten Freundin und Klientin Mrs Condwell, in der Früh um 9.00 Uhr, und mit seiner Bediensteten Frances Hill gegen Mittag. Am 9. Juli 1607 trieb er es mit zwei unterschiedlichen Frauen, um 8.00 Uhr morgens und um 3.00 Uhr nachmittags, vermutlich waren sie Klientinnen. Mit seiner Frau, die er sinnigerweise »Tronco« (Body/Körper) nannte, verkehrte er um 9.00 Uhr abends.[169]

Formans führte ein Geschlechtsleben, um das ihn gewiss so mancher Mann beneidete. Das Erstaunliche dabei ist: viele seiner Klientinnen waren römisch-katholischen Glaubens, auch suchten ihn Puritanerinnen auf. Diese Frauen waren folglich auf sexuelle Zurückhaltung und Treue eingenordet. Trotzdem, zahlreiche ließen sich auf Forman ein. Die Erklärung für seinen Erfolg ist simpel. Er hatte die gewissermaßen magische Anziehung eines Arztes, eines Priesters und eines Psychoanalytikers. Alles zusammen machte ihn offenbar unwiderstehlich. Das allein erklärt nicht, weshalb er zuschlug, sobald sich ihm die Gelegenheit dazu bot. Schließlich hatte er eine ergebene Gattin. *Coolidge-Effekt* heißt hier das Zauberwort.

Von Coolidge-Effekt sprechen Wissenschaftler, wenn unter bestimmten Umständen das sexuelle Interesse an der einen Sexualpartnerin zurückgeht, zugleich durch eine andere aber wieder geweckt werden kann. Bei Säugetieren ist das Phänomen weitverbreitet und vielfach belegt, zum Beispiel bei männlichen Ratten, Stieren, Ziegen- und Schafböcken sowie Rhesusaffenmännchen.[170] Es wird aber auch in allen menschlichen Gesellschaften und Kulturen beobachtet. Im Westen sinkt etwa die Häufigkeit des sexuellen Verkehrs mit der Dauer der Partnerbeziehung.[171]

Die Bezeichnung »Coolidge-Effekt« geht ursprünglich auf eine allzu menschliche Anekdote[172] zurück. Der amerikanische Präsident Calvin Coolidge (1872–1933) und dessen Frau hatten einst eine Hühnerfarm im Mittleren Westen besichtigt. Dabei soll Mrs Coolidge gefragt haben, ob ein einziger Hahn all die vielen Hennen zufriedenstellen könne. Der Farmer bejahte. Daraufhin bat sie ihn, ihrem Mann davon Mitteilung zu machen, was er tat. Der Präsident reagierte prompt: »Bitte erinnern Sie meine Gattin an eine wesentliche Tatsache: Der Hahn wählt jedes Mal eine andere Henne.«

Jeder Bauer weiß: Hat ein Bulle eine Kuh erfolgreich besprungen, kann sein sofortiges Interesse nur dann wieder geweckt werden, wenn eine neue Kuh in Sicht ist. Unter diesen Umständen sind sieben Kühe hintereinander kein Problem. Die sexuelle Reaktion auf die letzte Kuh ist ebenso stark wie auf die erste. So mancher Bulle besteigt zehn Kühe hintereinander. Ein Widder wird bei demselben Mutterschaf in einem »Arbeitsgang« nicht mehr als fünfmal ejakulieren, dann ist Schluss. Werden ihm hingegen neue Mutterschafe zugeführt, besteigt er jedes von ihnen mit dem gleichen erotischen Schwung wie beim ersten Mal. Er kann seine Manneskraft folglich um ein Vielfaches ausdehnen, aber eben nur, wenn neue »Weiber« auftauchen. Bulle und Widder lassen sich diesbezüglich keineswegs hinters Licht führen. Werden ihnen beispielsweise bereits begattete Partnerinnen präsentiert, die man allerdings verkleidete, etwa indem sie Säcke über dem Kopf trugen oder auf andere Weise getarnt wurden, trotteten sie desinteressiert von dannen.[173]

Illusion einer anderen

Nun sind Männer keine Bullen, auch keine Widder, ganz klar. Sie »funktionieren« anders. Zwar sind die meisten Männer nach einer langen oder längeren Beziehung gesättigt und der anfängliche Dauerelan geht verloren, aber immerhin kann ihr Interesse wieder geweckt werden, etwa mithilfe von Dessous, erotischen Accessoires und so weiter. Deshalb ist auch die Lust der

Frauen auf ebensolche sexuellen Verführer unausrottbar, und die Lust der Männer groß, für ihre Frauen oder Freundinnen einen hübschen BH, eine edle Korsage oder ein sexy Höschen zu erstehen. Eines der untrüglichen Indizien: Zu Weihnachten wimmelt es in den Damenwäscheabteilungen der Kaufhäuser von Männern. Manch einer bringt solch reizende Mitbringsel auch von einer Geschäftsreise mit. Derlei Präsente werden besonders häufig erworben, wenn die Männer jung oder die Männer alt, ihre Frauen aber jung sind. Ältere Frauen, verriet mir eine Verkäuferin, würden »Strapse und dergleichen« häufig gegen praktischere Unterwäsche umtauschen, »bei jungen geht es eher um die richtige Größe«.

Dass der Wäschewechselfaktor funktioniert, ist nicht zu leugnen. Aber: Das gilt nur in die eine Richtung. Denn Frauen bevorzugen an ihren Männern zwar gut aussehende, klassische Unterhosen anstatt ausgeleierter Feinrippunterhosen mit Seiteneingriff, aber die Wäsche allein ist für das weibliche Geschlecht kein unbedingter Einstieg in eine heiße Nacht. Beim männlichen Geschlecht sehr wohl. Sehen Männer ein aufreizend gekleidetes weibliches Geschöpf, werden sie magisch angezogen. Handelt es sich dabei um ein und dieselbe Frau, die noch vor Kurzem irgendwie anders aussah, egal. Der neue Eindruck zählt, nur deshalb tragen zum Beispiel Playboymädchen ständig andere Minimalkleidung. Auf jeder Seite wird ihr Körper dessousmäßig neu inszeniert, darauf wird peinlich genau geachtet. Für die Genetikerin Anne Moir und den Journalisten David Jessel steht fest: Indem sie ihre Partnerinnen verkleiden, sind Männer offenbar in der Lage, sich selbst ein Schnippchen zu schlagen. Ihre Erklärung: Das männliche Hirn lege eine hohe Priorität auf das Visuelle, wenn es um sexuelle Erregung ginge.[174]

Gestützt wird die Behauptung durch eine Experimentalreihe des Pharmaunternehmens Pfizer aus New York. Es hatte die

Wirkungsweise von Sildenafil, also Viagra, an Männern und Frauen getestet. Die Fragestellung war simpel: Was passiert, wenn das Potenzmittel eingenommen und sexuell anregendes Bildmaterial gesehen wird? Die Auswertung der Studie ergab: »Männer haben beim Anblick einer nackten Frau immer eine Erektion und wollen dann Sex. Bei Frauen hängt das von einer Myriade (Vielzahl) von Faktoren ab.«[175] Ihr sexuelles Begehren wird nicht *unmittelbar* durch nackte Männerhaut geweckt.

Visuelle Wahrnehmungen und körperliche Reaktionen basieren offenbar auf chemischen Prozessen. Wobei Männer hierfür prädestiniert sind. Bei ihnen setzt ein Automatismus ein, während Frauen diesen Vorgang aushebeln können. Möglicherweise haben Frauen eine »eingebaute psychologische Barriere«, derer sie sich bedienen können. Das lassen Forschungsergebnisse des Ludwig Boltzmann Institutes der Universität Wien vermuten. Wissenschaftler hatten die Hormonwerte von männlichen sowie weiblichen Testpersonen überprüft, nachdem sie sich pornografische Filme angesehen hatten. Das überraschende Ergebnis: Das Sexualhormon Testosteron stieg bei beiden Geschlechtern gleich schnell an und nahm um den gleichen Wert zu.[176]

Das Gesehene hatte bei beiden Geschlechtern Wirkungen gezeigt. Der entscheidende Unterschied war: Männer werden von pornografischen Bildern unmittelbar angemacht, sie haben gar keine Wahl. Frauen verfügen hingegen über einen psychologischen Filter. Sie können quasi »Nein« sagen, entscheiden, ob sie sich auf das, was sie sehen, einlassen wollen oder nicht. Der Hang von Männern, auf mehr als eine Frau fixiert zu sein, ist offenbar von der Natur beabsichtigt. Ihre Strategie: Begehre das, was du noch nicht kennst. Ihr Hilfsmittel: Die visuelle Wahrnehmung.

Drang zur Abwechslung

Die Mehinaku-Männer vom Amazonas sprechen laut aus, was ein mitteleuropäischer Ehemann nicht wagen würde, zumindest nicht öffentlich. Sie zensieren die sexuelle Anziehung von Frauen. Die Skala reicht von »geschmacklos« über »traurig« bis hin zu »köstlich«. Die traurige Wahrheit ist: Der eheliche Verkehr gilt bei den Mehinaku-Männern als *mana* (geschmacklos), während Sex mit einer Geliebten fast immer *awirintyapa* (köstlich) ist.[177]

Gleichwohl kommt es bei den Mehinaku gelegentlich zu Eifersuchtsszenen, besonders wenn der Partner auf frischer Tat erwischt wird. Wobei außereheliche Liebschaften nichts Ungewöhnliches sind. Sie beginnen im Allgemeinen bald nach der Hochzeit. »Die Männer finden, die Frauen »geizen mit ihren Genitalien«, worin ihnen nicht jeder zustimmen würde. Tamalu, die sexuell aktivste Frau im Dorf, hat 14 Liebhaber, und ein Mehinaku-Mann hat im Durchschnitt vier Verhältnisse gleichzeitig.«[178]

Die Neigung zur Abwechslung bringen Männer mit. Wollust wird in hohem Grade durch Gesehenes geweckt. Deshalb ist es unter anderem viel leichter, einen Ehemann zu verführen als eine Ehefrau. Was den visuellen Reiz betrifft, so ist es unter bestimmten Umständen noch nicht einmal wichtig, ob es sich um Reales oder Unreales handelt. Der Erfolg pornografischer Schriften oder Filme basiert auf ebendiesem Umstand.

Der texanischer Psychologe Busse trifft ins Schwarze, wenn er schreibt: »Das Entscheidende an unseren entwicklungsgeschichtlichen Sexualstrategien ist nicht, daß Männer unbedingt mehr Affären als Frauen haben oder jeder Mann untreu ist. Vielmehr ist es so, daß Männer wegen ihrer Sexualpsychologie geneigt sind, sexuelle Abwechslung zu suchen, und daß sie außerehelichen Sex anstreben, wenn es sie nicht viel kostet und sie nicht viel zu riskieren brauchen.«[179]

Samuel Pepys war so ein Mann. Clever genug, wartete er nicht auf günstige Gelegenheiten, sondern schuf sich selbst ein Jagdrevier ohne großes Risiko. Pepys hatte 1655, mit 23 Jahren, eine 15-Jährige geheiratet. Seine Frau war ihm ergeben, eifersüchtig und versorgte brav den Haushalt, während er in der Armee Karriere machte. An der Spitze angekommen, nutzte er seine Chancen, um Ehefrauen, die ihn wegen der Karriere ihrer Gatten aufsuchten, auf den Leib zu rücken. Mit Erfolg. Sie gewährten ihm, was er wollte, denn auch sie wussten, was sie wollten. Es ist nicht auszuschließen, dass auch die entsprechenden Ehemänner wussten, was da vor sich ging. Es hatte sich nämlich bald herumgesprochen, Pepys ginge den Frauen gerne an die Brüste, dann unter den Rock, schließlich würde ein Posten dabei herausspringen.[180]

Wie unser unwiderstehlicher Magier Simon Forman war auch Samuel Pepys Engländer. Angeblich sollen Engländer ganz besonders promisk sein, was unlängst die Gazetten behaupteten. Der Hang zur Promiskuität zeige sich etwa im Urlaub. So berichten britische Diplomaten, immer mehr ihrer Landsleute würden es im Ausland gar zu bunt treiben. Tatsächlich muss jährlich rund 75 000 Briten außerhalb Großbritanniens auf diplomatischem Wege geholfen werden. Der Grund: exzessive Trunkenheit oder Missachtung der örtlichen Moral. Im Oktober 2008 wurde etwa ein unverheiratetes Paar in Dubai zu drei Monaten Haft verurteilt. Sie hatten sich dem Liebesspiel am Strand hingegeben. Auch aus der Türkei wurden ähnliche Fälle gemeldet. Nach einer Untersuchung der Bradley University in den USA haben Briten mehr Sexualpartner als andere große Industrienationen. Die männlichen und weiblichen Untertanen der Queen lassen der Studie zufolge die Australier, Amerikaner, Franzosen, Niederländer und Deutschen easy hinter sich. Allerdings werden sie von einer Nation übertroffen: den Finnen.[181]

Geschlechtsspezifisches Verhalten

Promiskes Verhalten im Übermaß gibt es auch an Orten wie dem Ballermann auf Mallorca oder in Daytona Beach in Florida, wo sich alljährlich im März während des Spring breaks die jungen Absolventen der Highschool tummeln, oder in den touristischen Hochburgen von Thailand. Selbst Norderney kann ein promiskes Wörtchen mitreden, eine eher verschlafene Ostfrieseninsel, die aber gerne von Kegelbrüdern, Skatklubs oder anderen Vereinen aufgesucht wird »um einen draufzumachen«.

Für Alfred Kinsey bestand schon 1948 kein Zweifel darüber: Ein Mann würde während seines Lebens eine Vielzahl sexueller Partner wählen, bestünden in dieser Hinsicht keine sozialen Beschränkungen. Der renommierte Sexualwissenschaftler hatte nicht weniger als 12 000 US-amerikanische Männer für seinen Kinsey-Report *Das sexuelle Verhalten des Mannes* befragt. Der männliche Mensch würde fast immer promisk, sobald er sich auf ungesetzliche sexuelle Beziehungen einließe. Dies träfe bis zu einem gewissen Grad auf den vor- und außerehelichen Geschlechtsverkehr zu und bestätigt sich ebenso bei den homosexuell aktivsten Männern.[182] Frauen, das zeigen nicht nur Kinsey und seine Mitarbeiter, verhalten sich diesbezüglich sehr, sehr viel zurückhaltender.

Dieses geschlechtsspezifische Verhalten demonstrieren homosexuelle Männer in geradezu krasser Weise. In der Zeit, bevor die Gefahr vor Aids offiziell bekannt wurde, war die Promiskuität unter homosexuellen im Durchschnitt allgemein höher als unter heterosexuellen Männern. Im Bereich der San Francisco Bay will man etwa festgestellt haben, dass 75 Prozent der homosexuellen Männer mehr als hundert Partner in ihrem Leben hatten. Die restlichen 25 Prozent verlangte es nach mehr als tausend Partnern. Zum Vergleich: Homosexuellen Frauen wird nachgesagt, sie hätten weniger als zehn Partnerinnen in ihrem Leben.[183]

Und noch einige ernüchternde Zahlen aus der Gegenwart. In Indien gibt es 14 Millionen Lkw-Fahrer, davon sind 4 Millionen Fernfahrer, von diesen wiederum sind etwa 7 Prozent mit HIV infiziert, also 280 000 Männer.»80 Prozent der Fernfahrer haben mehrere Sexualpartner. Jeder dieser Fahrer hat zwischen 40 und 150 Partner jährlich.« Bestätigt Akash Gulalia vom Sozialwissenschaftlichen Institut der Universität Delhi.[184]

Mit Sexualpartner sind Prostituierte gemeint, in aller Regel weibliche. An den Hauptverkehrsrouten Indiens blüht das Gewerbe der käuflichen Liebe. Ein Beispiel unter vielen: der Fahrer Cydrinda. Mit 30 hat er geheiratet, vor seiner Ehe hat er auf jeder Tour drei bis vier Prostituierte aufgesucht, seit der Heirat ist es «nicht mehr so oft«. Cydrinda gehört in Indien zu den ersten gemeldeten HIV-Trägern. Seine Frau hat er angesteckt. Die gemeinsamen Kinder wurden aus Furcht vor dem möglicherweise negativen Ergebnis noch nicht untersucht.

Das Schicksal dieses Fahrers ist in einem Dokumentarfilm mit dem Titel *Vom Fernfahren und Fremdgehen* zu sehen. Der Zuschauer erfährt, wie knochenhart der Job dieser Männer ist: Die 36-Stunden-Nonstop-Fahrten können sie »nur mit Drogen, Alkohol und Liebesfreuden« durchstehen. Das mag sein, nur machen Abermillionen Frauen ebenfalls tagtäglich einen Knochenjob und: Kaufen sie sich Liebe?

In Deutschland gab es vor einigen Jahren einen Skandal, als sogenannte Lustreisen von der Steuer abgesetzt wurden. Es fanden sexuelle Orgien auf Hotelzimmern statt, die sich zum Skandal ausweiteten, weil versklavte Prostituierte einem Promi »Liebesdienste« leisten mussten. In Japan lassen sich mächtige Geschäftsmänner nach anstrengenden Verhandlungen von jungen Dingern oder »speziellen Geschöpfen« verwöhnen. Es gibt auf allen Kontinenten spezielle Callgirl-Agenturen für die High Society. Die Liste prominenter oder einflussreicher Männer, die sich Frauen kommen lassen, ist lang, auch von solchen Männern, die verheiratet sind oder in festen Beziehungen leben. Das Resümee ist jedoch kurz: Männer sind promisk und manche von Ihnen gehen eben diesen Weg.

Gelegenheit macht Diebe

Der französische Schriftsteller Georges Simenon soll sich gerühmt haben, mit 10 000 Frauen geschlafen zu haben. Dem finster dreinblickenden Philosophen Friedrich Nietzsche soll nach nur einer Frau der Appetit vergangen sein. Und sein verschrobener kleiner Kollege Immanuel Kant, der niemals aus seinem Königsberg rauswollte, soll mit gar keiner Frau ins Bett gegangen sein. Was ist normal, was die Regel?

Alles und nichts, würde ich nach jahrelangem Studium der sexualwissenschaftlichen Literatur sagen, aber hinzufügen: Das zur Verfügung stehende Material unterstützt eindeutig die Kinsey-These zur Promiskuität des Mannes und: Gelegenheit macht Diebe. Handtaschendiebe haben weit mehr Gelegenheiten, ihrer kriminellen Neigung zu frönen, als Tresorknacker. Die Umstände, um promisk zu leben, sind entscheidend. Dazu gehört allemal eine gewisse Attraktivität.

Boris Becker konnte nicht widerstehen und vergnügte sich an einem recht unbequemen Ort mit einer Hotelangestellten. Aus diesem kurzen Vergnügen ging eine Tochter hervor. Willi Brandt sollen unzählige Frauen Avancen gemacht haben. Fest steht: Auf manch einer Geschäftsreise ließ er sich nachweislich Frauen in sein Schlafwagenabteil kommen. Jeder von uns kennt Prominente, die durch einen Fehltritt ins Gerede kamen, das x-te Mal geheiratet haben. Keine Frage, Macht und Prestige machen sexy. Wer sexy ist, hat mehr Frauen.

Charlie Chaplin, Pablo Picasso, Elvis Presley, Jimmy Hendrix, sie alle sind Gewährsmänner dafür, dass auch Kunst sexy macht. Kreischende Mädchen vor den Hotels der Idole oder vor den Bühneneingängen sind dafür ein Indikator, Groupies ein anderer. Ron Wood von den Rolling Stones bekannte, er habe die Zeit genossen, als Frauen sein Hotelzimmer stürmten. Schauspieler werden ebenfalls nicht nur von Weitem angehimmelt. Sie haben weitaus bessere Chancen als der Mann von nebenan. Für Clint Eastwood beispielsweise schwärmten unzählige Frauen. Der gealterte Star ist mittlerweile 78 Jahre, doch noch immer hat er jede Menge weibliche Fans. Seine Bilanz: Sieben Kinder von fünf Frauen. Das ist seine offizielle Frauenstatistik, versteht sich.

Bleibt noch eine Frage zu klären: Was spricht gegen die promiske Veranlagung des Mannes? Der britischer Zoologe und Sozialbiologe Ridley erklärt 1995: die Hodengröße. Sie verriete, dass der Mann nicht für die Promiskuität geschaffen sei. Tatsächlich sind Menschenhoden klein, mickrig etwa im Vergleich zu den promisk lebenden Schimpansen. Zur Beruhigung aller Männer sei angefügt: Im Vergleich zu allen 192 Menschenaffenarten verfügt der menschliche Mann über den längsten und auch dicksten erigierten Penis. Die menschlichen Hoden sind aber nicht nur mickrig im Vergleich zu denen von Schimpansen, sondern zu denen aller Männchen im Tierreich, die keinen Harem um sich scharen. Haremsbesitzer, wie etwa Gorillamänner, haben – wie Männer – sehr kleine Hoden. Wie passt das zusammen?

Robert Short gab bereits 1979 eine interessante Antwort. Sie lautet: Konkurrenzverhalten der Spermien. Hat ein Tier einen Harem, ist das Quantum der Spermien weniger üppig, jedoch ausreichend, um jederzeit eine befruchtungsfähige Tierdame zu beglücken. Anders bei Männchen, die mit promisken Weibchen leben, wie bei den Schimpansen. Ihnen geht es nicht nur darum, im richtigen Moment des Eisprungs zuzuschlagen, um Vaterfreuden entgegenzusehen. Sie müssen auch gegen konkurrierenden Samen antreten, da das Weibchen es zuvor schon getrieben haben kann oder noch treiben wird. Das Motto heißt also nicht nur: So viele Weibchen wie möglich, sondern auch: Viel Samen in die Vagina, um Fremdsamen chancenlos zu machen.

Das ist das Geheimnis der großen Hoden. Andererseits leben Menschen keine eisenharte Monogamie wie die Gibbons. Wir gehen fremd, das ist keiner menschlichen Gesellschaft fremd. Männer suchen Freudenhäuser auf, haben Geliebte und wenn sie Gelegenheit haben und ihnen keine Schranken auferlegt werden, zeugen sie, was das Zeug hält. Das alles weiß auch der kluge Biologe Ridley und meint deshalb: »Wir liegen irgendwie dazwischen«, und er vergleicht uns mit den Kolonievögeln. Eine Spezies mit hoch entwickeltem Sozialgefüge, kleinen Hoden und mit der Tendenz zum Fremdgehen.[185]

KAPITEL 14

PROMISKUITÄT II:
UNTREUE FRAUEN

Die gesamte Weltliteratur strotzt vor Untreue. Unerschöpfliches Material über den außerehelichen Geschlechtsverkehr. Ganz gleich, ob Dramen, Tragödien, Biografien, Tagebücher oder Romane, in Klassikern ebenso wie in der Belletristik, es wimmelt von Männern und Frauen, die betrügen, zum Fremdgehen verführt werden oder verführen.

Die Wissenschaft kann dem, was seit einigen Jahrzehnten Eheberater, seit einigen hundert Jahren Psychologen und seit mehreren tausend Jahren Ärzte, Psychologen und Richter von Männern und Frauen erfuhren, die betrügen oder betrogen wurden, nicht wesentlich Neues hinzufügen. Schmerz, Zwistigkeiten, zerrüttete Ehen oder ganze Familien, Vertrauensverlust, Misstrauen und Kuckuckskinder sind nur einige der möglichen Folgen. Körperliche Misshandlungen, Mord, Totschlag und Selbstmord sind ebenfalls Folgen, die seit Menschengedenken Untreue begleiten.

In der Regel sind es Männer, die zuschlagen, wenn sie vom Fehltritt ihrer Frau erfahren. Frauen verzeihen eher, rächen sich auf andere Weise oder tragen den Dorn der Verletzung lange in sich. Für diese geschlechtsspezifische Reaktion gibt es einen Grund, auch dafür, dass Frauen nicht gar so viel fremdgehen wie Männer. Aber sie gehen fremd und sie werden dabei viel mehr von ihrer Biologie geleitet, als man glauben mag. Liebe hat ihre Grenzen.

Der Inkakönig Atahualpa, der sich, wie schon erwähnt, in seinem Reich zahlreiche »Jungfrauenhäuser« hielt, strafte erbarmungslos, wenn sich ein Mann an einer seiner Frauen verging. Den Sünder erwartete die Todesstrafe. Damit nicht genug. Getötet wurden zudem seine Frau und Kinder, seine Verwandten, Dienstboten, alle Mitbewohner seines Dorfes und seine Lamas. Das Dorf wurde dem Erdboden gleichgemacht. Was blieb, waren Steine, die den ehemaligen Standort des Dorfes markierten.

Im mesopotamischen Reich ging es ebenfalls hart zu. Laut einem assyrischen Gesetz aus der Zeit zwischen 1450 und 1250 war es dem gehörnten Ehemann gestattet, seine Ehefrau nebst Nebenbuhler zu töten. War er milder gestimmt, konnte er seiner Frau auch nur die Nase abschneiden und den Nebenbuhler kastrieren.[186] Nach alter Tradition war in Indien dem Gatten die Tötung der ehebrecherischen Gattin ebenfalls gestattet, während man in China und Japan die Selbsttötung der Schuldigen erwartete.[187]

Heinrich VIII. ließ seine Frauen kurzerhand verbannen oder köpfen, wenn sie ihm angeblich untreu geworden waren. Und im Jahre 1292 wurden Ehebrecherinnen in der Gegend um Avignon nackt mit der Peitsche durchs Dorf gejagt, wobei jedoch die Schamgegend der Frau bedeckt blieb.[188] Letztere Bestrafung erscheint vergleichsweise mild, aber natürlich war sehr wohl auch in Frankreich, ja in ganz Europa die Tötung der Ehebrecherin oder des Ehebrechers bekannt. Das zeigt sich allein schon durch Strafmaßnahmen, die bei einer viel harmloseren Angelegenheit angewendet wurden: dem Küssen.

So war ein Franzose zum Tod durch das Schwert verdammt worden. Sein Vergehen: Er hatte einer Ehefrau mit Gewalt einen Kuss aufgedrückt. Ein römischer Bürger wiederum wurde zum Tode verurteilt, weil er einer verheirateten Frau einen Kuss geraubt hatte. Papst Sixtus V. ließ wegen des gleichen Deliktes einen jungen Römer auf einer Galeere in Ketten schmieden.[189]

Und bei den »zügellosen Wilden«? Selbst da gibt und gab es Eifersucht und harte Strafen für Ehebruch. Beispielsweise bei den Trobriandern, jenen Insulanern, die Bronislaw Malinowski mit rosa Brille ausgestattet als ein sexuell freies Volk beschreibt. Hier in Nordwest-Melanesien hatte im Jahre 1929 der Ehemann das Recht, die Ehebrecherin zu töten. Üblicher war jedoch eine Tracht Prügel, Vorhaltungen oder schlechte Laune.[190]

Außerehelicher Geschlechtsverkehr ist in unzähligen Kulturen ein Vergehen und kein Kavaliersdelikt. Das bezeugen nicht nur die schon vergilbten europäischen Gesetzbücher und asiatische Rechtsvorschriften. Noch bis weit in die Siebzigerjahre des 20. Jahrhunderts konnte in deutschen Landen derjenige schuldig geschieden werden, der fremdgegangen war. Heute ist bei uns Ehebruch per se kein Scheidungsgrund mehr. In anderen Ländern schon. Mullahs verurteilen untreue Frauen zur Steinigung, andernorts wird ihnen der Kopf abgeschlagen.

In vielen Kulturen wurde der Fehltritt bei Frauen weit härter geahndet als bei Männern – manchmal wird er es heute noch. Und über einen langen Zeitraum war es im mediterranen Raum für den Tatbestand des Ehebruchs entscheidend, ob die Frau verheiratet war, nicht aber, ob das für den Mann zutraf. So verhielt es sich beispielsweise bei den Ägyptern, Syrern, Hebräern und Spartanern. Eine Rechtsverordnung, die den Ehemann wegen eines Fehltrittes belangt, soll erst im römischen Gesetz zu finden sein. In dem vorchristlichen Gesetzestext wird dem Mann mit Verlust der Mitgift gedroht, sofern er fremdgeht.[191]

Allen Kulturen ist Ehebruch bekannt. Ganz gleich, ob in Industriestaaten, der Zweiten oder der Dritten Welt, in Großstädten oder auf dem Lande, ob Christen, Buddhisten oder Atheisten, überall gibt es eheliche Untreue. Nicht einmal der angedrohte Tod kann Untreue verhindern. Nichts, aber auch gar nichts konnte diese »Unsitte« bislang ausmerzen. Umso wahrscheinlicher ist, dass sie im Menschen angelegt ist. Das, was wir als Liebe bezeichnen ist deshalb lediglich eine Übergangslösung. Eine Phase, die Verliebtheit und eine längere Bindung ermöglicht. Stichwort: Kinderzeugung und Kinderaufzucht. Keinesfalls wurde mit dieser Bindungsfähigkeit ein unwiderruflicher Pakt mit unseren Treuegefühlen geschlossen. Das können wir gar nicht. Ganz zu schweigen von dem Willensschwur, ein für alle Mal mit ein und demselben Menschen beisammenbleiben zu wollen. Treue ist keine Tugend, die man sich aneignen kann. Wohl aber können Umstände Untreue eindämmen.

Kuckuckskinder

In einer außerordentlich interessanten Untersuchung, die man vor Kurzem in Westeuropa durchgeführt hat, traten folgende Tatsachen zutage: Wenn verheiratete Frauen eine Affäre eingehen, dann entscheiden sie sich für dominante Männer, die älter und verheiratet sind, gut aussehen und ein symmetrisches Erscheinungsbild haben. Frauen haben mit sehr viel größerer Wahrscheinlichkeit dann eine Affäre, wenn ihre Partner eher fügsam und jünger als sie selbst sind, nicht besonders gut aussehen und ihr Erscheinungsbild in irgendeiner Form asymmetrisch ist. Eine kosmetische Operation, die das Aussehen eines Mannes verbesserte, erhöht seine Chance für einen Seitensprung um hundert Prozent, je attraktiver ein Mann, umso weniger aufmerksam ist er als Vater. Nahezu jedes dritte Kind, das in Westeuropa geboren wird, stammt aus einer außerehelichen Beziehung.

Diese Fakten erschüttern Sie oder Sie möchten sich weigern, sie zu glauben? Fassen Sie sich. Diese Studie wurde nicht an Menschen unternommen. Sie bezieht sich auf Schwalben …

Sie hatten zunächst keinen Zweifel, nicht wahr? Ich hatte jedenfalls keinen Moment an Tiere gedacht, als ich diese Passage bei Ridley[192] las. Der britische Forscher führt sogleich den Evolutionsbiologen Robin Baker und seinen Mitstreiter Mark Bellis ins Feld. Sie hatten in den Neunzigerjahren eine ähnliche Studie durchgeführt. Nur eben tatsächlich an Menschen. Bewohner eines ganzen Wohnblocks in Liverpool »mussten herhalten«. An ihnen wurden genetischen Tests durchgeführt, um die Vaterschaft zu bestimmen. Das Ergebnis war ernüchternd: 20 Prozent der Befragten waren Kuckuckskinder. Um ihre Forschung abzusichern, wiederholten Baker und Bellis ihre Untersuchung in Südengland. Wieder fast das gleiche Resultat.[193]

Aus einer ganzen Reihe von Untersuchungen aus Europa, Afrika, Nordamerika und Ozeanien geht hervor: Ungefähr 9 Prozent aller Kinder haben einen anderen leiblichen Vater als der, der angegeben wird.[194] 1973 gaben 4 Prozent Frauen einer Studie an, sich über die Vaterschaft eines Kindes unsicher zu sein.[195] Und auf einem Gynäkologenkongress wollte mich ein Frauenarzt überzeugen, »eine ganze Menge der Zweitgeborenen in einer Familie werden dem Ehemann untergeschoben«.

Gesicherte Zahlen gibt es nicht. Sicher ist: Genügend verheiratete Frauen gehen fremd, werden schwanger und verheimlichen den wahren Vater. Nebenbei bemerkt, nicht immer und ausschließlich mit bösen Absichten. Manche Frau, die in der Vergangenheit von ihrem Ehemann nicht schwanger wurde, ließ sich von einem anderen schwängern und schwieg über das geglückte Manöver. David Delvin erklärt 1985, diese Tradition sei Jahrhunderte alt. Obgleich der medizinische Berater der *Britischen Gesellschaft für Familienplanung* die »erschlichene

Schwangerschaft« nicht für gut heißt, riet er seinen Patientinnen mit mahnendem Unterton: »Suchen Sie sich um Himmels willen jemanden aus, der Ihrem Partner ähnlich sieht, und seien Sie diskret!«[196]

Wunsch nach einer Affäre

Sollten Kuckuckskinder das Motiv sein, wenn Frauen ein sexuelles Abenteuer eingehen? Schauen wir uns zunächst die Schwalbendamen an. Sie fallen nicht auf irgendein Männchen herein, sondern wählen stets jene, die dominanter, älter und attraktiver sind. Es sind die, die längere Schwanzfedern haben, jedenfalls länger als die ihrer Ehemänner. Ein toller Hecht eben. Noch viel entscheidender: Er hat gute Gene. Damit ist er genau das Richtige für einen Seitensprung, den Biologen und Zoologen EPC, *extra pair copulation* nennen. Nebenbei gesagt, sind Schwalbenfrauen mit ihren etwa 30 Prozent untergejubelten Kindern noch nicht einmal die schlimmsten ihrer Art. Bei den als sehr treu geltenden Indigofinken, einer hübschen dunkelblauen Vogelart aus Nordamerika, füttert ein Vater rund 40 Prozent der Jungen in seinem Nest, die nicht vom ihm abstammen.[197]

Wie sieht es beim Menschen aus? Die Untersuchungen von Steve Gangestad und Randy Thornhill (1997) von der University of New Mexico legen nahe, »dass Frauen möglicherweise Partner mit besonders gesunden Genen für Affären wählen«[198]. »Nahelegen« bedeutet nicht, genau so ist es. Aber meines Erachtens ist es sehr wahrscheinlich. Für den Vater ihrer Kinder sucht sich eine Frau einen verlässlichen, treuen, liebevollen Mann. Er ist auch nicht unbedingt ein Adonis. Erträumt sich eine Frau hingegen eine Affäre, dann »ist er ganz anders«, »irgendwie ausgeflippt« und hat vielleicht sogar »mehrere Frauen zur selben Zeit«.[199]

Das Ebenbild des Gatten ist er auf gar keinen Fall. Weil Affären-frauen sich wie Schwalbendamen einen »tollen Typ« wünschen, einen, der toll aussieht, der Eindruck macht, etwas Besonde-res ist. Da fallen sie auch schon einmal auf einen Angeber her-ein. Sie sind wie die gefiederten Damen auf Optimierung ihrer Gene aus. Dieses Vorhaben tragen sie nicht bewusst in ihrem Kopf herum, aber sie wollen einen Kinderpool mit genetisch großer Vielfalt zur Welt bringen, was »als Absicherung gegen veränderte Umweltbedingungen dienen kann«[200]. Für Biologen und Vogelwatcher besteht jedenfalls kein Zweifel, warum es bei Kolonievögeln häufig zu Seitensprüngen kommt. Ein Vogel-männchen hat dadurch *mehr* und ein Vogelweibchen dadurch *bessere* Junge.

Es gibt Verhütungsmittel und Frauen versichern glaubwürdig, der Seitensprung hätte niemals etwa mit einem verborgenen Affären-Kinderwunsch zu tun. Besonders absurd wirkt das Ku-ckuckskindmotiv natürlich bei all jenen Frauen, die kein Kind mehr wollen oder die im Klimakterium sind, gleichwohl aber eine außereheliche Liaison eingehen. Obgleich die Annahme unter diesen Umständen falsch anmutet, ist sie richtig. Auch diese Frauen tragen ein Erbe in sich, und genau dieses Erbe veranlasst sie, dies oder jenes zu tun.

Kuckuckskinder waren bei unseren Vorfahren eine prima Absi-cherung für die eigene biologische Zukunft. Der Genpool wur-de abwechslungsreich, das Überleben der eigenen Gene siche-rer. Das, was heute Frauen zu einem Seitensprung veranlasst, haben sie von irgendeiner Urahnenfrau, die zwar einen Partner hatte, sich aber heimlich mit einem anderen vergnügte. Sie war es, die das Kuckuckskindmotiv an die nächste Generation wei-tergab, damit an die übernächste und überübernächste. Dass dieses genetische Erbe im 21. Jahrhundert auf eine sterilisierte oder alte Frau trifft, die ihren Mann betrügt, ändert nichts an seiner Wirkungsweise.

Das Unbewusste entscheidet mit

Wir tun vieles, von dem wir keine Ahnung haben, und wir tun vieles, von dem wir die Motive zu kennen glauben. Zum Beispiel gehen wir in eine Diskothek, um Leute kennenzulernen, um zu tanzen, wegen der Musik, um mit einem Freund oder einer Freundin ein bisschen Spaß zu haben. Eine Forschergruppe unter der Leitung des Biologen Karl Grammer untersuchte tausend von diesen Discobesuchern. Genauer: Frauen, die Wiener Diskotheken aufsuchten. Das Interesse der Wissenschaftler galt dem Hormonhaushalt. Die Frage lautete: Hat die Art der Bekleidung etwas mit Hormonen zu tun, also wählen Frauen bestimmte Kleidung in Abhängigkeit zu ihrem Zyklus?

Die Discobesucherinnen wurden fotografiert und von ihnen eine Speichelprobe genommen. Sodann wurden die Aufmachung und das Ergebnis der Speichelanalyse miteinander verglichen. Das Ergebnis: Frauen lassen kurz vor dem Eisprung tief blicken. Je höher der Östrogenspiegel, desto mehr Haut. Und umgekehrt: Je weniger weibliche Hormone im Blut, desto züchtiger die Bekleidung. Ein weiteres überraschendes Ergebnis dieser Studie: Diejenigen Frauen, die zum Zeitpunkt des Eisprungs mehr Haut als andere gezeigt hatten, nahmen keine Pille und waren ohne Partner in die Diskothek gekommen.

Genau diese jungen Frauen, die sich für die Disco zurechtmachten, haben sich so und nicht anders gekleidet, weil sie dachten: »Ich möchte den Jungs gefallen«. Vielleicht hätten sie bei einer entsprechenden Frage laut geäußert: »Ich möchte gut aussehen und natürlich auch den anderen gefallen«. Keine von ihnen hätte aber jemals gedacht oder angegeben: »Ich trage tief dekolletiert, weil ich gerade einen Eisprung habe und Ausschau nach einen guten »Befruchter« halte.

Von dem, was wir denken oder nicht denken, danach haben die Wiener Forscher nicht gefragt. Sie haben einfach nur gemessen und verglichen. Ihr Ergebnis ist deshalb umso unbestechlicher: Frauen gehen zumeist eine Affäre ein, wenn sie ihren Eisprung haben, also schwanger werden könnten.[201] Ein Motiv, welches schon der Evolutionsbiologe Doug Kenrick und sein Forscherkollege Richard Keefe 1992 dingfest gemacht hatten. Ihre landesweite Studie in Großbritannien, an der 3679 Frauen teilgenommen hatten, brachte es an den Tag: Ehefrauen, die eine Affäre haben, bevorzugen für den außerehelichen Beischlaf ihre »gefährlichen Tage«, sprich den Zeitpunkt der Ovulation. Die Forscher konnten ihren Ergebnissen trauen. Neben den schriftlichen Angaben der Befragten hatten sie außerdem die von den Frauen fein säuberlich notierten Aufzeichnungen über ihre Menstruationszyklen zur Hand.

Da ist noch etwas, was selbst staubtrockene Wissenschaftler nicht ignorieren können und jede Affäre versüßt: die sexuelle Lust. Helen, eine der Frauen, die Natalie Schlegel für ihr Buch *Mamas Lover* interviewte, bringt es auf den Punkt: »Ich gehe mit meinem Liebhaber ins Bett, als würde ich Eis essen gehen.«[202] Ohne Lust läuft nichts. Diese Lust gipfelt in einem Orgasmus und selbst den haben Frauen irgendwie im Griff, wenn es um Seitensprünge geht. An dieser Stelle muss ich wieder die beiden Briten Robin Baker und Mark Bellis ins Spiel bringen, zwei Männer, deren ungetrübter Blick lange Zeit auf Vögel gerichtet war. Sie können genau darüber Auskunft geben, aber eigentlich wollten sie wissen, ob es auch beim Menschen so etwas wie Spermienkonkurrenz gibt, etwas, was bei Tieren bereits nachgewiesen wurde.

Was die beiden Zoologen unter anderem herausfanden, überrascht, aber irgendwie hat man es geahnt. Die Spermienmenge, die in der Vagina zurückbleibt, hängt mit dem Orgasmus zusammen. Hat eine Frau einen Orgasmus oder erfolgt er mehr als eine Minute vor der Ejakulation, verbleibt in der Vagina nur sehr wenig Samen. Erfolgt der Orgasmus jedoch unmittelbar vor der Ejakulation, bleibt der größte Teil zurück. Das trifft auch zu, wenn der Orgasmus bis zu 45 Minuten später als beim Mann stattfindet. Und jetzt kommt das wirklich Überraschende: Bei treuen Frauen waren 55 Prozent Spätorgasmen, also fruchtbare, bei den untreuen hingegen nur 38 Prozent. Hier ist der eigentliche Partner gemeint. Mit dem Liebhaber sah die Sache anders aus, da waren es nämlich 65 Prozent.[203] Dazu kommt noch etwas Ausschlaggebendes: Die Liebhaberorgasmen waren just an den fruchtbarsten Tagen. Der Schluss ist heikel und erhellend: Selbst wenn Frauen mit ihrem Ehemann viel häufiger koitieren als mit ihrem Liebhaber, sie »kriegen es irgendwie hin«, dass die Wahrscheinlichkeit, ein Kind vom Liebhaber zu empfangen, ansteigt.

Vorteile eines Liebhabers

Nun kann man es drehen und wenden, für uns klingen Gründe für eine Affäre weit einleuchtender, wenn es heißt: »Er ist aufmerksamer«, »Er hört mir zu«, »Er verwöhnt mich«, »Ich fühle mich bei ihm wieder als Frau.« Nehmen wir diese Aussagen einmal aufs Korn. Damit alles neutraler erscheint, begeben wir uns erneut in die Vogelwelt, diesmal widmen wir uns dem Regenpfeifervogel. Diese Art wurde auf Little Pelican Island, einer Insel im Leech Lake (Minnesota) 4000 Stunden von den Biologen Mark Colwell und Lewis Oring beobachtet. Ihre Entdeckung: Lässt sich ein Weibchen, obgleich sie schon gebunden ist, auf einen Liebhaber ein, dann testet sie das neue Männchen. Es will in Erfahrung bringen, ob er als Partner geeignet wäre. Bewährt sich der Lover, wird er mit einiger Wahrscheinlichkeit der neue Gatte. Die Männchen ihrerseits, auch nicht dumm, geben vor, Single zu sein, in Wahrheit liegt ihr Brutrevier nur weit genug entfernt, sodass die Verführte nichts vom Ehestatus ahnt. Das häufige Vorkommen dieser beidseitigen Manöver sowie die daraus entstehenden neuen Pärchenbildungen lassen eines vermuten: Fremdgehen wird zur Vorbereitung eines Partnerwechsels benutzt.

Wie verhält es sich mit diesem Motiv bei der Spezies Mensch, gilt es hier ebenso? Durchaus! Nur hat das Ganze einen ziemlich gemeinen Haken. Auf mitteleuropäische Frauen trifft es zumeist zu, während für mitteleuropäische Männer eine Affäre eine Affäre ist und möglichst bleiben soll. Das jedenfalls bestätigen Therapeuten und Eheberater, Zahlenmaterial liegt nicht vor.

Bliebe noch: »Er ist aufmerksamer«, »Er verwöhnt mich.« Dazu Nisa, eine !Kung: »Eine Frau muss vielerlei Arbeiten verrichten und sollte, wohin sie auch geht, einen Geliebten haben. Kommt sie irgendwohin allein zu Besuch, schenkt ihr der eine Glasperle, der zweite Fleisch und der dritte wieder etwas anderes zum Essen. So ist gut für sie gesorgt, bis sie wieder in ihr Dorf zurückkehrt.«[204]

Nisa hat wunderbar auf den Punkt gebracht, weshalb sich eine sexuelle Affäre lohnt. Sie bekommt etwas, was sie sonst nicht bekommen würde. Und etwas zu verschenken haben nur erfolgreiche Männer. Wer nichts übrig hat, kann sich keine Affäre leisten. In der Tat weisen anthropologische Untersuchungen darauf hin, dass erfolgreiche Jäger mehr Chancen bei Frauen haben. Sie können großzügig Fleisch verteilen. Das bringt ihnen nicht nur Bewunderung ein, sondern verleiht ihnen auch Sexappeal. !Kung-Jäger gehen nur wenige Tage während bestimmter Jahreszeiten auf Pirsch, ansonsten sammeln sie vegetarische Nahrung. Sie haben folglich nicht viel zum Verteilen, weshalb sie das wenige ihrer Familie zuführen. Eine Geliebte können sich deshalb wohl nur die wenigsten Familienväter leisten, wohl aber Ledige. Umso mehr zählt, was Nisa gesagt hat.

Anders sieht es bei den Hadza (Zentral-Tansania) aus. Sie sind nicht nur gute Jäger, jagen nahezu täglich und machen große Beute, sie verteilen auch gerne, was sie erbeutet haben. Ein erfolgreicher Jäger ist sich des Neides der anderen Männer sicher, was aber viel entscheidender ist und damit unmittelbar zusammenhängt: Er wird von Frauen bewundert und umworben. Ein guter Jäger hat mehr außereheliche Affären.[205]

Europäische Liebhaber müssen nicht jagen und verteilen kein Fleisch, aber sie verwöhnen ihre Frauen. Sie sind geduldige Zuhörer, sind aufmerksam und vergessen auch nicht, die Autotür aufzuhalten. Wenn sie teure Geschenke machen, umso besser. Wer viel investiert, der meint es ernst. Und dieses Ernstmeinen war in archaischer Vergangenheit der Schlüssel für eine ganz besondere Versicherung, eine Lebensversicherung.

Eine Frau, die einen Liebhaber hatte, bekam zusätzlich Fleisch. Sie hatte dadurch mehr für sich und auch für ihre Kinder. War ihr Mann zudem kein guter Jäger, hatte sie einen Ausgleich. Und, was ebenso wichtig ist: Wurde sie von ihrem Mann verlassen, kam er zu Tode, dann hatte sie einen Ersatzmann. Zu Twiggys Zeiten verbesserte eine Frau so oder so ihre Lebenssituation. Oder um es mit den Worten von Helen Fisher zu sagen: »Solange die Frauen in prähistorischen Zeitalter ihre außerehelichen Affären geheimhielten, konnten sie ihre Leben durch zusätzliche Ressourcen und ihre biologische Zukunft durch bessere Gene und eine abwechslungsreichere DNS sichern. Wer sich mit Liebhabern heimlich in die Büsche stahl, überlebte und vererbte über die Jahrhunderte unbewußt das weiter, was die Frauen heute noch zu Seitensprüngen veranlaßt – was immer das genau ist.«[206]

Es kommt drauf an ...

Befragungen ergeben stets das gleiche Bild: Männer lassen sich eher auf einen Seitensprung ein als Frauen. Einige TV-Magazine führten auf Einkaufsmeilen Tests durch. Eine attraktive junge Frau befragt Männer, ob sie Lust hätten, sie zu begleiten. Was mit dieser Frage gemeint ist, war klar. Tatsächlich waren einige der angesprochenen Männer sogleich dazu bereit. Mit umgekehrten Vorzeichen war kein Start zu machen. Keine der angesprochenen Frauen wollte mit dem entsprechenden Mann mitgehen.

Mich wundert das nicht, doch ich bezweifle den eindeutigen Schluss, der daraus folgt: Frauen würden sich nicht auf so etwas einlassen. Sie tun es, nur müssen die Vorgaben anders aussehen. Eine Frau muss die Kontrolle über das haben, was da kommt, aber sie muss vor allem wissen, auf *wen* sie sich einlässt. Dahinter steht die Frage: Was *bietet* er für den Sex? (Was immer das sein mag.) Nicht so beim Mann, ihm reicht, was er sieht.

Donald Symons und Bruce Ellis machten mit ihrer Studie 1989 genau den gleichen Fehler. Sie befragten 415 Studenten und Studentinnen, ob sie zum Sex mit einer anonymen Person bereit wären. Jedes Risiko sollte dabei ausgeschlossen sein. Keine Schwangerschaft, keine Ansteckung und auch keine Möglichkeit der Entdeckung. Weil die befragten Männer dazu weitaus häufiger bereit waren als die Frauen, kamen die beiden Forscher zu dem Schluss, Männer hätten an sexueller Abwechslung mehr Interesse als Frauen.[207]

Diese Untersuchung hatte zwar das genetische Hauptmotiv des Mannes für Seitensprünge berücksichtigt, nämlich junge Frauen zu schwängern, aber wie Fisher ganz richtig kritisiert, nicht das der Frauen. Sie fragt deshalb, wie die Studie ausgefallen wäre, wenn man etwa gefragt hätte: »Wären Sie bereit, eine

Nacht mit Robert Redford zu verbringen, wenn er Ihnen einen nagelneuen Porsche schenken würde?« Nun, die heutigen jungen Frauen stehen weniger auf Robert Redford, vielleicht mehr auf Brad Pitt oder George Clooney, was nichts an dem richtigen Grundgedanken der Anthropologin ändert. Die Evolution hält für beide Geschlechter unterschiedliche Strategien bereit und das bedeutet, »daß sich Frauen für Güter und Dienste in fremde Betten legen«.[208]

Männer nennt man Don Juan oder Casanova, ganz und gar ohne Beigeschmack. Anders ergeht es Frauen, die fremdgehen oder der Promiskuität frönen. Flittchen, Dirne, Nutte oder Nymphomanin, das sind nicht gerade schmeichelhafte Bezeichnungen für Frauen, die sich wie ein Don Juan oder ein Casanova verhalten. Letztendlich verhält sich der eine wie der andere nur seinem biologischen Vermächtnis gegenüber adäquat. Jedenfalls kommt man zu diesem Schluss, wenn man kaltblütig über Ergebnisse nachdenkt, die die Liebe infrage stellen.

KAPITEL 15

MONOGAMIE:
BIS DASS DER TOD UNS SCHEIDET ...

90 Prozent aller Vögel suchen sich einen Partner fürs Leben. Von allen Säugetieren gehen hingegen nur 3 Prozent eine lang anhaltende Verbindung mit einem einzigen Geschlechtspartner ein. Zu den wenigen gehören etwa Biber, Bisamratten, Fledermäuse, Gibbons und die hübschen kleinen Klippspringer, die zur Familie der Antilopen gehören. Sie können sage und schreibe bis zu 8 Meter hoch springen, aber das nur nebenbei. Auch Füchse, Wölfe, Schakale und der japanische Marderhund bilden Pärchen. Sie gehen eine Ehe auf Zeit ein, zum Zwecke der Aufzucht ihrer gemeinsamen Jungen. Danach ist es mit der Liebe vorbei.

Der Mensch, nun ja, er lebt das eine wie das andere. Bei statistischer Auswertung der gesamten Menschheit würde es sicherlich bei der Mehrheit auf eine monogame Lebensweise hinauslaufen. Der Trend zur Zweisamkeit ist nicht zu übersehen. Selbst Männer, die einen Harem, Nebenfrauen oder Konkubinen hatten, hatten auch eine Herzensdame. Wo es einen Harem gab, gab es auch »Hauptfrauen«, und genügend Herrscher hatten ihre Lieblingsmätresse. Doch die Hinwendung zu einem einzigen Menschen ist nicht unbedingt auf die Länge eines Lebens angelegt.

Das sah auch die Anthropologin Helen Fisher und wollte Genaueres über den Zusammenhang zwischen menschlicher Monogamie und Scheidung wissen. Die US-Amerikanerin kam zu einer verblüffenden Theorie. Sie ist überzeugt, der *Homo sapiens* sei zwar auf Monogamie programmiert, jedoch nur für eine gewisse Zeitspanne, nämlich die der Kinderaufzucht. Präziser noch: Für die ersten kritischen Jahre eines Kindes. Das ist die Zeit ab Geburt bis zum Zeitpunkt, wenn die Kleinen aus dem Gröbsten raus sind, was ungefähr im Alter von 4 Jahren der Fall ist, jedenfalls beim »Urmenschen«. Auf den Gedanken der befristeten Monogamie beim Menschen kam Fisher, nachdem sie sich ausgiebig mit Rotfüchsen und Wanderdrosseln befasst hatte.[209] Und das ist sehr interessant – die beiden Tierarten leben monogam.

Bei den Rotfüchsen ist die Sache die: Die Fähe wirft fünf oder mehr Jungen, die blind und taub auf die Welt kommen. Leider hat das Muttertier nur magere Milch, sodass die vollkommen hilflosen Welpen rund um die Uhr gesäugt werden müssen. Die Fähe muss also beständig bei ihnen bleiben, damit die Kleinen nicht verhungern, und kann für sich selbst nicht auf Futtersuche gehen. Diese Aufgabe übernimmt das Vatertier. Es besorgt die Nahrung, womit er das Überleben der Mutter sichert und damit auch das der Jungen. Die monogame Beziehung hat auch Vorteile für den Rüden. Nie wäre er in der Lage, zwei oder mehr Muttertiere zu versorgen. Allein mit diesem Arrangement haben Rotfüchse Chancen auf eigenen Nachwuchs. Der springende Punkt: Die beiden verbinden sich nur für die Zeit der Aufzucht, das heißt während der Fortpflanzungszeit, danach gehen sie wieder ihre eigenen Wege.

Und was ist mit den Wanderdrosseln? Nun, auch sie gehen eine Partnerschaft ein. Sie gehören damit zu den rund 90 Prozent der etwa 9000 Vogelarten, die dies tun. Doch wie die Rotfüchse binden sie sich lediglich, um ihre Brut großzuziehen. Sie leben also nach dem Motto: »Neuer Sommer, neues Glück.« Der Ornithologe Eugene Morton vermutet, dass etwa 50 Prozent aller

Vogelehen lediglich für nur eine Brutperiode geschlossen werden. Das mag an tragischen Umständen liegen, denn vielerorts kehren Vögel zwar an ihren alten Nistplatz zurück, doch einer der Partner taucht nie wieder auf – warum auch immer. Wie dem auch sei, sowohl Rotfuchs als auch Wanderdrossel gehen ihre partnerschaftliche Verbindung nur für die Aufzuchtzeit des gemeinsamen Nachwuchses ein.

Natürlicher Rhythmus

Diese Erkenntnisse brachte Helen Fischer mit einer weiteren Tatsache in Verbindung, die ihr aufgefallen war. Die frappante Übereinstimmung zwischen der Dauer der frühen Kindheit in traditionellen menschlichen Gesellschaften, wie etwa den !Kung und den Aborigines, sowie der Dauer vieler Ehen. In beiden Fällen waren es rund vier Jahre.

Zur Erklärung: Die !Kung leben wie auch die San und Hukwe in der Kalahari, sie gehören zu den Buschmännern. Ihre Lebensweise war noch bis vor ein paar Jahrzehnten sehr ursprünglich, die Männer gingen auf Jagd, die Frauen sammelten Früchte, Wurzeln und so fort, was immerhin 60 bis 80 Prozent des Nahrungsbedarfes einer !Kung-Familie ausmacht. Einige Ethnologen und Anthropologen ziehen dieses Völkchen gerne heran, um das Verhalten sowie das Verhältnis der Geschlechter des modernen Menschen zu erklären.

Also, bei den !Kung liegen zwischen zwei Geburten circa vier Jahre, was mit der Empfängnisbereitschaft zu tun hat. Unter bestimmten Umständen bleibt nämlich selbst bei fertilen (fruchtbaren) Frauen der Eisprung aus, wenn zum Beispiel der Fettanteil im Körper unter 24 Prozent fällt. Bei magersüchtigen Frauen ist dies beispielsweise ab einem bestimmten Level von Untergewicht immer eine Begleiterscheinung.

Was die !Kung anbelangt, so ist die Ernährung fettarm und eine !Kung–Frau, die stillt – und zwar um ein vielfaches länger als eine Europäerin –, verliert dabei sogar noch Körperfett. Dazu kommt der ständige Körperkontakt mit dem Kind, die Stimulation der Brustwarzen, die viele Bewegung. Die Folge: Der Eisprung bleibt drei Jahre nach der Geburt aus. Eine Befruchtung findet im günstigen Fall erst wieder nach vier Jahren statt. Der gleiche Abstand wurde bei den permanent stillenden australischen Aborigines und den Gainj Neuguineas beobachtet. Bei den Yanomamö, die drei Jahre stillen, führt eine zu frühe weitere Geburt sogar zur Tötung des Neugeborenen. Würde ein zweites Kind gestillt, käme es zur Konkurrenz um die Muttermilch. An eine zu frühe Entwöhnung ist nicht zu denken, das Überleben des Erstgeborenen wäre in Gefahr.[210]

Für Fisher steht deshalb fest: »Wie die Paarbindung bei Rotfüchsen, Wanderdrosseln und vielen anderen Arten, die sich nur für eine Brutperiode zusammenschließen, bestand auch die Paarbindung des Menschen ursprünglich nur so lange, bis ein Einzelkind die Kleinkindphase beendet hatte, nämlich vier Jahre, es sei denn, es kam zu einer zweiten Empfängnis.«[211]

Was noch auffällt und ich bereits angesprochen habe, ist ein vergleichbarer Rhythmus bei Schimpansen und Orang-Utans. Die Weibchen haben ja wie Menschenfrauen einen Menstruationszyklus. Was sie von uns unterscheidet, sind ihre heißen, also fruchtbaren, Tage, da sind unsere tierischen Verwandten eingeschränkter. Bei der Schimpansendame sind es ein bis vier und beim Orang-Utan fünf bis sechs Tage im Monat. Sie treiben es auch außerhalb dieser Tage,[212] aber die überwiegende Mehrzahl der Kopulationen fällt auf ebendiese Tage. Ist ein Tier schwanger, setzt der Östrus (Eisprung) aus und damit jedwedes sexuelle Interesse an den Männchen. Erst wenn die Affenmutter ihr Kind entwöhnt hat, setzt der Eisprung wieder ein und es ist Schluss mit der sexuellen Abstinenz. Beim Schimpansen und

Gorilla umfasst diese Zeitspanne gewöhnlich drei bis vier, damit der Geburtenabstand im allgemeinen vier bis fünf Jahre. Beim Orang-Utan ist die Auszeit sogar noch länger und eine Folgegeburt erfolgt oft erst nach acht Jahren.

Monogamie auf Zeit

Weitere Indizien für die Vier-Jahres-Theorie: Noch heute leben bei den Yanomamö im Urwald von Venezuela nahezu alle Kleinkinder mit ihren leiblichen Eltern zusammen. Im fünften Lebensjahr der Kinder ändert sich die Situation. Die Zahl der zusammenlebenden Elternpaare sinkt drastisch. Nicht, weil ein Elternteil gestorben ist, sondern weil sich die Eltern voneinander trennen.[213]

Schließlich ist da noch die Überlebensmöglichkeit der Mutter ohne den Vater, sobald das Kind größer ist. Üblicherweise werden Männer als die Jäger und Frauen als die Sammler bezeichnet, vielleicht trifft dies zu, wenn es um Großwild geht. Es ist jedoch zweifelhaft, ob dieses Muster immer und zu allen Zeiten gegolten hat. Noch heute finden sich Frauen, die jagen, wie etwa bei den Agta, einem Völkchen auf den Philippinen. Agta-Frauen jagen Wild und sie fischen, genau wie Agta-Männer. Sie tun es allein auf sich gestellt oder in Kooperation mit anderen (Männern oder Frauen), es kommt ganz darauf an, was gejagt oder gefischt werden soll. Säuglinge und Kleinkinder werden dabei auf dem Rücken getragen. Sind die Kinder größer, werden ihnen Aufgaben übertragen. Auch bei den Copper-Eskimos gab es jagende Frauen, Gleiches wird von den Dianggu-Malibu-Frauen berichtet und von den kalifornischen Indianerfrauen. Zudem sind Mbuti-Frauen (Zentral-/Ostafrika) hervorragende Jäger mit dem Netz.[214]

Frauen können sich folglich ab einem bestimmten Alter ihrer Kinder anscheinend selbstständig durchs Leben bringen. Stel-

len wir uns nun für einen kleinen Augenblick unsere Altvorderen vor. Wie erging es einer Frau wie Twiggy, konnte sie,
obgleich sie eine gute Sammlerin und vielleicht sogar eine aus-
gezeichnete Kleintierjägerin war, gefahrlos ein Kind ohne Mann
großbekommen? Mit Sicherheit nicht. Sie brauchte Schutz und
Mitversorgung bei der Kinderaufzucht. Folglich musste Twiggy
den Vater ihres Kindes geraume Zeit an sich binden. Ein Mann
wiederum, der Nachwuchs wollte, musste eine ausreichend
starke Bindung zur Frau entwickeln, mit der er kopuliert hatte, die vom ihm schwanger geworden war und die schließlich
einen gemeinsamen Nachkommen auf die Welt gebracht hatte.
Wie der Rotfuchsrüde musste Twiggys Mann für eiweißreiche
Nahrung sorgen, um so schließlich dem Kind einen möglichst
guten Start ins Leben zu gewährleisten. Darüber hinaus musste
er Übergriffe abwehren und dem Sprössling gewisse Fertigkeiten beibringen.[215] Die Bindung der Eltern war notwendig, um
sich erfolgreich fortzupflanzen, und dieses Arrangement war
»der wesentliche Faktor der Monogamie beim *Homo sapiens*«[216].
War das Kind aus dem Gröbsten raus, konnte es laufen, Gefahren erkennen, beim Sammeln von Nahrung helfen, dann war
es mehr Entlastung als Belastung für die Mutter und eine Trennung der Eltern besiegelte nicht seinen Tod.

Es spricht einiges für die Trennung nach nur vier Jahren,
wenngleich uns Kinder mit vier, fünf Jahren als noch sehr klein
erscheinen. Die Frage ist: Hatten sie in diesem Alter, allein mit
der Mutter, wirklich eine reelle Überlebenschance? Wohl kaum,
aber eine durchaus gute, sobald die Mutter wieder eine neue
Liaison einging. Und genau das werden Twiggy und ihre Geschlechtsgenossinnen auch getan haben, wie es Yanomamö-
Frauen machen oder gemacht haben. Und der Mann? Er war
sich einigermaßen sicher, dass nach vier oder fünf Jahren sein
Kind gute Überlebenschancen hatte. Einigermaßen beruhigt
konnte er woanders sein Glück suchen. Ein Yanomamö-Mann
tut das jedenfalls, ja sogar drei oder vier Mal.

Bittere Wahrheit

Wie sieht es in unserer Kultur mit Trennungen aus? In den USA enden 50 Prozent der Ehen mit Scheidung. Die meisten Scheidungen sollen in den vergangenen Jahren nach dem vierten und fünften Jahr der Ehe ausgesprochen worden sein. Eine Wiederverheiratung wird häufig nach nur zwei Jahren ins Auge gefasst.

Wie steht es um Deutschlands Scheidungen? Die jährliche Quote steigt seit 1900 mehr oder weniger kontinuierlich von 1,9 Prozent auf satte 51,9 Prozent im Jahre 2005.[217] Das entspricht beim letztgenannten Jahr 201 693 gescheiterten Ehen. In knapp der Hälfte dieser Ehen lebten Kindern unter 18 Jahren. Die meisten Geschiedenen hatten nur ein Kind (54 Prozent), insgesamt blieben jedoch 156 989 minderjährige Kinder mit nur einem Elternteil zurück, meistens war das die Mutter.[218]

Bei uns liegt das höchste Scheidungsrisiko im Großen und Ganzen zwischen dem dritten und sechsten Ehejahr. Wobei 2004 und 2005 die meisten Ehen geschieden wurden, wenn die Eheleute vier bis acht Jahre hinter sich hatten. Vom »verflixten siebten Jahr« kann statistisch gesehen nicht die Rede sein. Überhaupt sind die Zahlen recht bitter und die Illusion einer lebenslangen Verbindung spätestens nach Kenntnis der Prozentsätze von 10, 15 oder 20 Jahren andauernden Ehen verraucht. Nur wenige Paare halten bis zur silbernen Hochzeit durch, eine goldene ist wie alle Neune eines Anfängers beim Kegeln: Glückssache.

Manche Tierart zeigt sich da beständiger, Ringeltauben beispielsweise. Sie leben weitgehend monogam und ihre Scheidungsquote liegt bei etwa 25 Prozent pro Saison. Der hauptsächliche Trennungsgrund ist Unfruchtbarkeit. Hat ein Ringeltaubenpärchen hingegen Junge bekommen und erfolgreich großgezogen, paart es sich mit großer Wahrscheinlichkeit auch in der nächsten Brutzeit wieder. Ähnlich war es übrigens auch bei den Indianern des Gran-Chako in Südamerika. Blieb die Ehe kinderlos, wurde die Ehefrau verstoßen. Wurde jedoch das erste Kind geboren, gehörten Ehescheidungen zu den Ausnahmen.[219] Für viele Völker gilt noch immer, dass eine unfruchtbare Frau ein Unglück und Unfruchtbarkeit ein legitimer Trennungsgrund ist. Kinderlosigkeit ist von daher weltweit eine der wichtigsten Scheidungsursachen.[220]

Dass Trennung in der westlichen Welt ohne Kinder allemal leichter fallen, liegt auf der Hand. Als Gründe für den Anstieg der Scheidungen in der Bundesrepublik werden am häufigsten genannt: unrealistische Erwartungen an die Ehe, Anforderungen des Berufslebens und Geldsorgen. Zudem steht heutzutage der Wunsch nach Selbstverwirklichung höher in der Rangordnung als die Familie. Kinder sind kein Scheidungshinderungsgrund mehr, Patchwork-Familien gelten als »normal«.

Vor 100 Jahren war Scheidung eher selten, besonders wenn Kinder da waren. Ehefrauen und Mütter waren im hohen Grade ökonomisch vom Mann abhängig. Die Frauen bekamen sehr viel früher Kinder als heutzutage und das Scheitern einer Ehe wurde in erster Linie der Frau angelastet. Das alles hat sich geändert. Scheidungen werden heutzutage vorwiegend von Frauen eingereicht,[221] im Durchschnitt finden eheliche Erstgeburten im 29. Lebensjahr statt,[222] wobei der Kinderwunsch mit dem Bildungsstand der Frau einhergeht. Akademikerinnen bekommen weit weniger Kinder als Arbeiterinnen.

Serielle Monogamie

Auf die Frage, warum ihre Ehen fehlgeschlagen seien, entgegnete die Anthropologin Margaret Mead (1901–1978): »Ich war dreimal verheiratet, und keine meiner Ehen war ein Fehlschlag«. Die Amerikanerin Mead war schon damals eine selbstbewusste Frau. »Die meisten Amerikaner dagegen idealisieren die lebenslange Ehe und setzen, wie viele Völker, Scheidung mit Scheitern gleich.« Schreibt Fisher und fügt hinzu: »Doch vom darwinistischen Blickwinkel aus bot die serielle Monogamie vor Jahrtausenden einige Vorteile.«[223] Sie hat recht.

Wer mehrere Beziehungen eingeht, vermehrt die Möglichkeit, seine Gene optimaler weiterzugeben. Das ist besonders beim Mann der Fall. Er sucht sich nicht selten eine jüngere Frau. Die Wahrscheinlichkeit, weitere Kinder in die Welt zu setzen, ist groß. Geschiedene Frauen suchen sich in aller Regel einen »gestandenen Mann«, also keinen jüngeren, sie wollen Sicherheit. Wenn eine Geschiedene jung ist, hat sie ebenfalls Chancen auf ein Kind mit dem nächsten Partner. Statistisch gesehen ist diese Chance jedoch eher schlecht, die meisten Eheleute lassen sich nämlich im Alter zwischen 35 und 45 Jahren scheiden.

Die Aussichten auf ein weiteres Kind in der zweiten oder dritten Ehe wären vor dem Aufkommen der Pille sehr gut gewesen, auch in den Jahren, in denen Erstgeburten mit 20 Jahren und darunter als normal galten. Doch das späte Gebäralter hat diesbezüglich Folgen für die Frau. Nicht so für den Mann.

Die Frauen, die Twiggy folgten, und viel, viel später dann die der !Kung, Aborigines oder Yanomamö kennen dieses Problem nicht. Frauen heiraten, sobald sie heiratsfähig sind, und das sind sie, sobald sie Kinder bekommen können. Serielle Monogamie war und ist unter diesen Umständen kein Problem. In Urzeiten war serielle Monogamie sogar ein ausgezeichnetes Optimierungssystem der Erbanlagen. Unzulängliche Erbanlagen konnten ausgemerzt und der Genpool vergrößert werden. Wir alle sind Nachkommen von Männern und Frauen, die das Optimale getan haben, um ihre Gene weiterzugeben. Diejenigen, die mehr als einen Partner hatten, waren in jedem Fall auf der sicheren Seite.

Wo immer Trennung möglich ist, trennen sich Paare, wo Scheidung erlaubt ist, wird sie vorgenommen. In Deutschland gilt für 16-, 18- oder 20-Jährige eine zweijährige »Beziehung« allemal als sehr lang. Für diejenigen, die heute in Deutschland heiraten, ist es normal, vor der Ehe schon mehrere Beziehungen gehabt zu haben. Diese Lebenshaltung entspricht einer seriellen Monogamie. Das durchschnittliche Heiratsalter lag 2007 für Frauen bei 29,8 Jahren, für Männer bei 32,7. In diesem Alter haben nicht wenige Heiratskandidaten schon drei, vier oder fünf Jahre Beziehung mit einem oder zwei vorherigen Partnern hinter sich. Es ist das Alter, in dem sich Männer die Hörner bereits ein wenig abgestoßen haben und bei Frauen die Uhr der Kinderplanung schon sehr laut tickt.

Befristete Partnerbeziehungen auf Zeit sind für uns weniger ein Problem, wenn wir jung und unverheiratet sind, weil die Konsequenzen häufig milderer Natur sind. Aber immer bedeutet eine Trennung vergebliche oder unnütze Investition in einen Bindungsprozess, den wir uns eigentlich länger vorgestellt hatten. Jedenfalls haben wir uns in 99 Prozent der Fälle am Anfang der Beziehung gedacht, diese Beziehung währt lange, sehr lange, sonst hätten wir niemals so viel investiert, Gefühle, Aufwand, Zeit, Geld. Wir haben geglaubt, es sei Liebe.

KAPITEL 16

GESELLSCHAFT:
PARAGRAFEN DER LIEBE

Die nachfolgende Geschichte spielt im heutigen Beirut, der Hauptstadt des Libanon. Die Eckdaten der Ereignisse sind wahr, ihre Chronologie wurde von mir arrangiert, ihre Akteure neu zusammengestellt. Das ändert nichts an der Richtigkeit der Vorkommnisse, wohl aber liest sich das Folgende besser.

Es geht um Firas, einen 25-jährigen Computerfachmann. Er ist strenger Moslem und ledig. Eine schlechte Kombination für sexuelle Bedürfnisse. Sex mit einem Mädchen vor der Hochzeit, das würde Allah nicht gutheißen. Firas muss also Keuschheit walten lassen. Aber es drückt. Sexuell. Und siehe da, es gibt eine Lösung. Die Mut'ah, eine Ehe auf Zeit. Das Prinzip von Mut'ah ist einfach. Mann und Frau einigen sich auf die Dauer der Ehe. Sodann besiegeln beide ihre Abmachung. Dafür muss die angehende Braut die Vereinbarung mit einem Satz bekräftigten, der angehende Bräutigam hingegen einen festgelegten Brautpreis entrichten. Der Preis kann alles sein, Geld, ein Restaurantbesuch, ein Geschenk, alles, worauf sich das künftige Ehepaar einigen kann. Die Dauer der Mut'ah ist das allerbeste. Sie kann von einer Stunde bis zu 99 Jahre währen.

Irgendwie hat es Firas hinbekommen, eine Frau mit Hang zur Mut'ah kennenzulernen. Sie ist keine Jungfrau mehr, das wäre nicht gegangen, die Eltern hätten dann zustimmen müssen.

Nach einigem Geplänkel sind sie sich einig. Das Paar geht zu einem Mullah und legt das Ehegelöbnis für zwei Monate ab. Die Braut ist etwas verlegen. Sie möchte so wenig Aufsehen wie möglich, damit die Leute nicht über sie reden. Firas hingegen nimmt es gelassen. Für ihn ist es nicht das erste Mal, er hat schon Erfahrung. Sein Freund weiß von der Mut'ah, seine Familie ebenfalls.

Der Mullah, nun ja, ohne Federlesen besiegelt er das Abkommen der zwei. Er weiß: Diese Eheform nimmt Rücksicht auf die Triebe des Mannes, auf junge Männer und besonders auf reisende Ehemänner. Was sollen Letztere machen, wenn die Gattin nicht mitkommen kann? »Mit der Mut'ah sind die Dinge geregelt und Hurerei wird vermieden«, denkt er sich. Und er grübelt weiter: »In die andere Richtung – das ginge freilich nicht. Eine verheiratete Frau kann keinen weiteren Mann heiraten, aber sie kann ihrem Mann mitteilen, wie lange sein Fortbleiben währen soll. Das muss er berücksichtigen, wenn er auf Reisen geht.«

In streng religiösen Kreisen sind sexuelle Beziehungen streng geregelt. »Kein Sex vor der Ehe«, ist das Gebot. Das gilt besonders für Frauen. In der islamischen Welt ist deshalb die traditionelle Mut'ah für einige eine akzeptable Lösung. Sie ist ein Ausweg, solange sich die Beteiligten keine richtige Hochzeit leisten können oder eine passende Frau noch gefunden werden muss. Die Mut'ah sei dem Propheten wohlgefällig, meinen Schiiten. Schließlich stammt die Kurzehe aus Mohammeds Zeiten. Einst bot sie eine akzeptable Versorgung für Witwen, Geschiedene oder Frauen über 40. Zumindest temporär.

Im Gegensatz zu den Schiiten halten viele sunnitische Geistliche die »Vergnügungsehe« für eine schlechte Sache und verbieten sie. Doch auch bei ihnen gibt es eine temporäre Ehe, die sogenannte *Urfi* oder *Misyar*. Über die Unterschiede mögen die moslemischen Gelehrten streiten, unumstritten ist, dass diese Kurzehen im Trend liegen.[224] In Irak, Syrien, Libanon und Ägypten, wo märchenhafte Hochzeiten stattfinden, können Kurzehen eine Alternative sein, denn das eine kostet ein Vermögen, das andere eigentlich nichts.

Vielleicht hält das kostenlose Eheversprechen länger als geplant. Davon träumen zumindest einige Mut'ah-Frauen, wie überhaupt viele Orientalen von der großen Liebe träumen. Die Gefühle von Tausendundeiner Nacht beflügeln noch immer. Was Erstfrauen von der Mut'ah halten, wie Ex-Mut'ah-Frauen nach einer oder der x-ten Kurzehe dastehen, was mit möglichen Kindern aus solchen Verbindungen wird, steht auf einem anderen Blatt. Ganz zu schweigen von westlichen Liebesvorstellungen inklusive freier Partnerwahl.

Regelhaftes Sexualleben

Die islamische Welt hat klare Regeln für das Sexualleben und damit für die Liebe. Sie ist keine Ausnahme. Im Gegenteil, ausnahmslos allen Gesellschaften sind sie zu eigen. Ganz gleich, ob in Europa oder im brasilianischen Urwald, im römischen Reich oder einst bei den Eskimos, sogar zu Lucys oder Twiggys Zeiten herrschte Ordnung im Reich der Sexualität. Immer und überall. Diese Regeln gehören zu den wichtigsten und maßgeblichsten Regeln einer Gemeinschaft.

Man muss kein Jurist, Soziologe oder Völkerkundler sein, um sogleich den Grund auszumachen: Tohuwabohu und nicht zuletzt Mord und Todschlag sollen vermieden werden. Darüber hinaus geht es um Machterhalt, um Ordnung, Lenkbarkeit, Stabilität, Fürsorge. Kurz gesagt, um den Fortbestand einer Gemeinschaft oder Gesellschaft unter ganz bestimmten Vorzeichen.

Bei vielen Tierarten sieht es ähnlich aus. Jenen, die im Verband oder in Gruppen leben, die einen Staat bilden, eine Horde oder einen Schwarm. Ein Bild von solch einer primitiven Sexualordnung können uns Goliath und Whitefeather geben, ein »verehelichtes« Rabenpaar. Sie gehören zu den Lieblingen von Bernd Heinrich. Goliath hat er von Hand aufgezogen, Whitefeather eingefangen. Beide lebten mit anderen in einer riesigen Voliere des Ornithologen. Fuzz hatte das meiste sagen. Er war sozusagen der Häuptling der Voliere. Er fraß als Erster oder gewährte anderen den Vortritt, es kam ganz drauf an, aber entscheidend war seine Entscheidung. Doch niemals hätte sich Fuzz so mir nichts, dir nichts an Whitefeather rangemacht. Die soziale Ordnung wäre dahin gewesen, damit ein friedliches Zusammenleben. Diese Ordnung ist ein bewährtes Hierarchiesystem und Teil des genetischen Rabenprogramms. Sie half und hilft Raben zu überleben, nicht nur in Volierenzwangsgemeinschaften. Dazu gehört auch eine gewisse Treue in der Partnerschaft. Goliath und Whitefeather richteten sich danach wie alle Rabenpaare dieser Welt.[225]

Wie hat sich die sexuelle Ordnung bei uns Menschen entwickelt? Werfen wir einen spekulativen Blick zurück. Gesetzt den Fall, es hat so etwas wie Monogamiebildung in Lucys, mehr noch in Twiggys Horde gegeben. Was wäre gewesen, wenn »Ehe«-Männer, Liebhaber oder Galane – und natürlich die entsprechenden weiblichen Pendants – keine sexuellen Regeln eingehalten hätten? Nehmen wir einmal an, Twiggy hätte sich von ihrem Gatten beim Seitensprung erwischen lassen. Was wäre passiert? Über die freie Liebe hätten die beiden Mannsbilder jedenfalls nicht diskutiert. Eine Ehetherapie als Lösung können wir allemal ausschließen. Viel wahrscheinlicher ist: Twiggys Mann hätte ohne langes Fackeln dem Kontrahenten eins mit der Keule übergebraten. Eine ernsthafte Verletzung des Missetäters wäre nicht auszuschließen gewesen, möglicherweise hätte der Gehörnte auch eins abbekommen. So oder so, eine Verletzung hätte einem oder sogar beiden das Leben kosten können, und eventuell die anderen Hordenmitgliedern in Gefahr gebracht. Entweder weil die Gruppe durch Verletzte bei der gemeinschaftlichen Verteidigung geschwächt oder einen guten Jäger eingebüßt hätte. War der Übeltäter gar aus einer anderen Gruppe, dann hätte das auch nichts Gutes verhießen. Nicht wahr? Denken Sie an die Yanomamö, den südamerikanischen Indianerstamm, der am Orinoko beheimat ist. Sie führen Kriege, um ihre geraubten Frauen wiederzubekommen. Ohne viel Federlesen schlagen sie zu, sobald sich ein Fremder an ihren Frauen vergreift.[226]

Sexuelle Missgunst

Ein weiteres wichtiges Motiv für sexuelle Regeln ist die Zuordnung der Vaterschaft. Ist sie ungeklärt, fehlt beim männlichen Part das Motiv, bei der Aufzucht des Nachwuchses mitzuhelfen. Eine unnütze Investition von Kraft und Energie, mithin der Versorgung und des Schutzes in fremden Nachwuchs haben sich unsere Vorfahren absolut nicht leisten können. Hätten sie es getan, wären sie, genetisch gesehen, im Aus gelandet. Das Gleiche gilt für Inzestgebote. Twiggys Hordenmitglieder haben sie offenbar befolgt und so ihr Überleben sowie auch ihre körperliche Fitness optimiert. Schließlich gibt es noch eine weitere sexuelle Regel, die wir befolgen, ohne zu wissen, warum. Wir treiben es nicht öffentlich. Scham soll eine Rolle spielen. Nun ja, das kann sein, wenngleich mir scheint, unsere Gesellschaft ist in Sachen Sex ungemein schamlos.

Zu Twiggys Zeiten mag ein anderes Motiv eine Rolle gespielt haben, sofern sie sich zum sexuellen Tête-à-Tête »schamhaft« in Deckung begab: Schutz vor Gefahr. Ob sie sich überhaupt in die Büsche schlug, ist freilich fraglich. Wir nehmen es einmal an, weil es durchaus Vorteile gehabt hätte. Ein Versteck mindert die Gefahr vor Tierangriffen, denn zweifelsohne geht mit dem Koitus eine relative Hilflosigkeit einher. Eine weitere Gefahr war Entdeckung durch den Nebenbuhler. Und schließlich, wohl das Allerwichtigste: Verborgener Sex schützt vor sexuellem Neid beziehungsweise sexueller Missgunst. Speziell bei den jungen männlichen Mitgliedern der Gruppe. Letzteres hätte unweigerlich zu Konflikten geführt.

Biologen, die unsere nächsten Verwandten beobachten, können davon ein Liedchen singen. So verbergen heranwachsende Schimpansen zum Beispiel ihren erigierten Penis mit den Händen. Sie wollen das Alphatier nicht herausfordern. Das nämlich weiß: Wo ein erigierter Penis, da ist der Begattungsversuch seiner Weibchen nicht weit. Seine Vormachtstellung in Sachen Sex wäre in Gefahr. Etwas, was ein Schimpansen-Oberhaupt nie und nimmer zulassen kann. Deshalb ist er auf der Hut und verjagt jeden, der einen Aufritt dennoch wagt. Was er allerdings nicht weiß, macht ihn nicht heiß. Von daher sind Extrakopulationen seiner Weibchen mit anderen Männchen nichts Ungewöhnliches. Die Jungmänner tun es einfach, wenn der Alte außer Sichtweite ist. [227]

Die meisten Tiere kopulieren ungeniert in Gegenwart anderer Artgenossen. Mit einer Ausnahme. Es handelt sich um unsere gefiederten Gesellen, die kleinen Graudrosslinge. Sie ziehen sich zum intimen Stelldichein unter oder hinters Buschwerk zurück. Ausnahmslos alle, nicht nur die Fremdgeher. [228] Vielleicht, weil sie den größten Teil ihres Lebens in Sichtweite ihrer Gruppenmitglieder verbringen. Genaueres ist darüber jedoch nicht bekannt.

Vertragliche Liebe

Obgleich es sexuelle Regeln gab, hatte Twiggy keinen wirklichen Vertrag mit dem Vater ihrer Kinder. Nur eine »innere Bindung« hielt die beiden zusammen. Anders in heutigen Gesellschaften.

Förmliche Eheverträge sind auf allen Kontinenten bekannt. Sie sind Basis der Zweisamkeit, sobald Mann und Frau eine offizielle Verbindung eingehen. Sie basieren auf mündlichen Absprachen oder sind schriftlich fixiert und in Gesetzbüchern ausformuliert. Die Bedingungen dieser Verträge unterscheiden sich erheblich. In manchen Fällen werden Güter ausgetauscht, manchmal muss die Braut beziehungsweise der Bräutigam in die Familie des angeheirateten Partners ziehen oder aber es wird ein neuer Hausstand gegründet. Auch spätere Trennungen werden berücksichtigt. So ist in Irland eine Scheidung nicht möglich, in Deutschland sehr wohl, bedarf aber eines Gerichtsurteils, was wiederum in Japan nicht erforderlich ist. Allemal ist überall festgelegt, was mit den Kindern geschieht.

Wo Ehen geschlossen werden, mit oder ohne Liebesgefühle, ist die Erbfolge geregelt und was bei Verwitwung geschieht. In Indien wurden einst Witwen mit dem toten Gemahl verbrannt. Es gibt Gesellschaften, wo eine Witwe automatisch zur Frau ihres Schwagers erklärt wird, dem Bruder ihres verstorbenen Mannes. Er übernimmt sogleich auch die Vormundschaft der hinterbliebenen Kinder.

Lange Rede, kurzer Sinn: Die Heirat, und vielerorts schon die Verlobung, ist eine gegenseitige Verpflichtung der Gatten, aber sie berührt auch immer die Familienangehörigen und die Gemeinschaft. Geht der Vermählung Liebe voraus, wäre sie in diesem Fall sogar Kontraktgegenstand. Eheverträge sind aber auch Abbild und Basis einer Gesellschaftsordnung. An ihnen können wir beispielsweise sehen, ob Frauen gleichberechtigt, wie Güter und Macht verteilt sind. Sie seien Mietverträgen vergleichbar, meint der Wirtschaftswissenschaftler Robert Frank. Kann schon sein, denn das Interessante ist, dass fast alle Verträge empfindliche Strafen für den Fall der Trennung beinhalten.[229] Wenn aber Liebe der Ausgang für einen Ehevertrag ist, weshalb müssen Strafen bei Scheidung erfolgen? Weil man die Liebe absichern muss?

Weltliche Eheverträge sind das eine, sie sind wandelbar und passen sich veränderten Gesellschaften an. Sie sind sogar auflösbar. Nicht so religiöse Eheversprechen und besonders jene, die orthodox und fundamentalistisch orientiert sind. Die katholische Kirche spricht etwa vom Sakrament der Ehe. Dem unlösbaren Band zwischen Mann und Frau. Ist einmal das Ja im Angesicht Gottes ausgesprochen, versprechen sich die Eheleute ab diesem Tag: »Einander in Glück und Unglück, Reichtum und Armut, Gesundheit und Krankheit zu lieben und zu achten, bis dass der Tod uns scheidet.« Schon in den Gebetsbüchern des 16. Jahrhunderts ist dieser Treueschwur nachzulesen.

Heute stellt der Priester dem Brautpaar bei der kirchlichen Trauung folgende Fragen, die natürlich mit Ja beantwortet werden müssen. Zunächst an den Bräutigam, dann an die Braut:

Ich frage Sie: Sind Sie hierhergekommen, um nach reiflicher Überlegung, aus freiem Entschluss mit ihrer Braut den Bund der Ehe zu schließen?

Wollen Sie Ihre Frau lieben und achten und ihr die Treue halten alle Tage Ihres Lebens, bis der Tod Sie scheidet?

Sind Sie bereit, die Kinder, die Gott Ihnen schenken will, anzunehmen und sie im Geiste Christi und seiner Kirche zu erziehen?

Auf immer und mit Kindern

Im kirchlichen Sinne sind Liebe und Treue für den Ehebund unabdingbar. Die Ehepartner verpflichten sich dazu gegenseitig bis ans Lebensende. Ironischerweise nahm Jesus diese Werte nicht gerade ernst. Er predigte zwar Liebe, forderte aber von seinen Jüngern erbarmungslos: »Wenn jemand zu mir kommt und hasset nicht seinen Vater, Mutter, Weib, Kinder, Brüder, Schwestern, auch dazu sein eigen Leben, der kann nicht mein Jünger sein.«[230] Tja ..., trotz dieser herzlosen Forderung erklärten sich unzählige Frauen zu seiner Braut. All diese Ordensfrauen gelobten zugleich Keuschheit. Bis zum heutigen Tag tun Frauen das. Und sie taten und tun es aus Liebe zu Gott, Jesus und dem heiligen Geist.

Liebe ist *der* christliche Wert schlechthin. Ohne Liebe läuft gar nichts. Mit der Treue sieht es genauso aus. So fordert Gott im Ersten Gebot: »Ich bin der Herr, Dein Gott. Du sollst keine fremden Götter haben neben mir!« Da sich die Liebe zu Gott, mithin zu Jesus und dem heiligen Geist, ohne Wollust gestaltet, ist sie etwas Besonderes: reine Liebe. Diese Form der Liebe, die unzählige Priester jahrhundertelang von ihren Kanzeln predigten und predigten, hat sich in unseren Köpfen verfangen. Dort geistert das Idealbild der Liebe noch immer herum in Form der wahren Liebe zu nur einem Menschen. Jedenfalls basiert das Ehesakrament ebenfalls auf dem Gebot von Liebe und Treue. Was allerdings noch viel entscheidender ist: Die Ehe hat den Zweck, Kinder hervorzubringen, mithin die nächste gottesfürchtige Generation. Ohne eine gewisse Portion Wollust läuft es also nicht.

An sogenannten Adamsehen hatte die katholische Kirche nämlich kein Interesse. Mit der musste sich bis weit ins letzte Jahrhundert so mancher Jurist beschäftigen. Es waren jene Ehen, denen eine interne Absprache der Gatten vorausging. Sie lautete: gegenseitige Liebe, Achtung und Treue ja, Geschlechtsverkehr nein.

Auf Kirchenkonzilen wurde glasklar entschieden, was Liebe zu sein hatte und wer überhaupt lieben durfte. Homosexuelle waren jedenfalls außen vor. Liebe unter Gleichgeschlechtlichen war unnatürlich und damit Sünde. Punktum. Ende der Dis-

kussion. Was Eheleute anbelangte, sollten sie in gegenseitiger
Liebe den Akt vollziehen oder auch gewähren. Das konnte im
Extremfall bedeuten: Augen zu und durch.

Sinnesfreuden standen hintenan oder waren sekundär. Kirchen-
väter diskutierten, wie und unter welchen Umständen der Lie-
besakt vollzogen werden sollte. Sie fragten etwa: »Ist es immer
eine Todsünde, wenn der Mann sein Glied in den Mund seiner
Frau gibt?« Schließlich sollte aus dem Beilager eine Frucht der
Liebe hervorgehen, mithin musste ein Samenerguss außerhalb
des »weiblichen Gefäßes« ausgeschlossen werden. Das Problem:
Die »Mundhöhlenwärme rücke diese Gefahr sehr nahe«. Und
wenn doch ...? Nun, dann wäre es »eine besondere Sünde gegen die Natur«, argumentierten hartgesottenste Moraltheolo-
gen. Ausgenommen wäre allein der Fall, wenn »der Mann sich
dadurch zum Begattungsakte erregen möchte«.[231]

Vorschriften bis in die Betten

Die christliche, und speziell die katholische Auffassung und
Zielsetzung der Ehe sowie Sexualitätsvorstellungen fanden
von Anfang an Eingang in weltliche Ehevorschriften oder Ge-
setzestexte. Das gilt für ganz Europa, ja die gesamte westliche
Welt. So war in einigen Bundesstaaten der USA die Sache mit
der Mundhöhle noch vor einigen Jahrzehnten eine Straftat.
Das Preußische Allgemeine Landrecht von 1794 schrieb vor,
ein Christ könne keinen Nichtchristen heiraten und »Eheleute
dürfen einander die eheliche Pflicht [Koitus] anhaltend nicht
versagen«. Also auch hier Augen zu und durch.[232] Dieses Ehe-
gebot galt bis weit ins letzte Jahrhundert hinein, wie auch § 25:
»Personen, welche wegen Ehebruchs geschieden wurden, dürfen diejenigen, mit welchen sie den Ehebruch getrieben haben,
nicht heirathen.« Es sind Vorschriften, die wir auch von der katholischen Kirche kennen.

Die reibungslosen Übernahmen in weltliche Vorschriften sind per se nichts Ungewöhnliches. Auch die Zehn Gebote finden sich in vielen Rechtsvorschriften wieder. Unsere Gesellschaft fußt nun einmal auf christlichen Werten. Kurios ist es nichtsdestoweniger, wenn wir im Familiengesetzbuch der Deutschen Demokratischen Republik von 1965 starke Parallelen zum katholischen Eheversprechen finden. So verpflichten sich Mann und Frau zu »gegenseitiger Liebe, Achtung und Treue« und: »Aus der Ehe soll eine Familie erwachsen.«[233] Fraglos sollten nicht unbedingt Gottesgläubige gezeugt werden, sondern staatlich konforme DDR-Genossen und -Genossinnen.

Im westdeutschen Ehegesetz sah es zum gleichen Zeitpunkt nicht viel anders aus. Und noch heute verpflichtet das Bürgerliche Gesetzbuch die »Ehegatten zur ehelichen Lebensgemeinschaft«, und zwar auf Lebenszeit. Von Liebe und Treue ist zwar keine Rede mehr, aber unter einer Ehe wird eine »Geschlechtsgemeinschaft« verstanden, die zum gegenseitigen ehelichen Verkehr ebenso verpflichtet wie zur ehelichen Treue.[234] Diese Auslegungen des Ehegesetzes haben sich seit den Reichsgesetzen nicht geändert. Wohl aber werden bei Scheidung die Eheparagrafen im Lichte des Grundgesetzes ausgelegt. Galt etwa noch vor einigen Jahrzehnten ein Seitensprung als unabdingbarer Scheidungsgrund, ist das heute nicht mehr der Fall.

Von staatlicher Seite wird über Sexualität und damit über die Liebe entschieden, auch, was Liebe ist und wie sie laufen soll. Es gab § 175 im Strafgesetzbuch, den sogenannten Schwulenparagrafen. Und nicht zu vergessen § 218, der Abtreibung unter Strafe stellte, bei gleichzeitigem Reklameverbot für Verhütungsmittel. Erst 1976 kommt es in der Bundesrepublik Deutschland zur endgültigen Neufassung des Abtreibungsparagrafen mit einem »erweiterten Indikationsmodell«. Kondomwerbung wurde erst Ende 1980 so richtig salonfähig. Leider hatte dafür erst die Ausbreitung von Aids gesorgt.

Sowohl § 175 als auch § 218 machen staatliche Zugriffe bis ins Bett deutlich, auch eine Lenkung des Bevölkerungswachstums.

Heutige Debatten sowie gesetzliche Regelungen zur Babypause, zum Kindergeld, Erziehungsurlaub sowie Überlegungen, ob auch noch die dritte und vierte künstliche Befruchtung von der Krankenkasse getragen werden soll, sind Maßnahmen zur Geburtenregelung. Eine Gesellschaft, so klein diese auch sein mag, hat Interesse an Kindern. Sie will ihren Fortbestand sichern. Von daher ist das gesellschaftliche Interesse an Liebe und Familie groß. Unsere Gesellschaft bezeugt das durch die gesetzliche Bevorteilung Verheirateter im Gegensatz zu den unverheirateten Paaren.

Förderung der Liebe

Selbst bei eheähnlichen Verträgen geraten Unverheiratete ins Hintertreffen. Das Harmloseste: Sie dürfen kein gemeinschaftliches Testament abfassen. Das tut noch nicht weh. Aber die Besteuerung der Einkünfte, Stichwort: Ehegattensplitting, schon. Dazu kommt die Erbschaftssteuer. Ehegatten sind diesbezüglich privilegiert. Sie müssen im Todesfalle vom hinterbliebenen Vermögen des Partners weit weniger in die staatliche Kasse einzahlen als Unverheiratete. Dann die Rente beziehungsweise die Pension. Auf sie hat der verbliebene Ehegatte, aber nicht der verbliebene Lebensgefährte einen Anspruch. Gleichgültig, wie lange die Zweisamkeit währte. Und schließlich das Sorgerecht. Automatisch steht es in der Ehe beiden Elternteilen zu, ansonsten liegt es nur bei der Mutter.

Von daher mögen genügend Ehen mehr auf pragmatischen Entscheidungen beruhen als auf reiner Liebe, besonders wenn sie im höheren Alter geschlossen werden. Geht es um Eheschließungen in jungen Jahren, steht die Legitimität der Kinder im Vordergrund. Das damit verbundene Erbrecht, die Vormundschaft, aber auch die Absicherung der Kinderaufzucht. Aufgrund unserer Gesetzgebung ist das nicht mehr erforderlich, anderswo sehr wohl. Bei einigen Völkern sind Kinder, die keinen Vater haben und dessen Namen nicht tragen, Bastarde. Oftmals kommen sie Ausgestoßenen gleich oder verfügen über einen geringen sozialen Status. Das war bei uns einst ebenso. Überall dort, wo junge Mädchen verheiratet werden, soll dem unter anderem vorgebeugt werden, etwa bei den Bahima, Kipsigis oder Yanomamö. Dass das auch etwas mit dem Ordnungssystem einer patrilinearen Gesellschaft zu tun hat, sehen wir an den Mosou. Bei ihnen verläuft das Erbe über die mütterliche Linie, also matrilinear. Es gibt weder das eine noch das andere bei den Mosou, also keine Bastarde oder erzwungene Frühverheiratung von Mädchen und Jungen. Kurzum: Liebe hat auch immer etwas mit der Gesellschaftsordnung zu tun.

Noch einmal und mit anderen Worten: Gesellschaftsordnungen regeln das sexuelle Verhältnis der Geschlechter. Damit forcieren sie auch stets den Fortbestand einer bestimmten Staats- und Gesellschaftsform. Eine auf monogame Zweierbeziehungen aufgebaute Gesellschaft wird folglich Regelungen treffen, dass das so bleibt. Überall dort, wo Vaterschaft von Wichtigkeit ist, wird auch Treue hochgehalten. Und wo die Kombination Treue und Liebe als Basis einer lebenslangen Monogamie angesehen wird, werden Liebe und Treue zum Partner zu Kardinaltugenden erhoben, sogar als Garant einer lebenslangen Beziehung angesehen.

Ein letztes Wort zum diesem Thema: Zweierbeziehung beruhigen die Gemüter. Draufgänger sind immer ungebundene, junge Männer. Denn Singles und Kinderlose haben weit weniger zu verlieren und riskieren von daher weit mehr als Verheiratete. Ein Grund, weshalb Staatsoberhäupter oder Machthaber von jeher an einem geordneten Familienleben interessiert waren. Es ist gleichbedeutend mit einem geordneten und lenkbaren

Staat. Das interessante: Die Biologie gibt ihnen recht. Verheiratete Männer mit oder ohne Kinder haben signifikant weniger Testosteron im Körper als unverheiratete.[235]

Auf den Südseeinseln machte man einst dem Bräutigam die Ehe sogar schmackhaft. Er wurde drei Monate in den Busch geschickt und musste dort von den Früchten des Waldes leben. Allein und ohne Obdach. Die Klausur sollte zweierlei bewirken. Erstens wurden seine Gedanken sehr auf die Braut gelenkt, da keine andere Frau in der Nähe war. Zweitens sollte ihn die Erfahrung lehren, wie unbequem das Leben ohne Beistand und Fürsorge einer Frau ist. Mit einem Wort: Das Verlangen nach Heirat und der zu erwartenden Bequemlichkeit sollte geweckt werden.[236]

WAS VON DER LIEBE BLEIBT

*Love is what happens to a man and woman
who don't know each other.*

Somerset Maugham

Wer an die Liebe glaubt, kann ebensogut an fliegende Untertassen glauben. Eifersucht, Treue, Ehe, die Hoffnungsträger der Liebe sind Mittel zum Zweck, die Art soll erhalten bleiben und sonst gar nichts. Nichts belegt, dass Liebe per se in uns angelegt ist. Richtig ist: Sie wird allerorten und beständig zitiert und herbeigepredigt. Es soll eine Liebe sein, die zwei Menschen zusammenkettet, die Treue und lebenslanges Zusammensein im Schlepptau hat.

Was in uns allen tatsächlich angelegt ist, sind Bindungsfähigkeit und Glaube, sprich Hoffnung und Optimismus. Keinesfalls Treue und Monogamie. Wohl aber einen gewissen Hang zu beidem. Das hat sich die clevere Natur ausgedacht, damit ihr Prinzip funktioniert, das heißt: beharrliche Reproduktion, also Fortpflanzung. Mit anderen Worten, die Natur hat sichergestellt, dass Mann und Frau aneinander Gefallen finden, sich zusammentun und aus dieser Verbindung Kinder hervorgehen.

Garant der Fortpflanzung ist die Sexualität und ein sie begleitendes feines Gespinst von Empfindungen und Gemütsbewegungen. Das eine ist ohne das andere weder vorstellbar noch existent. Entsprechend stehen Verliebtheit und Eifersucht im

220

Dienste der Sexualität. Sie führen zur kurzzeitigen oder langfristigen Bindung, wodurch der sexuelle Akt und gemeinsame Kinderaufzucht möglich wird.

Wird aus dieser befristeten Bindung jedoch eine unauflösliche lebenslange Monogamie, ist das einem verordneten Eheprinzip geschuldet, sprich gesetzlichen oder religiösen Vorschriften. Doch ganz gleich, ob ein Zweierbund per Gesetz auflösbar ist oder nicht, stets ist Monogamie an bestimmte Gesellschaftsformen gebunden, damit an Moral- und Wertvorstellungen. Diese tragen zur Stabilisierung und Aufrechterhaltung einer Gesellschaft bei. Freilich macht es einen gewaltigen Unterschied, ob lebenslange Monogamie per Gesetz verordnet wird oder nicht.

Überall da, wo Trennungen nämlich möglich sind und wo es eine freie Partnerwahl gibt, kommt es zu mehrmaligen Bindungen und keineswegs zu nur einer einmaligen lebenslangen Paarbeziehung. Wo Vielweiberei möglich ist, kommt es dazu. Wo Jungfräulichkeit kein Muss ist, Gleichberechtigung herrscht oder das Erbe von den Müttern auf die Töchter übergeht, gehen Frauen nicht nur eine Verbindung ein. Rund um den Globus ist das der Fall. Scheidungsraten und Trennungen von unverheirateten Paaren nach Monaten oder einigen Jahren lassen nur einen Schluss zu: Einmalige Monogamie ist eine Erfindung des menschlichen Geistes, serielle Paarbindungen sind die Regel.

Noch vor vier Jahrzehnten war in allen Gesellschaften die Polygynie (also die Ehe mit mehreren Frauen) weit beliebter als die Einehe. Ich vermute, neuere Untersuchungen, die es leider nicht gibt, würden diese Präferenz bestätigen. Denn wenn Männer wirklich die Wahl hätten, würde keiner sein ganzes Leben hindurch monogam leben. Vom sexuellen Standpunkt aus betrachtet ist die monogame Ehe nichts für den Mann. Das hat bereits Alfred Kinsey vor einem halben Jahrhundert nachgewiesen. Frauen sind weit weniger polygam veranlagt und der monogamen Beziehung weit zugeneigter. Dieser geschlechts-spezifische Unterschied hängt nicht zuletzt mit der Mutterschaft zusammen und unseren Genen, also unserem biologischen Erbe.

Diese Erkenntnisse sind eigentlich nichts Neues, werden jedoch im Zusammenhang mit der Liebe immer wieder gerne übersehen, sogar ins Gegenteil verkehrt. Treue soll etwa etwas Natürliches sein. Sexuelle Treue ist jedoch nicht im Sinne der Natur. Vielmehr ist sie zumeist nur Kitt auf Zeit, um Beischlaf und Vaterschaft zu garantieren. Deshalb ist Treue auch in der Verliebtheitsphase sehr viel wahrscheinlicher als späterhin. Jener Zeitspanne, in der zwei Menschen aufeinander gepolt sind, umnebelt von euphorischen Gefühlen gleich einer betörenden Parfümwolke. Höllisch Verliebte können gar nicht fremdgehen.

Jedoch haben Gesetze oder noch so harte Strafen je ein Fremdgehen verhindert? Nein. Der Grund ist simpel. Die Natur hat uns ein doppeltes Fortpflanzungsprogramm »verpasst«. Steht auf der einen Seite das Paar auf Zeit, mit relativer Treue, Eifersucht und gemeinsamen Interessen, steht auf der anderen Seite die genetische Optimierung des Erbgutes. Therapeuten, Eheberater und Scheidungsanwälte können das bestätigen, weil Promiskuität, Seitensprünge und serielle Monogamie bei ihnen täglich aktenkundig werden.

Was ist mit homosexuellen Frauen und Männern, was mit Männern und Frauen, die keinen Kinderwunsch hegen, steril sind oder Verhütungsmittel nehmen? Gelten für sie die gleichen Liebeswahrheiten? Leben sie im selben Liebeswahn? Ich frage zurück: Was soll an ihnen anders sein?

Schon 1925 resümiert der Wissenschaftler Berthold Schidlof, unglückliche Ehen seien auf der ganzen Erde in der weitaus überlegenen Mehrzahl – zumindest glücklose. Ob die heutigen Ehen glücklicher sind? Jedenfalls reden lang verheiratete Paare nicht über die Liebe. Wer ihnen wirklich zuhört, warum sie schon so lange zusammen sind, kann sich hingegen Schlagworte notieren wie: Respekt, Aufrichtigkeit, eingespieltes Team, gegenseitiges Verstehen, füreinander da sein, den anderen gewähren lassen, gemeinsame Kinder haben uns zusammengeschweißt, Scheidung kommt nicht infrage, sein eigenes Reich haben, sich aufeinander verlassen können … Und: »Wir sind schon so lange zusammen.«

Es sind lieb gewordene Gewohnheiten, Pragmatismus und vielleicht sogar die Zweisamkeit an sich, die eine derartige Beständigkeit hervorbringt. In der Tat ist ein halbes Jahrhundert Zweisamkeit ein kleines Wunder, das Bewunderung verdient. Mehr aber erst einmal nicht.

Die einmalige Liebe war nie eine Selbstverständlichkeit und ist es auch heute nicht. Liebe erscheint vielmehr wie ein Experiment auf Zeit. Meistens klappt es nicht beim ersten Mal. Es wird eine weitere Beziehung eingegangen. Sie oder er war nicht der Richtige. Doch auch beim zweiten, dritten oder vierten Mal fallen die Verschwörungsworte: »Ich liebe dich!« Manch einer bekennt: »Ich kann ohne dich nicht leben!«, lebt jedoch in der folgenden Beziehung oder Ehe munter weiter. Dass infolge einer Aneinanderreihung von Lieben die letzte Liebe zur richtigen Liebe wird, ist sehr wahrscheinlich, weil wahrscheinlich ein weiteres Mal gar nicht infrage kommt.

In anderen Teilen der Welt wird offenbar anders geliebt, weshalb Forscher und Reisende nach unserer Art der Liebe und Ehe befragt wurden. Wie sie sich ferne Völker über unsere Liebesvorstellungen wundern, wundern wir uns über Frauen mit mehreren legitimen Liebhabern, Männer, die sich nie und nimmer mit nur einer Ehefrau begnügen würden oder Zwangsverheiratete, die mit ihrem Gatten glücklich sind. Noch verwunderter sind wir, wenn das, was wir Liebe zwischen Mann und Frau nennen, bei anderen Menschen nicht vorhanden ist. Dem Anthropologen Napoleon Chagnon erging es ebenso. 27 Jahre hatte er die Yanomamö studiert, ihre Sprache erlernt, Sitten und Gebräuche kennengelernt. Eines Tages meinte er, einen vergleichbaren Begriff für die Liebe entdeckt zu haben. Glücklich, das passendes Wort gefunden zu haben, befragte Chagnon einige Mitglieder der Sippe, bei denen er gerade zu Gast war: »Liebst du deine Schwester?« – »Ja!« – »Liebst du dein Kind?« – »Ja!« – »Liebst du deine Frau?« Verblüffendes Schweigen, schallendes Gelächter, und schließlich die Antwort: »Man *liebt* seine Frau nicht, du Dummkopf!«

Chagnon berichtet auch von Kaobawa, dem Anführer der Sippe. Als er ihn kennenlernte, hatte Kaobawa zwei Ehefrauen. Die ältere von beiden war ihm Kameradin und Geschlechtspartnerin. Ihr Verhältnis kam dem, was wir unter Liebe verstehen, so nahe wie keine andere Beziehung bei den Yanomamö, erklärt der Anthropologe. Gelegentlich erlaubte er seinem Bruder, mit seiner jüngeren Frau zu schlafen, allerdings musste dieser vorher fragen. Ein paar Jahre später hatte Kaobawa sechs Ehefrauen und ebenso viele kurze Affären.[237]

Liebe ist eben das, was wir uns darunter vorstellen. Und die großen Lieben, von denen wir hören, sind in Wirklichkeit wunderbare Märchen. »... die Illusion, in die wir uns dabei willentlich begeben, ist die Vorstellung, dass es die Liebe tatsächlich gibt – so als wäre sie etwas ganz Reales, etwas geradezu Gegenständliches, eine Sache, die man gewinnen und verlieren kann ...«[238] Das sagt sogar jemand, der an die Liebe bedingungslos glaubt.

EPILOG

Der Graugansvater Konrad Lorenz zeigte sich einer Schülerin gegenüber etwas enttäuscht, als er mit ihr die Protokolle über seine Lieblinge durchging. Schon lange hatte er erkannt, dass es das Normale oder einen Typus in der Tierwelt nicht gibt. Gleichwohl schlummerte in ihm eine gehörige Portion Optimismus. Lorenz hatte angenommen, eine Gänseehe würde mit absoluter Treue einhergehen, sogar bis über den Tod hinaus. Die Aufzeichnungen belegten etwas anderes. Amüsiert über sich selbst zitierte er, was seine Schülerin auf seine Enttäuschung entgegnet hatte: »Ich weiß nicht, was du willst, Gänse sind schließlich auch nur Menschen.«[239]

DANK

Mein ganz besonderer Dank gilt den Mitarbeitern der Staats- und Universitätsbibliothek Bremen, speziell jenen aus den Abteilungen Mediathek und Fernleihe. Namentlich sind das Sandra Tolle-Koop, Niels Neumann und Jutta Fregin. Ihre zuvorkommende, vor allem unbürokratische Hilfsbereitschaft hat mir meine Recherchen ungemein erleichtert. Darüber hinaus möchte ich meiner vormaligen Lektorin Beate Koglin herzlich danken, ohne deren Hilfe und Kritik ich wohl nie beim Schreiben geblieben wäre. Schließlich möchte ich meiner jetzigen Lektorin Birgit Sander Dank sagen, nicht nur für ihre Anmerkungen hinsichtlich dieses Buches, sondern vor allem für ihre Aufmunterungen.

QUERVERWEISE

1   Hatfield/Rapson (1993) fragen danach, in welchem Alter Kinder
    das erste Mal leidenschaftliche Liebe empfinden können. Nach
    Auswertungen verschiedenster Studien kommen sie zu dem Schluss:
    allemal zwischen dem 3. und 8. Lebensjahr, vgl. S. 41 f.

2   Vgl. *Weser Kurier* (Tageszeitung) vom 19.3.2009:»Alte Liebe rostet
    nicht«.

3   Vgl. *Weser Kurier* (Tageszeitung) vom 25.6.2005:»Jawohl, Liebling!«

4   Vgl. Liste in Pinker 2003, S. 601 f.

5   Vgl. Beach 1976.

6   Vgl. Money 1980, S. 62.

7   Vgl. etwa Goodall 1991 bzw. Fisher 1993, S. 172 ff.»Frieden zu stiften
    war eine tägliche Aufgabe. Minuten oder Stunden oder auch Tage
    nach einem Streit gehen die feindlichen Schimpansen sanft grunzend
    aufeinander zu, schütteln sich die Hand, umarmen und küssen
    einander auf die Lippen und schauen sich tief in die Augen.« Vgl.
    Fisher 1993, S. 287.
    Schimpansen sind die einzigen nichtmenschlichen Primaten,
    die regelmäßig Pflanzen und tierisches Futter – besonders unter
    Erwachsenen – teilen, vgl. McGrew 1981, S. 45, aber auch de Waal 1997.

8   Vgl. Ridley 1999, S. 216.

9   Vgl. Zahavi/Zahavi 1998, S. 223.

10 Mehr zu Trilobiten siehe: www.trilobit.de.

11 Vgl. Fisher 1993, S. 151.»Woher wir genau kommen«, unser
    Stammbaum, siehe Roth 2001, S. 70–83.

12 Vgl. etwa: Roth 2001, S. 73; Fisher 1993, S.180; Blackmore 2005,
    S. 124.

13 Vgl. Fisher 1993, S. 266.

14 Vgl. Balter 2001, S. 1722 ff.

15 Neandertaler stellten Werkzeuge her und führten Totenbestattungen
    durch. Dumm waren sie nicht. Ihr Gehirn war im Durchschnitt größer
    als das unsrige, nämlich 1400 bis 1900 Kubikzentimeter. Vgl. zum
    Thema Neandertaler und Homo sapiens auch Gibbons 2001, S. 1729 ff.

16 Vgl. Roth 2001.

17 Vgl. Roth 2001, S. 77 und 451 f.

18 Vgl. Roth 2001, S. 450 f.

230

19 Kleingruppen wurden aber auch beobachtet sowie Kleinfamilien, manchmal bestehend aus Muttertier, Säugling, 3- bis 4-Jährigen sowie einem Männchen. Die Regel soll das nicht sein.

20 Buss 2003, S. 87 f.

21 Moir/Jessel 1991, S. 246 f.

22 Vgl. Maccoby/Jacklin 1978, S. 374.

23 Vgl. Moir/Jessel 1991, S. 38 f. »Sechsmal so viele Mädchen wie Jungen können tonrein singen. Außerdem haben sie ein ›feineres Ohr‹ für Schwankungen in der Lautstärke – möglicherweise liegt hier eine Erklärung für die ausgeprägte Empfindlichkeit der Frauen gegenüber dem ›Ton‹, den sie ihren männlichen Partnern gelegentlich vorwerfen und den diese vielleicht gar nicht bemerken. Männer und Frauen sehen sogar manche Dinge verschieden. Frauen sehen im Dunkeln besser. Sie sind empfindlicher für das rote Ende des Farbspektrums; sie nehmen dort mehr Rottöne als Männer wahr, und sie haben ein besseres visuelles Gedächtnis. Männer dagegen sehen bei hellem Licht besser als Frauen. (…) [Männer] neigen dazu, mit Scheuklappen durch die Welt zu laufen; sie haben ein vergleichsweise enges Gesichtsfeld (…) [Das weibliche] Gesichtsfeld ist weiter –, weil die Anzahl der Photorezeptoren – (…) in ihrer Netzhaut im Augenhintergrund größer sind, so daß sie ein breiteres visuelles Spektrum empfangen können.« (Ebd., S. 32)

24 Versuche mit Mäusen zeigten, dass selbst die Ernährung während der Entwicklung im Mutterleib Einfluss auf die Anlagen des Nachwuchses hat. Eine Forschergruppe um Jennifer Cropley war diesem Zusammenhang nachgegangen, vgl. Cropley u. a. 2006. Die Forscher beschäftigt die Frage der Epigenetik, also inwiefern chemische Vorgänge und Umweltfaktoren auf Lebewesen einwirken können. Mittlerweile konnten diese Zusammenhänge auch beim Menschen nachgewiesen werden.

25 Vgl. Moir/Jessel 1991, S. 244. Die vorhergehende Passage vgl. ebenfalls ebd.

26 Vgl. Chagnon 1994, S. 265, auch S. 137, 140 u. 144 f.

27 Vgl. Buss 1994, S. 267. Vgl. zudem Chagnon 1994.

28 Der Aggressivitätsgrad von Rhesusaffenweibchen wurde dennoch von »netten« Laborwissenschaftlern manipuliert. Das geschieht in zwei Schritten. 1. Durch männliche Hormongabe an das Muttertier während der Schwangerschaft. So erhält das sich gerade entwickelnde Hirn eine männliche Prägung. 2. Nach der Geburt des Tieres werden weiterhin männliche Hormone gespritzt. Vgl. Moir/Jessel 1991, S. 104 f.

29 Vgl. Ridley 1995, S. 215 sowie 300 f.

30 Vgl. Trivers 1972.
»Wie sich herausgestellt hat, versorgen die Frauen in den heutigen Jäger-und-Sammler-Gesellschaften ihre Kinder mit weitaus mehr wichtigen Nährstoffen, als es die Männer tun, und sie arbeiten viel länger pro Tag. Selbst in unseren angeblich emanzipierten westlichen Gesellschaften lassen einige Schätzungen darauf schließen, dass

Frauen, wenn man Beruf, Hausarbeit und Fürsorge für die Kinder zusammenzählt, im Durchschnitt doppelt so viele Stunden pro Tag arbeiten wie Männer. Dieses Ungleichgewicht beim elterlichen Investment kann einen großen Teil des menschlichen Sexualverhaltens erklären.« Vgl. Blackmore 2005, S. 206 f.

31 Den Rekord soll eine Russin halten, und zwar mit 27 Schwangerschaften und insgesamt 69 Geburten (aufgrund vieler Mehrlingsschwangerschaften kommt es zu dieser erstaunlichen Differenz). Durchschnittlich haben Frauen in Jäger- und Sammler-Kulturen nicht mehr als fünf Kinder, vgl. Fisher 1993, S. 86. Dokumentierter Kindersegen bei einzelnen Männer reicht von 888 (Ismail der Blutrünstige) bis 87 Kindern. Erstere Menge wird angezweifelt, Zweiteres ist registriert. Es handelt sich um einen russischen Bauern, der 87 Kinder zeugte, vgl. Busch 1839, S. 261.

32 Vgl. Roth 2001, S. 373.

33 Vgl. Roth 2001, S. 353 f.

34 Außer natürlich, man tut einer Kultur Gewalt an, rottet sie aus oder nimmt ihr den Lebensraum. Ich erinnere hier stellvertretend für viele andere Völkerübergriffe an die Kreuzzüge oder an die Brutalität von Pizarro, der ein ganzes Inkareich auslöschte.

35 Vgl. Pinker 2003, S. 517.

36 Vgl. Pinker 2003, S. 347 f., vgl. auch ebd. S. 517.

37 Vgl. Pinker 2003, S. 525 f.

38 Es sind nicht nur die Töchter, die sich um ihren Körper sorgen. Ebenso wollen ihre emanzipierten Mütter wieder sexy sein, weshalb sie nicht zuletzt zu Faltencreme und BH greifen.

39 Dazu Nadajun, eine junge Frau, die just geheiratet hat:»Nur alte und Narren heiraten Mädchen mit einer gerissenen Lippe.« Sie erzählt aber auch:»Meine Mutter hat mich gezwungen. Ich mußte meine Lippe einschneiden lassen. Darum habe ich es getan. Eine Frau hat sie mir durchbohrt.« Orikori, ihr Frischvermählter:»Ich will sie nur mit einer großen Lippe, wenn sie gerissen wäre, hätte ich sie nicht geheiratet. Ich habe nur Rinder gegeben, weil sie eine große Lippe hat.« Zitiert nach: Äthiopien. Stockkämpfe und Lippenteller bei den Surma, 2000, Fernsehmitschnitt.

40 Vgl. Waelder 1962, insbesondere S. 377.

41 Zitiert nach: *China – Waisen und Nonnen* (2003), Fernsehmitschnitt.

42 Zum Vergleich das Vierte Gottesgebot nach christlichem Glauben. Es lautet:»Du sollst Vater und Mutter ehren, auf daß es dir wohl ergehe und du lange lebest auf Erden.« Dieses Gebot gebietet, die Eltern zu lieben, zu achten und ihnen zu gehorchen. Es verpflichte zunächst, die Eltern zum Vorleben dieser Regel, die sie dadurch den Kindern weitergeben. Über den Eltern steht Gott, ihn gilt es, an erster Stelle zu lieben und zu ehren. Zur Erinnerung: das Erste Gottesgebot lautet:»Ich bin der Herr, Dein Gott. Du sollst keine anderen Götter haben neben mir. Du sollst an EINEN Gott glauben und IHN ALLEIN anbeten.«

Auch andere der Zehn Gottesgebote zeigen Parallelen zu den »Mao-Geboten«.

43 Vgl. Miller 2001, S. 353.

44 Vgl. Eibl-Eibesfeldt 1971, S. 187 f., vgl. auch Lorenz 1974 [1963] S. 180.

45 Im Originaltitel: *Who dares, wins*. *Heroism versus altruism in women's choice*. Es handelt sich um eine Fragebogenuntersuchung. An ihr nahmen 60 Männer und 60 Frauen teil. Hauptsächlich Studenten (60 Prozent). Das Alter der Teilnehmer lag zwischen 18 und 55 Jahren (davon 30 Prozent 21 bis 25 Jahre).

46 Vgl. Kelly/Dunbar 2001, insbesondere S. 98 ff.

47 Vgl. Hill/Kaplan 1988, 302.

48 Vgl. Heinrich 1988, S. 305, insbesondere Hypothese H, sowie S. 306 f.

49 Vgl. Buss 1994, S. 111.

50 Malinowski 1979 [1929], S. 269 f. Die Regel des Gebens und Nehmens beherrscht das ganze Stammesleben, schreibt Malinowski. »Jeder Dienst, jede Gunst muß durch etwas Gleichwertiges vergolten werden.« (Ebd. S. 270) Malinowski sieht und interpretiert deshalb die Zulassung des Koitus als Dienst der Frau an den Mann. Diese Interpretation halte ich für falsch. Sondern es ist richtig, was er an anderer Stelle schreibt: »Das Geschenk ist ein Brauch, kein Beweggrund [im Sinne einer Bezahlung]. Die Sitte zeigt viel eher Verwandtschaft mit unserem Brauch, der Verlobten oder einer angebeteten Frau Geschenke zu machen ...« Ebd. S. 271.

51 Vgl. Zahavi/Zahavi 1998, S. 61.

52 Vgl. Ebberfeld 2007, dort werden diese Schlüsselreize entschlüsselt. Aufgebrachte Feministinnen gingen mir diesbezüglich gerade in Österreich ziemlich »an die Gurgel«, sowohl auf einem Kongress als auch in einer Talkshow.

53 Vgl. Chagnon 1994, S. 57 (dort Text neben Abb. 8) u. S. 185 f.

54 Vgl. Grammer 2000 [1995], S. 491. Die Forscher testeten 1000 Frauen in Wiener Diskotheken. Dazu befragten und fotografierten sie die Frauen. Zudem nahmen sie Speichelproben für die Östrogenbestimmung.

55 Angaben zum Laubenvogel siehe Zahavi/Zahavi 1998, S. 67 f. sowie Ridley 1995, S. 178 f., der sich auf Jared Diamond bezieht.

56 Vgl. hierzu Norretranders 2004, S. 185, der auf diese missverständliche Schlussfolgerung hinweist. Zu finden ist das tatsächliche Resümee in Buss 1989, S. 13. Buss weist mehrmals darauf hin, seine Studie sei nicht repräsentativ. Sowohl die ländliche Bevölkerung als auch »less-educated individuals« kommen zu kurz. Geht es um den »Traum«-Partner, wird in den unteren Schichten jedoch weit mehr der Kinderwunsch und materielle Absicherung betont als in Mittel- und Oberschicht.

57 Vgl. Precht 2009, S. 200.

58 Vgl. Hartfield/Rapson 1993, S. 165, zitiert nach Vanity Fair, 1991, S. 260.

233

59 Vgl. Frank 1992, S. 158 f., der sich hier auf die »Faustregel« von Gary
    Becker, einem Wirtschaftswissenschaftler, und dessen Angaben stützt.
60 Vgl. Statistisches Bundesamt 2002. Datenreport 2002. Bundeszentrale
    für politische Bildung, S. 44 f., Bonn. Ich berufe mich hier auf den
    Internetauszug www.schader-stiftung.de.
61 Sie verhalten sich gleichsam wie Männer im umgekehrten Fall.
    Während Männer allerdings die Angelegenheit weit nüchterner
    betrachten und zahlen, weil man dafür bezahlt. Geben Frauen ihren
    jungen Galanen Geld, dann weil sich diese in sozialen Nöten befinden.
    Vgl. zu Single-Frauen und Sextourismus etwa die *tageszeitung* vom
    24.12.1999: Das Leben ist hart und eine Party.
62 Vgl. Schlegel 2007.
63 Vgl. Symons/Ellis 1989.
64 Vgl. Ridley 1995, S. 337.
65 Vgl. Ridley 1995, S. 404, der eben diese Vermutungen anstellt. Siehe
    hierzu auch Miller 2001, vgl. S. 13 f.
66 Vgl. Eibl-Eibesfeldt 1971, S. 143.
67 Vgl. Moir/Jessel 1991, S. 198. Oxytocin bewirkt weit mehr.
    Beim Geburtsprozess bewirkt es etwa die Kontraktion der
    Gebärmuttermuskulatur, also die Wehentätigkeit.
68 Vasopressin ist als Regulator des Angstempfindens, des männlichen
    Sozialverhaltens und der Wasserausscheidung über die Nieren bekannt. Da
    es gefäßverengend wirken kann, beeinflusst es außerdem den Blutdruck.
    In Rattenversuchen konnte gezeigt werden, dass sich Vasopressin auf die
    mütterliche Fürsorge auswirkt, vgl. Bosch/Neumann 2008.
69 Vgl. Precht 2009, S. 180, vgl. auch die Folgeseiten und die
    entsprechend aufgeführte Literatur. Wie Precht ganz richtig schreibt,
    bewirkt die Hormonausschüttung auch die Muskelzuckungen in Penis,
    Vagina und Gebärmutter. Jedoch nur, wenn ein Orgasmus stattfindet.
70 4. Brief: Heloise an Abaelard (Abaelard 1984, S. 109 und S. 110).
71 5. Brief: Abaelard an Heloise (Abaelard 1984, S. 130 und S. 132).
72 Vgl. etwa Voland 2007, S. 91, Hill/Kaplan 1988, S. 300, Schiefenhövel
    1989, S. 178 oder Schidlof 1925, S. 168 f.
73 Vgl. Precht 2009, S. 185.
74 4. Brief: Heloise an Abaelard (Abealard 1984, S. 110).
75 Vgl. Ridley 1995, S. 15.
76 Vgl. Fisher 1993, S. 164.
77 Vgl. Zahavi/Zahavi 1998, S. 366 f.
78 §173 StGB. Mit den eigenen Kindern bis zu drei, mit Enkeln bis zu zwei
    Jahren Gefängnis.
79 Vgl. Ebberfeld 1998.
80 Vgl. Zahavi/Zahavi 1998, S. 227 und S. 352.
81 Vgl. Shepher 1971.
82 Vgl. Ridley 1995, S. 334 mit Bezug auf Wolf 1966.

83 Vgl. Mauss 1968 [1950], S. 31 f. Etwas ist an den Geschenken noch entscheidend: Sie dürfen nicht knauserig ausfallen. Für Knausrigkeit haben wir sozusagen ein Gefühl, und das ist ganz und gar geschlechtsunabhängig. Knausrige Leute werden bestraft. Das zeigen alle Ultimatum-Spiele (vgl. Güth/Tietz 1990), also Spiele, bei denen man dem Mitspieler etwas bieten muss, um weiterzuspielen. Das gilt nicht nur für die westliche Welt, sondern überall, zum Beispiel in Tansania, in der Mongolei, in Paraguay oder auf Papua-Neuguinea, vgl. Henrich u. a. 2001.

84 Bei Frauen liegt die Häufigkeit bei 1 : 2500 bis 1 : 2700 Geburten. Die verbale Intelligenz kann bei Turner-Frauen gut ausgeprägt sein, jedoch ist ihr mathematisches und räumliches Verständnis mäßig, wie sie überhaupt abstraktes Denken kaum ausbilden. Vgl. zur Turner-Frauen auch Moir/Jessel 1991, S. 50 und S. 108.

85 Vgl. etwa Dawkins 1994 [1976], Trivers 1971, Hamilton 1964.

86 Vgl. Pinker 2003, S. 342 f., von dem ich auch das Beispiel mit dem brennenden Haus und die entsprechende Frage übernommen habe.

87 Vgl. Pinker 2003, S. 342.

88 Vgl. Dawkins 2007, Fußnote S. 303 mit Bezug auf Bshary/Grutter (2006). Siehe zu reziprokem Altruismus bei Schimpansen auch de Waal 1997, S. 236 f.

89 Vgl. Miller 2001. Auf diesen Umstand machte bereits der Biologe Irwin Tessman in den Fünfzigerjahren des 20. Jahrhunderts aufmerksam.

90 Miller 2001, S. 365.

91 Vgl. Zahavi/Zahavi 1998, S. 249. Die beiden Ornithologen stellten aufgrund dieser Beobachtungen eine neue Theorie auf, die vom Handicap-Prinzip. Sie besagt:»Vergeudung kann sinnvoll sein, weil man dadurch schlüssig zeigt, daß man mehr als genug besitzt und etwas zu vergeuden hat. Gerade der Aufwand – die Verschwendung selbst – macht die Aussage so zuverlässig.«Ebd., S. 383 sowie Zahavi 1995.

92 Circa 23 Millionen Deutsche über 14 Jahren sind ehrenamtlich tätig. Die Tätigkeitsfelder sind kaum überschaubar, ebenso wenig die Auszeichnungen, die diesbezüglich vergeben werden.

93 Vgl. Zahavi/Zahavi 1998, S. 381, vgl. auch Zahavi 1995.

94 Vgl. Eibl-Eibesfeldt 1971, S. 102. De Waal beobachtete im Arnheimer Zoo den Schimpansen Yeroen, ein Männchen. Er hatte bis ins hohe Alter einen hohen Status in seiner Gruppe inne, da er moralische Führerschaft perfekt beherrschte. Yeroen bemerkte, wenn sich zwischen Mitgliedern Streit anbahnte. Er schritt geschickt ein, half Spannungen abzubauen und die Gruppenharmonie wieder herzustellen. Dabei ging er unparteiisch vor. Persönliche Beziehungen zählten also nicht. Vgl. de Waal 1997.

95 Vgl. de Waal 1997.

96 Vgl. Buss 2003, S. 15.

97 Vgl. Buss 2003, S. 81.

98 Für Frauen gilt:»Ein gelegentlicher sexueller ›Ausrutscher‹ des Partners scheint verzeihlich. Für ihr Fortpflanzungskalkül kommt es mehr

darauf an, dass der Mann emotional nicht verloren geht.« Vgl. Degen 2007, S. 186.

99   Vgl. Schidlof 1925, S. 188. Bei den Yanomamö ist das Ohrenabschneiden immer noch üblich. »Eine Reihe von Frauen haben arg verstümmelte Ohren.« (Chagnon 1994, S. 184.)

100 Vgl. Schidlof 1925, S. 191.

101 Vgl. White/Mullen 1989.

102 Vgl. Buss 1994, S. 234.

103 Vgl. *Weser Kurier* (Tageszeitung)12.2.2009: »Trennungswunsch wohl Mordmotiv«.

104 Vgl. *Weser Kurier* (Tageszeitung) 12.2.2009: »Ehefrau mit 24 Messerstichen getötet«. Natürlich kommt es auch bei Naturvölkern bei Ehebruch und Eifersucht zu Tötungsdelikten, siehe hierzu etwa Chagnon 1994, S. 184.

105 Vgl. Buss 1994, S. 233.

106 Vgl. Buss 1994, S. 228.

107 Vgl. Schulz 1984.

108 An der Verstümmelung der Füße waren Frauen maßgeblich beteiligt (vgl. Ebberfeld 2007, S. 150 ff.), auch an der Beibehaltung dieser »Tradition«. Gleiches gilt noch immer für die genitale Verstümmelung (Beschneidung). Es ist ganz einfach falsch, die Ursache hierfür ausschließlich beim Mann zu suchen.

109 Die Weltgesundheitsorganisation schätzt, dass heutzutage weltweit 130 bis 150 Millionen Mädchen und Frauen geschlechtlich verstümmelt sind und jeden Tag aufs Neue 6000 Mädchen dieser Tortur unterworfen werden. In Europa sollen etwa 3 Millionen beschnittene Frauen und Mädchen leben, in Deutschland zwischen 20 000 und 29 000.

110 Vgl. Grammer 2000 [1995], S. 486.

111 Vgl. Knödel 1995, S. 156.

112 Mosou-Männer können auch mehr als eine Geliebte haben. Allerdings ist dies nicht leicht zu bewerkstelligen. Schon bei einer Geliebten muss er Verpflichtungen gegenüber seiner Familie und ihrer Familie nachkommen. Eine dritte ist kaum zu schaffen. Außer er ist jung und gibt sich mit »Stippvisiten« bei den Frauen zufrieden und die Frauen mit kleinen Geschenken.

113 Vgl. Buss 2003, S. 244.

114 Vgl. Grammer 2000 [1995], S. 479.

115 Vgl. Grammer 2000 [1995], S. 479.

116 Dennoch wird der Selbstmord in Japan nicht geächtet und ist noch heute ein gerechtfertigtes Mittel, um einer ausweglosen Situation zu entrinnen. Vgl. Mace/Mace 1960, S. 124.

117 Vgl. Mace/Mace 1960, S. 123.

118 Schopenhauer o. J., S. 34.

119 Der Bildhauer *Pygmalion* verliebte sich unsterblich in eine von ihm geschaffene Marmorschönheit. Von ihm wird hier nicht gesprochen,

236

sondern von jenen Männern, die tatsächlich ihre geschlechtliche Lust ausschließlich an Steinbildnissen befriedigen konnten.

120 Vgl. *Weser Kurier* (Tageszeitung) vom 10.3.2009:»Kurzer Prozess für Klatten-Erpresser«.

121 Erwiesen ist, dass ein zu hoher Dopamin-Spiegel in bestimmten Hirnarealen mit Symptomen der Schizophrenie (Psychosen) einhergeht.

122 Vgl. Baumeister/Wotman 1992, S. 3.

123 Vgl. Dawkins 1994 [1976], S. 394.

124 Vgl. Ebberfeld 2001.

125 Vgl. Ebberfeld 1998. Unter anderem benutzen 6,7 Prozent (von 432 meiner Befragten) Kleidungsstücke des Partners zur sexuellen Stimulation und 37,0 Prozent zum Einschlafen. Vgl. ebd. S. 139 ff.

126 Vgl. Fisher 1993, S. 64.

127 4. Brief: Heloise an Abaelard (Abaelard 1984, S. 110).

128 Als Abaelard der Hauslehrer von Heloise wurde, hatte er noch keine Frau angerührt, ja er hielt sich von Frauen fern. Das war ein Grund, weshalb ihn Heloises Onkel und Förderer als Hauslehrer anstellte. Alsbald wurde er jedoch des Techtelmechtels gewahr. Die Leibesfülle seiner Nichte legte untrüglich davon Zeugnis ab. Was tun? Der Onkel war in Rage. Der»Schänder«nahm Heloise und flüchtete zu seiner Schwester. Dort gebar sie ihm einen Sohn. Abaelard ersuchte den Onkel um Versöhnung, auch wollte er Heloise heiraten. Aus taktischen Gründen sollte dies heimlich geschehen. Der Onkel stimmte zu, doch kaum waren sie verheiratet, plauderte er das Geheimnis aus und setzte seine Nichte auch körperlich zu, die wieder in seiner Obhut war. Abaelard sah nur einen Ausweg: Er brachte Heloise ins Kloster. Das wiederum war dem Onkel zu viel, er glaubte, Abaelard wollte sich den ehelichen Pflichten entziehen. Kurzerhand ließ er ihn überfallen und entmannen. Tief gedemütigt überlebte Abaelard die Verstümmelung und trat als Mönch in die Abtei Saint-Denis ein. Es gibt Dutzende Liebesgeschichten über die beiden. Auch Schriftsteller haben ihnen ein Denkmal gesetzt, unter anderem Rousseau mit *La nouvelle Héloïse* oder Luise Rinser *Abaelards Liebe*.

129 Vgl. Buss 1994, S. 132.

130 Vgl. Tiger S. 174. Und sodann fragt Tiger:»Und wenn das so wäre, würde uns das Furcht machen?«

131 Vgl. Sunday Mirror, 7.9.1997: Snap! Double live of the separated Giggle twins.
Die Zwillinge haben sehr viel gemein, wenngleich sie sich erst im 40. Lebensjahr trafen. Angefangen mit den Neigungen in der Schule über Partnerwahl, Schwangerschaften bis hin zur Lieblingsliteratur. Bei einem wissenschaftlichen Test sollten sie zu Anfang irgendeinen Satz schreiben, was ihnen gerade so einfiel. Obgleich sie in getrennten Räumen waren, schrieben beide nicht nur denselben Satz, er hatte auch jeweils denselben Rechtschreibfehler. Vgl. ebd.

132 Vgl. Stone 1977, S. 180, wo sich auch der »Fall Guise« findet, und zwar auf S. 181.

133 Vgl. Stone 1977, S. 182.

134 Oder wie es Stone (1977) ausdrückt: Für das Elisabethanische Zeitalter (Umwelt) bestand die Tragödie von Romeo und Julia nicht so sehr an der beschriebenen tragisch endenden Liebe der zwei, als vielmehr mit dem gewaltigen Bruch gesellschaftlicher Normen, in denen sie lebten. Normen, die auf Gehorsam und Loyalität gegenüber der eigenen Tradition und Herkunft beruhten. Vgl. S. 87. Ein Höfling jener Zeit war vielleicht mit der leidenschaftlichen Liebe vertraut und fühlte Sympathie für das Paar, schreibt Stone, aber er hat klar erkannt, worin die Pflicht bestand.

135 Historische Familienforschung für das 16. Jahrhundert kommt zu dem Schluss:»Emotionale Bindungen spielten [bei den Ehegatten] keine oder nur eine untergeordnete Rolle.« Der Ehemann war in erster Linie Herr des Hauses, Betriebes oder Hofes, die Ehefrau hatte Kinder und Haus »zu verwalten«. Vgl. Müller 1988, dort besonders S. 179.

136 Vgl. Mace/Mace 1960, S. 121.

137 Vgl. Mace/Mace 1960, S. 129 f.

138 Vgl. www.robinson-im-netz.de. Heutzutage leben laut UNICEF weltweit mehr als 60 Millionen junge Frauen in Ehe, die verheiratet wurden, bevor sie volljährig waren. Die Hälfte davon lebt in Südasien.

139 Laut Zensus Report liegen für Indien im Jahre 1921 folgende Zahlen für die Verwitwung von Mädchen vor: Alter 1–5 Jahre = 11 892, 5–10 = 85 037, 10–15 = 232 147. Macht zusammen 329 076 verwitwete Kinder. In China und Korea konnte ebenfalls ein kleines Mädchen verheiratet oder einem Mann versprochen werden, vgl. Mace/Mace 1960, S. 228. Natürlich wartete nicht jeder Ehemann mit dem Verkehr, bis die kleinen Mädchen ausgereift waren, weshalb britische Ärzte in Indien schrecklichste Verletzungen feststellen mussten. Vgl. ebd. S. S. 173.

140 Vgl. Precht 2009, S. 197.

141 Vgl. Mace/Mace 1960, S. 130 f.

142 Vgl. Dahlberg 1981, in Dahlbergs Einleitung (S. 17), der sich auf Berndt im selben Buch bezieht.

143 Vgl. *Uganda. Big is beautiful* (2007), Fernsehmitschnitt. Dass Brüder sich unter bestimmten Umständen eine Frau teilen, ist auch im kargen Hochland Tibets bekannt, wo Männer Yaks hüten, um ihre Familien zu ernähren. Der jüngere der beiden Brüder ist jedoch bemüht, sich eine eigene Frau zu suchen, sobald er es sich leisten kann. Vgl. Crook/Crook 1988.

144 Die gesundheitlichen Folgen des Übergewichts sind den Bahima-Frauen durchaus bekannt. Sie leiden massiv unter Gelenk-, Wirbelsäulen- und Herz-Kreislauf-Problemen. Doch wie in Europa und Amerika schreiben Frauen körperliche Risiken in den Wind, wenn es um das Erreichen von Schönheitsidealen geht.

145 Vgl. Stone 1977, S. 272, der dazu unter anderem schreibt: Abgesehen von der Flut von Gedichten, Novellen und Theaterstücken, die romantische und sexuelle Liebe beinhalteten, spielte beides nur wenig oder gar keine Rolle im täglichen Leben eines Mannes und einer Frau des 17. und 18. Jahrhunderts. Vgl. zum Thema auch Baumeister/ Wotman 1992, S. 25.

146 Vgl. Roth 2001, S. 88, der sich auf Murdock bezieht.

147 Vgl. Ridley 1995, S. 225.

148 Zitiert nach: *50 Jahre Liebe* (2007), Fernsehmitschnitt.

149 Vgl. *Äthiopien. Eine neue Frau für den Wunderheiler* (2004), Fernsehmitschnitt.

150 Vgl. Ridley 1995, S. 236.

151 Vgl. Ridley 1995, S. 207.

152 Vgl. Betzig 1986, S. 77.

153 Vgl. Betzig 1986, S. 70, die sich auf eine Arbeit aus dem Jahre 1938 stützt. Dahome werden auch Fon genannt.

154 Vgl. Betzig 1986, S. 73 f.

155 Auch im paradiesischen Fiji herrschte einst Polygynie. Während Tonoas Regentschaft zählte man viele Frauen an seinem Hof, darunter »Ladys« aus unterschiedlichen Ländern, vgl. Betzig 1986, S. 75.

156 Zitiert nach: *Äthiopien. Stockkämpfe und Lippenteller bei den Surma*, 2000, Fernsehmitschnitt.

157 Zitiert nach: *Äthiopien. Stockkämpfe und Lippenteller bei den Surma*, 2000, Fernsehmitschnitt.
»Bei einem reichen Mann ist jede seiner Frauen mindestens ebenso gut dran wie die einzige Frau eines armen Mannes, und das wissen die Frauen auch. Monique Borgerhoff Mulder von der Universität of California in Davis, die sich lange mit der Kultur der Kipsigis beschäftigt hat, berichtet, die Frauen würden sich häufig freiwillig für die Polygamie entscheiden. Eine Kipsigifrau wird vor ihrer Eheschließung von ihrem Vater beraten, und sie ist sich nur zu gut der Tatsache bewußt, daß sie ein besseres Schicksal erwartet, wenn sie die zweite Frau eines Mannes mit einem großen Viehbestand wird, als wenn sie sich dafür entscheidet, die erste Frau eines armen Mannes zu werden.« Vgl. Ridley 1995, S. 221. Vgl. dazu die Ausführungen von Borgerhoff Mulder 1988.

158 Zitiert nach: *Äthiopien. Alltag und Riten bei den Sheko* (2002), Fernsehmitschnitt.

159 Vgl. Betzig 1986, dort insbesondere die Seiten 92 f. und 107 ff. Hier sind eine Reihe Völker aufgelistet.

160 Römer: »Es war den Männern erlaubt, sich außerhalb der Ehe zu vergnügen, schon allein deshalb, weil ein anständiger Ehemann seine Frau gar nicht erst auf dumme Gedanken bringen sollte, indem er sie mit einer Konkubine verwechselte und damit schändlich behandelte.« Vgl. Straub 2000, S. 53.

161 Ihre Karriere war beispiellos. Als Tochter eines Armeelieferanten gelang es ihr, das Herz des Königs zu erobern. Anfänglich wurden ihre Liebesbriefe von Voltaire korrigiert, später hatte Madame Kontakte mit dem Papst und befand über Krieg und Frieden. Dass Madame de Pompadour ausgesprochenen geistvoll war, davon zeugen unter anderem ihre Briefe.

162 Vgl. Buss 1994, S. 221.

163 Vgl. Fisher 1993, S. 80 sowie Buss 1994, S. 221.

164 Vgl. Roth 2001, S. 88.

165 Vgl. Betzig 1986, S. 34.

166 Frauen eines muslimischen Harems waren immer nichtmuslimischer Herkunft. Es war verboten, Muslime zu versklaven. Zudem: Die männlichen Nachkommen rotteten nicht selten ihre Brüder aus, um den alleinigen Herrschaftsanspruch zu sichern.

167 Sure 4, Vers 3.

168 Vgl. Gesucht: Die polygame Frau (2008), Fernsehmitschnitt.

169 Vgl. Stone 1977, S. 548 ff.

170 Vgl. Michael/Zumpe 1978.

171 Vgl. Buss 1994, S. 104.

172 Im Internet kursieren ein Dutzend Variationen dieser Anekdote. Im Kern sind sie alle gleich. Ich beziehe mich auf die Ausführung von LeVay 1994.

173 Vgl. Moir/Jessel 1991, S. 181.

174 Vgl. Moir/Jessel 1991, S. 182.

175 Dies erklärte der Projektleiter Mitra Boolel des Pharmaunternehmens Pfizer in The New York Times (vom 28.2.2004: Pfizer gives up testing viagra on women). Das Unternehmen hatte acht Jahre den Wirkstoff Sildenafil (Viagra) an 3000 Frauen getestet.

176 Vgl. Sex und Leidenschaft (2002), Fernsehmitschnitt.

177 Vgl. Gregor 1985, S. 85 und S. 72.

178 Vgl. Fisher 1993, S. 349.

179 Vgl. Buss 1994, S. 237 f.

180 Vgl. Stone 1977, S. 552 ff.

181 Vgl. Weser Kurier (Tageszeitung) vom 31.1.2009:»Die Briten treiben es ganz ungeniert«.

182 Vgl. Kinsey u. a. 1964, S. 541.

183 Vgl. Ridley 1995, S. 217 mit Bezug auf Symons 1979, sowie Ridley 1995, S. 218.

184 Vgl. Indien. Vom Fernfahren und Fremdgehen (2006), Fernsehmitschnitt.

185 Vgl. Ridley 1995, S. 211.

186 Vgl. Tannahill 1982, S. 252.

187 Vgl. Mace/Mace 1960.

188 Vgl. Stoll 1908, S. 698.

189 Vgl. Ebberfeld 2004, S. 10.

190 Vgl. Malinowski 1979 [1929], S. 111.

191 Vgl. Grammer, 2000 [1995], S. 475 f.

192 Vgl. Ridley 1995, S. 249.

193 Vgl. Ridley 1995, S. 267 und besonders Baker/Bellis 1995.

194 Vgl. Buss 2003, S. 204 f.

195 Vgl. Grammer 2000 [1995], S. 481, der sich auf Hunt bezieht.

196 Vgl. Delvin 1986, S. 89.

197 Die Kombination von Monogamie und Betrug wurde bereits 1975 für
     Rotschulterstärlinge eindeutig belegt. Biologen hatten Volgelmännchen
     sterilisiert, Zeugung von Nachkommen war damit ausgeschlossen. Die
     Männchen bauten dennoch ein Nest, paarten sich und die Weibchen
     brüteten Junge aus. Der Grund: Die Rotschulterstärlingsweibchen
     hatten sich auch in der Nachbarschaft umgesehen, vgl. Bray/Kennelly/
     Guarino 1975.

198 Zitiert nach Buss 2003, S. 34.

199 Vgl. Schlegel 2007.

200 Vgl. Buss 2003, S. 34.

201 Vgl. Sex und Leidenschaft (2002), Fernsehmitschnitt.

202 Vgl. Schlegel 2007 121.

203 Vgl. Baker/Bellis 1995, S. 243, dort liegen die statistischen
     Ergebnisse und Erklärungen in Tabellenform vor. Ich habe hier
     einfachheitshalber so getan, als gäbe es lediglich zwei Bedingungen
     des Samenzurückhaltens. Von Belang sind aber auch die
     »nichtkopulatorischen Orgasmen«, also, jene, die nicht mit direktem
     Koituskontakt einhergehen. Eine ausgereiftere Zusammenfassung
     dieser Studie findet sich in: Baker/Bellis (1993): »Human sperm
     competition: ejaculate manipulation by females and a funktion for the
     female orgasm.« In: Animal Behavior. Bd. 6, S. 887–909. Diese Arbeit
     habe ich allerdings nicht eingesehen.

204 Nisa hat sich diesbezüglich 1970 geäußert. Ich habe dieses Zitat von
     Fisher 1993, S. 113, übernommen, die sich auf die Anthropologin
     Marjorie Shostak beruft.

205 Vgl. Hawkes 1996, u. a. S. 296.

206 Vgl. Fisher 1993, S. 113 f.

207 Vgl. Symons/Ellis 1989, S. 145.

208 Vgl. Fisher 1993, S. 119, vgl. auch S. 118.

209 Vgl. Fisher 1993, S. 192 f.

210 Vgl. Chagnon 1994, S. 56.

211 Vgl. Fisher 1993, S. 196.

212 Die Bonobos (Zwergschimpansen) sind als besonders kopulationsfreudig
     bekannt. Die monatliche Brunstperiode der Weibchen ist lang, erstreckt
     sich über drei Viertel ihres Menstruationszyklus und die Kopulation
     ist nicht an diesen Zyklus gebunden. In dieser Hinsicht ähnelt das
     Koitusmuster eines Bonoboweibchens, wie kein anderes aus dem
     Tierreich, dem der menschlichen Frau.

213 Vgl. Fisher 1993, S. 145, Chagnon 1994, S. 185.

214 Vgl. Estioko-Griffin/Griffin 1981, S. 121 sowie S. 141.

215 Vgl. Jankowiak/Fischer 1992.

216 Vgl. Fischer 1993, Fußnote 24 auf S. 434.

217 1950 →14,6 %, 1965 → 12,0 %, 1975 → 27,6 %, 1985 → 35,2 %, 1995 → 39,5 % (Vgl. www.schrader-stiftung.de)

218 Statistisches Bundesamt: Wirtschaft und Statistik 2/2007. Ehescheidungen 2006: 190 928 und 2007: 187 072, vgl. Statistisches Bundesamt, Internetabruf am 11.11.2008.

219 Vgl. Schidlof 1925, S. 172.

220 Vgl. Buss 1994, S. 216.

221 Im Jahre 2005 wurden 112 381 (55,7 %) Scheidungen von Frauen eingereicht, von Männern 73 657 (36,5 %) und 15 655 (7,8 %) von beiden Ehegatten. In anderen europäischen Ländern reichen Frauen ebenfalls eher die Scheidung ein als Männer. Bronislaw Malinowski (1979) berichtet 1929 das Gleiche von den Trobriand-Insulanern.

222 Genau muss es heißen: 29,4 Jahre, und zwar für das Jahr 2003, vgl. Gender Datenreport unter: www.bmfsfj.de.
Bei allen Geburten in der BRD, also inklusive der unehelichen, ergibt sich ein niedrigeres Durchschnittsalter bei der Erstgeburt. Generell ist jedoch ein weiterer Anstieg des Alters bei Geburt des ersten Kindes zu erwarten, vgl. Statistisches Bundesamt, 18.12.2007, Pressekonferenz:» Geburten und Kinderlosigkeit in Deutschland ...«

223 Vgl. Fisher 1993, S. 202.

224 Vgl. Radiobeitrag: *NDR Info: Echo der Welt* (2008). *Die Liebe in der muslimischen Welt. Die Mut'ah. Ehe auf Zeit.* Hier finden sich auch die Eckdaten zu meiner vorab geschilderten Geschichte.

225 Vgl. Heinrich 1999.

226 Ein Buraya-Häuptling, der sich Frauen anderer Männer nimmt, läuft Gefahr, getötet zu werden. Für Kaupaku-Führer gilt Ähnliches, vgl. de Waal 1997, S. 161, der sich auf Boehm (1993) bezieht.

227 Nicht nur heranwachsende, sondern auch rangniedere oder jüngere Männchen tun es. Vgl. de Waal 1997, S. 101, auch S. 117 sowie 139.

228 Vgl. Zahavi/Zahavi 1998, S. 253.

229 Vgl. Frank 1992, S. 164.

230 Das Neue Testament, Lukas 14, 26.

231 Vgl. de Ligorio 1954, Nr. 935 (S. 115). Hier wurde aus der Teilübersetzung der Theologia moralis der 5. Ausgabe von 1763 zitiert, und zwar: Alphons von Liguori o. J., S. 26.

232 Vgl. Das Preußische Allgemeine Landrecht (von 1794), Zweiter Teil, Erster Titel: Von der Ehe, insbesondere: § 36, § 178 bis 183. Unter § 30 und 34 heißt es zudem:»Mannspersonen von Adel können mit Weibspersonen aus dem Bauern- oder geringerem Bürgerstande keine Ehe zur rechten Hand schließen.« Und:»Officiere, welche in wirklichen Kriegsdiensten stehen, können ohne königliche Erlaubniß nicht heirathen.«

233 Vgl. Familiengesetzbuch der DDR vom 20.12.1965 (GBl. DDR I S. 1),
Zweiter Teil. Erster Abschnitt. Die Eheschließung, § 5 Grundsatz 1 und 2.

234 Vgl. Palandt, 2008: BGB, Kommentar zu §1353.

235 Vgl. Gray u. a., 2002. Von 58 Männern zwischen 20 und 41 Jahren
wurde der Speichel untersucht, am Morgen und am Abend. Der
Testosterongehalt war am Morgen generell höher als am Abend. Die
Frage der Forscher war aber, ob er bei unverheirateten Männern
weniger absinkt als bei verheirateten und ob dies in Verbindung mit
dem »Investment« hinsichtlich der Ehefrau gesehen werden kann. Und
so war es.

236 Vgl. Schidlof 1925, S. 145.

237 Vgl. Chagnon 1994, S. 56 und S. 185.

238 Precht 2009, S. 193.

239 Lorenz 1974 (1963), S. 187.

LITERATUR UND WEITERE QUELLEN

Abaelard (1984): Die Leidensgeschichte und der Briefwechsel mit Heloisa. Darmstadt.

Baker, R. Robin/Bellis, Mark A. (1995): Human sperm competition. Copulation, masturbation and infidelity. London u. a.

Balter, Michael (2001): »In search of the first Europeans.« In: Science, 2. März, Bd. 291, S. 1722–1725.

Baumeister, Roy F./Wotman, Sara R. (1992): Breaking hearts. The two sides of unrequited love. New York.

Beach, Frank A. (1976): »Sexual attractivity, proceptivity, and receptivity in female mammals.« In: Hormones and Behavior, Bd. 7, S. 105–138.

Betzig, Laura L. (1986): Despotism and differential reprodaction. A Darwinian view of history. New York.

Berndt, Catherine H. (1981): »Interpretations and ›fakts‹ in Aboriginal Australia.« In: Dahlberg, Frances (Hg.): Women the gatherer. New Haven/London. S. 153–204.

Blackmore, Susan (2005) [1999]: Die Macht der Meme oder die Evolution von Kultur und Geist. München.

Borgerhoff Mulder, Monique (1988): »Is the polygyny threshold model relevant to humans? Kipsigis evidence.« In: Mascie-Taylor, C. G. N./Boyce, A. J. (Hg.): Mating Patterns, Cambridge, S. 209–230.

Bosch, Oliver J./Neumann, Inga D. (2008): »Brain vasopressin is an important regulator of maternal behavior independent of dams' trait anxiety.« In: Proceedings of the National Academy of Sciences (PNAS), Bd. 105, Heft. 44, S. 17139–17144.

Bray, Olin E./Kennelly, James J./Guarino, Joseph L. (1975): »Fertility of eggs produced on territories of vasectomized Red-Winged Blackbirds.« In: The Wilson Bulletin, Bd. 87, Heft 2, S. 187–195.

Busch, Dietrich Wilhelm H. (1839): Das Geschlechtsleben des Weibes in physischer, patholotischer und therapeutischer Hinsicht, Bd. I., Leipzig.

Buss, David M. (2003): Wo warst du? Der Sinn der Eifersucht. Reinbek bei Hamburg.

Buss, David M. (1994): Die Evolution des Begehrens. Geheimnisse der Partnerwahl. Hamburg.

Buss, David M. (1989): »Sex differences in human mate preferences: evolutionary hypotheses testet in 37 cultures.« In: Behavioral and Brain Science, Bd. 12, Heft 1, S. 1–14.

Chagnon, Napoleon A. (1994): Die Yanomamö. Leben und Sterben der Indianer am Orinoko. Berlin.

Colwell, Mark A./Oring, Lewis W. (1989): »Extra-pair mating in the Spotted Sandpiper. A female mate aquisition tactic.« In: Animal Behavior, Bd. 38, S. 675–684.

Crook, John H./Crook Stamati. J. (1988): »Tibetan polyandry: problems of adaptation and fitness.« In: Betzig, Laura L./Borgerhoff Mulder, Monique/ Turke, Paul W. (Hg.): Human reprodactive behavior. Cambridge u. a., S. 97–114.

Cropley, Jennifer E./Suter, Catherine M./Beckman, Kenneth V./Martin, David I. K. (2006): »Germ-line epigenetic modification of the murine Avy allele by nutritional supplementation.« In: Proceedings of the National Academy of Sciences (PNAS), Bd. 103, Heft 46, S. 17308–17312, auch: www.pnas.org/cgi/doi/10.1073/pnas.0607090103.

Dahlberg, Frances (1981): »Introduction.« In: Dahlberg, Frances (Hg.) Women the Gatherer. New Haven/London, S. 1–34.

Dawkins, Richard (2007): Der Gotteswahn. Frankfurt am Main.

Dawkins, Richard 1994 (1976): Das egoistische Gen. Heidelberg/Berlin/Oxford.

Degen, Rolf (2007): Das Ende des Bösen. Die Naturwissenschaft entdeckt das Gute im Menschen. München/Zürich.

Delvin, David (1986) [1985]: Das umfassende Handbuch für Sex & Liebe. Dreieich-Eden.

Duerr, Hans Peter (1997): Der erotische Leib. Frankfurt am Main.

Ebberfeld, Ingelore (2007): Blondinen bevorzugt. Wie Frauen Männer verführen. Eine Kulturgeschichte des weiblichen Balzverhaltens. Frankfurt am Main.

Ebberfeld, Ingelore (2004): Küss mich. Eine unterhaltsame Geschichte der wollüstigen Küsse. Königstein.

Ebberfeld, Ingelore (2001): Körperdüfte. Erotische Geruchserinnerungen. Königstein.

Ebberfeld, Ingelore (1998): Botenstoffe der Liebe. Über das innige Verhältnis von Geruch und Sexualität. Frankfurt am Main.

Eibl-Eibesfeldt, Irenäus (1971): Liebe und Hass. Zur Naturgeschichte elementarer Verhaltensweisen. München.

Estioko-Griffin, Agnes/Griffin, P. Bion (1981):»Woman the hunter: the Agta.« In: Dahlberg, Frances (Hg.) Women the Gatherer. New Haven/London, S. 121–151.

Fisher, Helen (1993): Anatomie der Liebe. Warum Paare sich finden, sich binden und auseinandergehen. München.

Frank, Robert H. (1992) [1988]: Die Strategie der Emotionen. München.

Gibbons, Ann (2001):»The riddle of coexistence.« In: Sciene, 2. März, Bd. 291 (5509), S. 1725–1729.

Goodall, Jane (1991): Wilde Schimpansen. Verhaltensforschung am Gombe-Strom. Reinbek bei Hamburg.

Grammer, Karl (2000) [1995]: Signale der Liebe. Die biologischen Gesetze der Partnerwahl. München.

Gray, Peter B./Kahlenberg, Sonya M./ Barrett, Emily S./Lipson, Susan F./Ellison, Peter T. (2002):»Marriage and fatherhood are associated with lower testosterone in males.« In: Evolution and Human Behavior, Bd. 23, S. 193–201.

Gregor, Thomas (1985): Anxious pleasures. The sexual lives of an Amazonian people. Chicago.

Güth, Werner/Tietz, Reinhard (1990):»Ultimatum bargaining behavior. A survey and comparison of experimental results.« In: Journal of Economic Psychology, Bd. 11, S. 417–449.

Hamilton, William D. (1964):»The genetical evolution of social behaviour, I. und II. Teil.« In: Journal of Theoretical Biology, Vol. 7, S. 1–16 und S. 17–52.

Hatfield, Elaine/Rapson, Richard L. (1993): Love, sex and intimacy. Their psychology, biology, and history. New York.

Hawkes, Kirsten (1996):»Foraging differences between men and women.« In: Steele, James/Shennan, Stephen (Hg.): The achaeology of human ancestry. Power, sex and tradition. London/New York, S. 283–305.

Heinrich, Bernd (1999): Die Weisheit der Raben. München.

Heinrich, Bernd (1988):»Food sharing in the raven, corvus corax.« In: Slobodchikoff, Constantine Nicholas (Hg.): The ecology of social behavior. San Diego u. a., S. 285–311.

Henrich, Joseph/Boyd, Robert/Bowles, Samuel/Camerer, Colin/Fehr, Ernst/Gintis, Herbert/McElreath, Richard (2001):»In search of homo economicus: behavioral experiments in 15 small-scale societies.« In: The American Economic Review, Bd. 91, Heft 2, S. 73–78.

Hill, Kim/Kaplan, Hillard (1988):»Tradeoffs in male and female reproductive strategies among Ache, part 1 and 2.« In: Betzig, Laura L./Borgerhoff Mulder, Monique/Turke, Paul W. (Hg.): Human reprodactive behavior. Cambridge u. a., S. 277–306.

Jankowiak, William R./Fischer, Edward F. (1992):»A cross-culturel perspective on romantic love.« In: Ethnology, Bd. 31, Heft 2, S. 149–155.

Kelly, Susan/Dunbar, Robin I. M. (2001):»Who dares, wins. Heroism versus altruism in women's choice.« In: Human Nature. Bd. 12, Heft 2, S. 89–105.

Kenrick, Doug T./Keefe, Richard C. (1992):»Age preferences in mates reflect sex differences in reproductive strategies.« In: Behavioral an Brain Science, Bd. 15, S. 75–133.

Kinsey, Alfred C./Pomeroy, Wardell B./Martin, Clyde E. (1964) [1948]: Das sexuelle Verhalten des Mannes. Berlin/Frankfurt am Main.

Knödel, Susanne (1995): Die matrilinearen Mosuo von Yongning. Aus der Reihe: Kölner ethnologische Studien, Bd. 22, Hrsg.: Johansen, Ulla/Schweizer, Thomas. Münster.

Liebowitz, Michael R. (1983): The chemistry of love. Boston/Toronto.

Liguori, Alphons von (o. J.): Moraltheologie. (Übers.: Josef Ferk). London u. a.

Ligorio, Alphons[us] de (1954):»Theologica moralis IV.« In: ders.: Opera moralica IV. Graz.

Lorenz, Konrad 1974 [1963]: Das sogenannte Böse. Zur Naturgeschichte der Aggression. München.

Maccoby, Eleanor E./Jacklin, Carol N. (1978): The psychology of sex differences. Stanford, Kalifornien.

Mace, David/Mace, Vera (1960): Marriage: east and west. New York.

Malinowski, Bronislaw (1979) [1929]: Das Geschlechtsleben der Wilden in Nordwest-Melanesien. Frankfurt am Main.

Mauss, Marcel (1968) [1950]: Die Gabe. Form und Funktion des Austauschs in archaischen Gesellschaften. Frankfurt am Main.

McGrew, William C. (1981):»The female chimpanzee as a human evolutionary prototype.« In: Dahlberg, Frances (Hg.) Women the gatherer. New Haven/London, S. 35–74.

Michael, R. P./Zumpe, D. (1978):»Potency in male rhesus monkeys. Effects of continuously receptive females.« In: Science, Bd. 200, S. 451–453.

Miller, Geoffrey F. (2001): Die sexuelle Evolution. Partnerwahl und die Entstehung des Geistes. Heidelberg/Berlin.

Moir, Anne/Jessel, David (1991): Brain Sex. Der wahre Unterschied zwischen Mann und Frau. Düsseldorf/Wien/New York.

Money, John (1980): Love and love sickness. The science of sex, gender difference, and pair-bonding. Baltimore/London.

Müller, Maria E. (Hg.)(1988): Eheglück und Liebesjoch. Bilder von Liebe, Ehe und Familie in der Literatur des 15. und 16. Jahhunderts. Weinheim/Basel.

Nørretranders, Tor (2004): Homo generosus. Warum wir Schönes lieben und Gutes tun. Reinbek bei Hamburg.

Pinker, Steven (2003): Das unbeschriebene Blatt. Berlin.

Precht, Richard David (2009): Liebe. Ein unordentliches Gefühl. München.

Ridley, Matt (1999): Die Biologie der Tugend. Warum es sich lohnt, gut zu sein. Berlin.

Ridley, Matt (1995): Eros und Evolution. Die Naturgeschichte der Sexualität. München.

Roth, Gerhard (2001): Fühlen, Denken, Handeln. Wie das Gehirn unser Verhalten steuert. Frankfurt am Main.

Schidlof, Berthold (1925): Liebe und Ehe bei den Naturvölkern. Berlin.

Schiefenhövel, Wulf (1989): »Reproduction and sex-ratio manipulation through preferential female infanticide among the Eipo, in the highlands of West New Guinea.« In: Rasa, Anne E./Vogel, Christian/Voland, Ekhart (Hg.): The sociobiology of sexual reproductive strategies. London/New York, 170–193.

Schlegel, Natalie (2007): Mamas Lover. Wovon Mütter heimlich träumen. Königstein.

Schopenhauer, Arthur (o. J.): Methaphysik der Geschlechtsliebe. Über die Weiber. Dachau bei München.

Schulz, Alexander (1984): Das Band der Venus. Die Geschichte des Keuschheitsgürtels. Isny.

Shepher, J. (1971): »Mate selection among second generation Kibbutz adolescents and adults. Incest avoidance and negative imprinting.« In: Archives of Sexual Behavior, Bd. 1, S. 293–307.

Short, Robert V. (1979): »Sexual selection and its component parts, somatic and genital selection, as illustrated by man and the great apes.« In: Advances in the Study of Behaviour, Vol. 9, S. 131–158.

Straub, Eberhard (2000): Das zerbrochene Glück. Liebe und Ehe im Wandel der Zeit. Berlin.

Stoll, Otto (1908): Das Geschlechtsleben in der Völkerpsychologie. Leipzig.

Stone, Lawrence (1977): The family, sex and marriage in England 1500–1800. London.

Symons, Donald/Ellis, Bruce (1989): »Human male-female differences in sexual desire.« In: Rasa, Anne E./Vogel, Christian/Voland, Ekhart (Hg): The sociobiology of sexual reproductive strategies. London/New York, S. 131–146.

Symons, Donald (1979): The Evolution of human sexuality. Oxford.

Tannahill , Reay (1982): Kulturgeschichte der Erotik. Wien/Hamburg.

Tiger, Lionel (1979): Opimism. The biology of hope. New York.

Tinkelpaugh, O. L. (1928):»An experimental study of representative factors in monkeys.« In: Journal of Comparative Psychology, Bd. 8, S. 197–236.

Trivers, Robert L. (1972):»Parental investment and sexual selection.« In: Campbell, Bernhard (Hg.): Sexual Selection and the descent of man 1871–1971. Chicago.

Trivers, Robert L. (1971):»The evolution of reciprocal altruism.« In: The Quarterly Reviews of Biology, Bd. 46, S. 35–57.

Voland, Eckart (2007): Die Natur des Menschen. Grundkurs Soziobiologie. München.

Waal, Frans de (1997): Der gute Affe. Der Ursprung von Recht und Unrecht bei Menschen und anderen Tieren. München.

Waelder, Robert (1962):»Demoralization and re-education.« In: World Politics, Bd. 14, Heft 2, S. 376–385.

White, Gregory L./Mullen, Paul E. (1989): Jealousy: theory, research, and clinical strategies. New York.

Wilde, Oskar (1922): Oskar Wilde über Frauen, Liebe und Ehe. Berlin.

Wolf, Arthur P. (1966):»Childhood association and sexual attraction and the incest taboo. A chinese case.« In: American Anthropologist, Bd. 68, S. 883–898.

Zahavi, Amotz (1995):»Altruism as a handicap – the limitations of kin selection and reciprocity.« In: Journal of Avian Biology, Bd. 26, S. 1–3.

Zahavi, Amotz/Zahavi, Avishag (1998): Signale der Verständigung. Das Handicap-Prinzip. Frankfurt am Main.

Fernsehmitschnitte

Äthiopien. Stockkämpfe und Lippenteller bei den Surma (2000). Aus der Reihe: Wunderwelten. Fernsehmitschnitt Arte vom 9.12.2008 der Staats- u. Universitätsbibliothek Bremen.

Äthiopien. Alltag und Riten bei den Sheko (2002). Aus der Reihe: Wunderwelten. Fernsehmitschnitt Arte vom 12.12.2008 der Staats- u. Universitätsbibliothek Bremen.

Sex und Leidenschaft (2002). Dokumentation. Fernsehmitschnitt RBB vom 26.2.2004 der Staats- u. Universitätsbibliothek Bremen.

China – Waisen und Nonnen (2003). Aus der Reihe: Wunderwelten. Fernsehmitschnitt Arte vom 15.10.2008 der Staats- u. Universitätsbibliothek Bremen.

Äthiopien. Eine neue Frau für den Wunderheiler (2004). Aus der Reihe: Wunderwelten. Fernsehmitschnitt Arte vom 11.12.2008 der Staats- u. Universitätsbibliothek Bremen.

Indien. Vom Fernfahren und Fremdgehen (2006). Fernsehmitschnitt Arte vom 24.11.2008 der Staats- u. Universitätsbibliothek Bremen.

Uganda. Big is beautiful (2007). Aus der Reihe: Wunderwelten. Fernsehmitschnitt Arte vom 17.11.2008 der Staats- u. Universitätsbibliothek Bremen.

50 Jahre Liebe (2007). Dokumentarfilm. Fernsehmitschnitt Arte vom 12.2.2009 der Staats- u. Universitätsbibliothek Bremen.

Gesucht: Die polygame Frau (2008). Dokumentationsbeitrag. Fernsehmitschnitt Arte vom 13.3.2009 der Staats- u. Universitätsbibliothek Bremen.

Radiobeiträge:

NDR Info (30.11.2008): *Echo der Welt: Die Liebe in der muslimischen Welt. Die Mut'ah, Ehe auf Zeit.*

Preis: 17,90 €
ISBN 978-3-86882-026-3

Preis: 16,90 €
ISBN 978-3-86882-024-9

Preis: 17,90 €
ISBN 978-3-86882-027-2

Preis: 24,90 €
ISBN 978-3-86882-015-7

Preis: 19,90 €
ISBN 978-3-86882-132-1

Preis: 12,90 €
ISBN 978-3-86882-016-4

Preis: 19,90 €
ISBN 978-3-86882-010-2

Preis: 19,90 €
ISBN 978-3-86882-009-6

Preis: 9,90 €
ISBN 978-3-636-07039-5

Irene M.
Pepperberg

ALEX UND ICH

Die einzigartige Freundschaft
zwischen einer Harvard-Forscherin
und dem schlausten Vogel
der Welt

New York Times
BESTSELLER

mvgverlag

208 Seiten und 8 Seiten Bildteil
Preis: 17,90 € (D) | 18,40 € (A) | sFr. 31,90
ISBN 978-3-86882-026-3

Irene M. Pepperberg
ALEX UND ICH
Die einzigartige Freundschaft
zwischen einer Harvard-Forscherin und dem schlausten
Vogel der Welt

Irene Pepperberg ist Verhaltensbiologin an der renom-
mierten Harvard-Universität. Als sie vor über 30 Jahren mit
ihren Studien begann, glaubte man noch, dass Vögel über
keinerlei Intelligenz verfügen. Doch dann kam der Graupapagei Alex und strafte die gängige Lehrmeinung Lügen.
Irene Pepperberg brachte ihm bei, sich mit ihr zu verständi-
gen. Er lernte zu zählen, konnte komplexe Mengenkonzepte
wie „mehr" oder „weniger", „größer" oder „kleiner" verstehen.
Das ganz besondere an der Beziehung zwischen den beiden
war aber die Freundschaft, die sie miteinander verband. Alex
war eifersüchtig, schnell beleidigt, wollte immer der Chef
sein – und vermisste Irene, wenn sie nicht bei ihm war. 2007
starb er überraschend, seine letzten Worte zu Irene waren:
„Du sein gut. Ich liebe dich."

Die herzergreifende Geschichte von Alex und Irene hat Millionen Leser in den USA zum Lachen und Staunen gebracht
sowie zu Tränen gerührt. Das Buch hat ein Medienecho ausgelöst, das seines Gleichen sucht und war viele Wochen auf
der New-York-Times-Bestsellerliste vertreten.

ca. 240 Seiten
Preis: 19,90 € (D) | 20,50 € (A) | sFr. 33,90
ISBN 978-3-86882-023-2

Steve Harvey

FRAG EINEN MANN
wenn Du mit Männern
glücklich werden willst

US-Kult-Comedian Steve Harvey ist in seinem Leben unzähligen großartigen Frauen begegnet. Erfolgreichen Geschäftsfrauen, interessanten Künstlerinnen, perfekten Hausfrauen. Doch obwohl diese Frauen fast überall brillieren, haben sie keine Ahnung, wie Männer ticken und wie glückliche Beziehungen funktionieren. Wie kann das sein? Ganz einfach: Sie alle begehen den großen Fehler, Frauen um Rat zu fragen. Aber wenn es um Männer geht, kann nur einer wirklich helfen: ein Mann. In diesem Buch lässt Steve Harvey Frauen tief in die Männerseelen hineinblicken und verrät, was Männer wirklich wollen.

Miriam Pielhau

FREMDKÖRPER

208 Seiten und 8 Seiten Bildteil
Preis: 17,90 € (D) | 18,40 € (A) | sFr. 31,90
ISBN 978-3-86882-027-2

Anfang 2008 wurde bei der bekannten TV-Moderatorin Miriam Pielhau ein Tumor in der Brust festgestellt. Die erschütternde Diagnose: Er ist bösartig – es handelt sich um Krebs. Die Ärzte drängen zur Eile, sie durchläuft innerhalb kurzer Zeit das komplette medizinische Programm mit Operation, Chemotherapie und Bestrahlung. Zu dem Zeitpunkt ist Miriam Pielhau gerade einmal 32 Jahre alt. Schockiert, aber dennoch voll unerschütterlichem Lebensmut nimmt sie also den Kampf gegen die Krankheit auf. Sie rasiert sich die Haare, bevor sie ausfallen, und gibt sogar während der Chemotherapie ihr tägliches Lauftraining nicht auf. Und sie wird nicht müde, das Essenzielle, das Wichtigste und für alle gleich Geltende immer wieder ins Zentrum zu stellen: Gib nicht auf und kämpfe!

Miriam Pielhau hat es geschafft. Sie hat den Krebs überwunden und gibt in diesem Buch all ihre Emotionen, ihre Kraft, ihre Hoffnung und ihren unverwüstlich positiven Blick auf das Leben an uns alle weiter.

Fesselnd wie ein Roman, informativ wie ein Ratgeber, Mut machend wie die beste Freundin. Dieses Buch ist einzigartig.